Im Schnittpunkt der Zeiten

Im Schnittpunkt der Zeiten

Autoren schreiben über Autoren

Eine Anthologie des PEN-Zentrums deutschsprachiger
Autoren im Ausland

Herausgegeben von
Gabrielle Alioth und Hans-Christian Oeser

SYNCHRON
Wissenschaftsverlag der Autoren
Synchron Publishers
Heidelberg 2012

Herausgegeben im Namen des PEN-Zentrums deutschsprachiger Autoren im Ausland

Die Rechte aller in diesem Band abgedruckten Texte liegen bei den Autoren. Die Texte wurden von den Autoren zum Abdruck in dieser Anthologie zur Verfügung gestellt.

Gefördert mit Mitteln des Beauftragten der Bundesregierung für Kultur und Medien und gedruckt mit Unterstützung der Berta Hess-Cohn Stiftung, Basel. Beiden gilt unser Dank.

Bibliografische Information der Deutschen Nationalbibliothek
Die Deutsche Nationalbibliothek verzeichnet diese Publikation in der Deutschen Nationalbibliografie; detaillierte bibliografische Daten sind im Internet über <http://dnb.dnb.de> abrufbar.

© 2012 Synchron Wissenschaftsverlag der Autoren
Synchron Publishers GmbH, Heidelberg
www.synchron-publishers.com
Umschlaggestaltung: Dorothea Hein, Berlin
Titelbild: Die Fotocollage zeigt in der ersten Reihe Bertolt Brecht, Armin Bollinger und Erika Mann, in der zweiten Reihe Alfred Kerr, Thomas Mann und Otto Nebel, in der dritten Reihe Alice Schwarz-Gardos, Armin T. Wegner und Stefan Zweig (Bildnachweise S. 229 f.).
Redaktionelle Mitarbeit und Satz: Diana Kühndel, Berlin
Druck und Weiterverarbeitung: Docupoint GmbH, Barleben
Printed in Germany
ISBN 978-3-939381-50-1

Für Guy Stern

Aus Anlass seines neunzigsten Geburtstags am 14. Januar 2012 ist diese Anthologie in Verehrung und Dankbarkeit Guy (ursprünglich Günther) Stern gewidmet, einem der ältesten Mitglieder des PEN-Zentrums deutschsprachiger Autoren im Ausland: Hildesheimer, Emigrant, Überlebender, Ritchie Boy, Autor, Herausgeber, Literaturwissenschaftler, Exilforscher, Mitbegründer der Lessing Society, Professor emeritus, Institutsdirektor am Holocaust Memorial Center in Michigan, Ehrenbürger von Hildesheim, Erzieher, Vorbild, Kollege und Freund.

Günter Kunert, Präsident   Hans-Christian Oeser, Sekretär

Inhalt

Günter Kunert

Geleitwort

Immer wieder aufs Neue und immer wieder mit der gleichen schrecklichen Verwunderung stellt man sich die Frage: Wie konnte das geschehen? Wie konnte eine einstmals ihrer geistigen Werte sichere Kulturnation zu dem werden, was Ernst Niekisch das »Reich der niederen Dämonen« nannte? Ein Verwundern, das bisher nicht aufgehört hat, auch nicht bei unseren europäischen Nachbarn, die, leider muss man sagen, in den Maelstrom des Verderbens mit hineingerissen wurden. Als sei von Deutschland nach Hitlers Machtergreifung eine tödliche Strahlung ausgegangen, die noch bis in die fernsten Erdenwinkel ihre Auswirkungen gehabt hat. Jene Geistesfeindlichkeit, Zeugnis ideologisch regulierter, dienstbereiter, Leben und Tod verfälschender Sprache, hat bis heute ihre Spuren hinterlassen, ihre Relikte begegnen uns noch hier und da in »Druckerzeugnissen«, wie eben einer dieser Euphemismen Bücher nannte.

Das Heine-Wort, dass man dort, wo man Bücher verbrenne, auch Menschen diesem Schicksal ausliefere, haben wir zur Genüge erfahren. Und wer diesem Schicksal entgehen konnte, wurde zum Flüchtling, zum Emigranten, zum Exilanten, zum »Luftmenschen«, der, als Autor, außerhalb seines muttersprachlichen Bereiches um sein »tägliches Brot« bangen musste. Unter den unfreiwillig Ausgereisten befanden sich Schriftsteller unterschiedlichster Couleur, dennoch verbunden durch das gleiche Anathema, durch die gleiche Verfluchung. Ihr Dasein in der Fremde verlief unterschiedlich: Die Weltberühmten durften ein relativ normales Leben führen, die weniger Bekannten hatten nichts außer der Sorge und der Angst, wie sie noch einmal erneut davonkommen sollten. Der in England gegründete Deutsche PEN-Club im Exil konnte seinen Mitgliedern keinen gedeckten Tisch bieten, sondern nur (aber dieses »nur« ist wichtig gewesen) so etwas wie Solidarität, ein Gemeinschaftsgefühl, selbst wenn dieses durch interne Querelen belastet gewesen ist. Zumindest hatte man das Bewusstsein: Ich bin nicht allein. Ein sehr wichtiges und unter anderen Umständen oftmals missbrauchtes Gefühl. Ein Gefühl, dessen Bedeutung, auch in unserer Gegenwart, gar nicht überschätzt werden kann.

Es existiert wohl kaum ein Autor, der sich nicht schon einmal vorgestellt hat, wie es denn wäre, aus der Heimat vertrieben oder zum Staatsfeind erklärt worden zu sein. Man kann sich nur zu gut in die Situation der tatsächlich Betroffenen hineindenken. Und solange es auf diesem obskuren Planeten immer wieder, falls nicht gar ständig vorkommt, dass die Verfertiger von »Druckerzeugnissen« Pressionen (und Schlimmerem) ausgeliefert sind, wird dieses Empfinden, man kann es ruhig Mitgefühl nennen, anhalten. Wir kennen ja alle die längst verblassten Sprüche zur Genüge: »Die Toten mahnen die Lebenden« und ähnliches, das längst seine Wirkung eingebüßt hat. Die Lebenden wollen mit den Toten nichts zu tun haben. Aber diese Toten, diese besondere Spezies von Toten ist durch ihr Werk höchst lebendig. Selbst solche, deren Arbeiten vergessen sind oder vergessen scheinen, sind dennoch durch ihr Wort, das es neu zu entdecken gilt, vorhanden.

Falls man mich fragt, was ich für die bösartigste Krankheit, die schlimmste Epidemie, etwas der Pest Gleichartiges halte, antworte ich: das Vergessen. Wir vergessen nicht allein diejenigen, deren Geschick und Schrift uns angeht, wir vergessen sogar, dass auch unser eigenes, mirakulöses Nachleben darauf basiert, dass man uns nicht vergisst. Das Vergessen des geschichtlich Relevanten - und ihm widerspricht die Literatur - hält einen Spalt der Tür zum »Reich der niederen Dämonen«, die nie zu bannen sind, gefährlich offen.

Gabrielle Alioth, Hans-Christian Oeser

Einführung

In unserer immer unbestimmteren, zunehmend vernetzten, damit aber auch verwinkelteren Welt ist Erinnern nicht nur Pflicht, sondern wesentlicher Baustein unserer eigenen Identifikationsbasis. Zu wissen, woher unsere Gene und woher unsere Gedanken kommen, wer den Weg, den wir gehen, vor uns gegangen ist, was uns mit den Betreffenden verbindet und was uns von ihnen trennt, ist maßgebend für uns als Menschen und als Schreibende, und mehr noch für uns als Mitglieder des PEN-Zentrums deutschsprachiger Autoren im Ausland, des Exil-PENs, in dem sich im letzten Jahrhundert jene auf Deutsch schreibenden Schriftstellerinnen und Schriftsteller zusammenfanden, die vor den Nationalsozialisten fliehen mussten.

Was uns heutige Mitglieder des PEN-Zentrums von den damaligen trennt, liegt auf der Hand, denn die Zeiten sind – wenigstens für unseren kleinen, über die ganze Welt zerstreuten Kreis – besser geworden. Kaum jemand unter uns fühlt sich noch im Exil. Unsere Emigration ist in den meisten Fällen eine freiwillige, selbstgewählte, manchmal auch eine innere. Wunsch, Zufall, Arbeit oder Liebe haben uns dazu gebracht, den deutschen Sprachraum, in den wir hineingeboren wurden, zu verlassen. Manche haben dabei »nur« die ehemalige deutsch-deutsche Grenze überquert, andere haben sich auf der anderen Seite der Erdkugel niedergelassen, wieder andere sind durch Umstände oder Neigung zu Reisenden zwischen Kulturen geworden. Dennoch verbindet uns mit jenen, die einst unter Zwang in die Fremde gingen, die Notwendigkeit, sich in dieser einzurichten, an einem unvertrauten Ort aus dem, was wir in Koffern und Köpfen mitgebracht haben, und dem, was wir neu entdecken und erfahren, ein Leben zu schaffen.

Damals wie heute schlägt sich dies auch in unserem Schreiben nieder. Erzwungen oder gesucht, bringt die Konfrontation mit einer anderen Kultur nicht nur Einsichten in diese, sondern auch in die eigene. Das Überqueren von Grenzen macht uns unsere eigenen Beschränkungen bewusst, und der Verlust an Gewissheiten geht einher mit dem Gewinn an Wachsamkeit im Umgang mit Werten und Wörtern.

Die Liste der verstorbenen Mitglieder unseres Zentrums (vgl. Anhang) umfasst mehr als dreihundertsechzig Personen. Sie alle haben, nachdem sie vertrieben, verfolgt und verfemt wurden, ihre Heimat in der deutschen Sprache gefunden, und viele von ihnen haben die deutschsprachige Literatur und Philosophie vor, während und nach dem Zweiten Weltkrieg entscheidend beeinflusst. Wir, die Herausgeber der vorliegenden Anthologie, haben die Mitglieder von heute gebeten, einen Blick auf jene von damals zu werfen, zu schildern, wie deren Leben und Werk sie berührt oder geprägt hat, welche persönlichen Erinnerungen und Gedanken sie mit bestimmten Namen verbinden und was die Vergangenheit für ihre Gegenwart als Schreibende bedeutet.

Der vorliegende Band soll eine Fundgrube für Wiederentdeckungen sein, denn viele der damaligen Autoren sind zu Unrecht in Vergessenheit geraten. Die Anthologie enthält aber auch Beiträge über Autorinnen und Autoren, die einen festen Platz in der Literaturgeschichte gefunden haben. Denn der Lauf der Zeit verändert den Blick zurück. Die Vergangenheit ist stets eine Funktion der Gegenwart. Jede Generation definiert die Geschichte neu, findet ihre eigenen Verbindungen zu dem, was war, im Bemühen darum, zu verstehen, was ist. So scheint es uns sinnvoll, dass auch Leben und Werk der Bekannteren und Bekanntesten unter unseren einstigen Mitgliedern aus der Perspektive unserer gegenwärtigen Mitglieder neu betrachtet werden.

Wir hoffen, mit dieser Sammlung von Erinnerungen und Betrachtungen denjenigen Schnittpunkt der Zeiten zu markieren, an dem wir - die Mitglieder des PEN-Zentrums deutschsprachiger Autoren im Ausland - uns heute befinden, und damit in dem uns gegebenen Rahmen einen Beitrag zum Verständnis von Geschichte und Gegenwart der deutschsprachigen Literatur zu leisten.

Renate Ahrens

Stefan Zweig – An der Schwelle

Ich bin kein Kind mehr. Ich habe einen eigenen Schlüssel, ich wärme mittags mein Essen auf, ich lese seit ein paar Monaten Zeitung.

Im Juni ist in Berlin ein Student von einem Polizisten erschossen worden. Sechs Tage lang herrschte Krieg zwischen Israel und Ägypten. Der Krieg in Vietnam dauert schon Jahre.

An einem heißen Tag Ende August gibt es Möhreneintopf und zum Nachtisch Quarkspeise mit Blaubeeren. Ich lege die Serviette auf meinen Schoß und beginne zu lesen. In Frankfurt ist ein Prozess eröffnet worden. Der dritte in einer Reihe von Prozessen. Auschwitz. Ich habe das Wort noch nie gehört. Zwei Männer sind des mehrfachen Mordes angeklagt. Sie waren Funktionshäftlinge im nationalsozialistischen Konzentrationslager Auschwitz. Nirgendwo werden die fremden Wörter erklärt. Anscheinend kennen sich Erwachsene mit Funktionshäftlingen und Konzentrationslagern aus. Ich weiß nur, hier geht es um Krieg. Den Zweiten Weltkrieg.

Stefan Zweig

Mutters Bücher stehen in offenen Regalen. In den Kunstbüchern ist das Blättern erlaubt, auch in Büchern über fremde Länder, in Atlanten und Lexika. Ich finde einen Eintrag unter Auschwitz. Vernichtungslager. Von sechs Millionen ermordeten Juden wurden etwa eine Million in Auschwitz getötet. Durch Erschießen und durch Gas. Ich kann mich nicht rühren. So viele Menschen. Wie war das möglich?

Hilflos stehe ich vor den Regalen. Das Blättern in den Romanen ist nicht erlaubt. Die sind für Erwachsene, dafür bist du noch zu jung. Dicke Bücher, mit vierhundert, fünfhundert Seiten, alphabetisch geordnet nach den Namen der Autoren. Mutter würde die Lücke bemerken, würde das Buch bei mir finden. Es muss ein dünnes Buch sein.

Ich fahre mit dem Zeigefinger an den Buchrücken entlang, Reihe für Reihe. In der Mitte stehen Romane von Thomas Mann. Die meisten anderen Namen und Titel kenne ich nicht. Manche Rücken sind schmaler, den schmalsten entdecke ich am Ende der untersten Reihe. Ein Buch von Stefan Zweig. Die Lehrerin hat neulich von ihm gesprochen. Ein Emigrant wie Thomas Mann. Was sind Emigranten?, habe ich gefragt. Menschen, die ihr Land verlassen müssen. Warum? Weil ihr Leben in Gefahr ist. Im Krieg? Vorher schon. *Schachnovelle*. Was hat Schach mit Emigranten zu tun?

Eine Novelle ist kein Roman, also kein verbotenes Buch. Ich ziehe es heraus. Ein fester Einband. Mir gefällt der Umschlag mit dem schwarz-weißen Schachbrettmuster und den zwei Figuren. Ich spiele kein Schach, trotzdem nehme ich das Buch mit in mein Zimmer.

Der Erzähler reist auf einem Passagierdampfer von New York nach Argentinien. Ein Freund erzählt ihm, dass ein junger Weltschachmeister mit an Bord sei. Auf mehreren Seiten geht es um das Talent dieses einfältigen, eingebildeten Mannes, der nichts anderes kann als Schach spielen.

Dieser Bursche weiß in seinem vermauerten Gehirn nur das eine, daß er seit Monaten nicht eine einzige Schachpartie verloren hat, und da er eben nicht ahnt, daß es außer Schach und Geld noch andere Werte auf unserer Erde gibt, hat er allen Grund, von sich begeistert zu sein.

Ich weiß nicht, ob ich weiterlesen werde.

Mutter kommt um Viertel nach drei. Ich frage sie nicht nach dem Prozess.

Heute vor achtundzwanzig Jahren begann der Zweite Weltkrieg, verkündet der Geschichtslehrer am nächsten Morgen. Wer weiß, wie es dazu kam? Niemand meldet sich. Ich habe gelesen, dass in Auschwitz eine Million Juden ermordet wurden, rufe ich in das Schweigen hinein. Auschwitz steht nicht auf unserem Lehrplan, antwortet der Lehrer, ohne mich anzusehen. Ihr seid schließlich erst in der Quarta.

Mittags esse ich Milchreis mit Zimt und Zucker. In der Zeitung lese ich einen kurzen Bericht über den Prozess. Heute wird erklärt, was Funktionshäftlinge sind. Vielleicht hat jemand in der Redaktion angerufen und nachgefragt. Vielleicht wissen doch nicht alle Erwachsenen über diese Dinge Bescheid. Die zwei Funktionshäftlinge waren Gefangene, die als Aufseher gegenüber Mitgefangenen eingesetzt wurden. Sie sind angeklagt, Menschen misshandelt und in einigen Fällen getötet zu haben. Erwürgt. Ertränkt. Erschlagen.

Hat es geschmeckt? Ich zucke zusammen. Mutter steht vor mir und lächelt. Ja. Wollen wir schwimmen gehen? Ich zögere. Was ist mit dir? Nichts. Hast du dich in der Schule geärgert? Nein. Das Wetter ist so schön, morgen soll es ein Gewitter geben.

In der Badeanstalt suchen wir uns wie immer einen Platz auf der Wiese. Mutter stellt ihre Klappliege auf, ich breite mein Handtuch daneben aus. Wir reiben uns gegenseitig mit Sonnenöl ein, Mutter setzt ihren Strohhut auf und greift nach der Zeitung. Ich lege mich auf den Rücken und mache die Augen zu. Ob sie den Artikel über den Prozess liest?

Später, beim Kopfsprung vom Fünfmeterbrett, schlage ich auf dem Rücken auf. Ich habe an den Weltschachmeister gedacht. *Wo er einen gebildeten Menschen spürt, kriecht er in sein Schneckenhaus.* Ich bekomme eine Gänsehaut. Vielleicht werde ich doch weiterlesen.

Tut dir was weh?, fragt Mutter. Wieso? Ich sehe es dir an. Es war kein guter Sprung, murmele ich. Kannst du nicht mir zuliebe mit dem Turmspringen aufhören? Nein. Es ist so gefährlich! Ich habe mir ein Buch von dir ausgeliehen. Du sollst nicht das Thema wechseln. Willst du nicht wissen, was für eins? Na gut. *Schachnovelle.* Ich sehe die Überraschung in ihrem Gesicht. Wie bist du darauf gekommen? Wir haben neulich in der Schule über Emigranten geredet. Aha. Sag jetzt nicht, dass ich zu jung dafür bin. Sag ich ja gar nicht.

Auf dem Dampfer hat eine Gruppe von Herren begonnen, gemeinsam gegen den Weltschachmeister zu spielen. Sie haben keine Chance, bis sich ein Herr, *dessen schmales, scharfes Gesicht mir schon vordem auf der Deckpromenade durch seine merkwürdige, fast kreidige Blässe aufgefallen war,* in die Partie einmischt.

Plötzlich packt mich die Geschichte. Was hat es mit diesem Mann auf sich, der ein Remis erzwingt, aber behauptet, *seit zwanzig, nein, fünfundzwanzig Jahren vor keinem Schachbrett gesessen* zu haben?

Der Erzähler ist genauso neugierig auf ihn wie ich, *abermals fiel mir die merkwürdige Blässe des verhältnismäßig jungen Gesichtes besonders auf, dem die Haare blendend weiß die Schläfen rahmten; ich hatte, ich weiß nicht warum, den Eindruck, dieser Mann müsse plötzlich gealtert sein.*

Aufgeregt lese ich, dass sie ein Gespräch beginnen, einander vorstellen. Dr. B., ein Rechtsanwalt aus Wien, erklärt, sich *mit Schach viel beschäftigt* zu haben. *Aber das geschah unter ganz besonderen, ja völlig einmaligen Umständen.* Was für Umstände? Meine Augen fliegen über die Seiten. *Hitler* [...] *Nationalsozialisten* [...] *Horchposten und Spione* [...] *Gestapo* [...] *von SS-Leuten festgenommen* [...] *Konzentrationslager.*

Ich halte inne und blättere noch einmal zurück. Meine Hände zittern. Dr. B. zündet sich eine Zigarette an. Der Erzähler bemerkt, *daß ein nervöses Zucken um seinen rechten Mundwinkel lief.* [...] *Es war nur eine flüchtige Bewegung, kaum stärker als ein Hauch, aber sie gab dem ganzen Gesicht eine merkwürdige Unruhe.* Ich habe einen Kloß im Hals. Dr. B. muss Schlimmes erlebt haben.

Willst du nicht schlafen? Mutters Stimme klingt sanft. Es ist schon nach zehn. Sie setzt sich zu mir aufs Bett und streicht mir übers Haar. Die Geschichte ist so traurig, du wirst schlecht träumen. Lass mich weiterlesen. Komm zu mir ins Wohnzimmer, dann bist du wenigstens nicht allein. Ich schüttele den Kopf. Sie schaut mich an, als sähe sie mich zum ersten Mal. Was ist?, frage ich. Sie antwortet nicht, lächelt nur. Und gibt mir einen Kuss auf die Stirn.

Dr. B. wurde in das Hauptquartier der Gestapo gebracht, das sich in einem Hotel befand. *Leute meiner Kategorie, aus denen wichtiges Material oder Geld herausgepreßt werden sollte, wurden deshalb nicht in Konzentrationslager abgeschoben, sondern für eine besondere Behandlung aufgespart.* Ich lasse das Buch sinken. Ich habe Angst. Mutter hat recht.

Aber ich kann nicht aufhören, muss wissen, was mit Dr. B. geschehen ist. Er wurde nicht geschlagen, er wurde isoliert. Man sperrte ihn in ein Zimmer, durchs Fenster blickte er auf eine Mauer, er hatte keine Uhr, kein Buch, keinen Stift, er durfte niemanden sehen, nur den Wärter, und der durfte nicht mit ihm sprechen – *bekanntlich erzeugt kein Ding auf Erden einen solchen Druck auf die menschliche Seele wie das Nichts.*

Mir bricht der Schweiß aus, keinen Tag lang könnte ich das ertragen, ich würde den Verstand verlieren. Dr. B. hat nicht den Verstand verloren, er sitzt neben dem Erzähler auf dem Promenadendeck des Passagierdampfers nach Argentinien und erzählt ihm seine Geschichte.

Meine Gedanken überschlagen sich. Es ist eine erfundene Geschichte, eine Novelle. Stefan Zweig wollte, dass Dr. B. die Isolationshaft überlebt und der Gestapo entkommt. In Wirklichkeit wäre es vielleicht anders gewesen. Oder wollte er zeigen, dass ein Entkommener nicht unbedingt ein Überlebender ist? Ich denke an die Unruhe in Dr. B.s Gesicht. Eine Bedrohung hängt in der Luft, die Geschichte ist noch nicht zu Ende. Ich zwinge mich, nicht die letzte Seite aufzuschlagen.

Dr. B. berichtet von den Verhören, dem Verlust der Orientierung, der Bereitschaft, alles auszusagen, *um dem Würgen dieses Nichts zu entkommen.* Vor den Verhören ließen sie ihn stundenlang warten, *um den Körper müde, um die Seele mürbe zu machen.* Ich bange mit ihm, als er in einer solchen Situation im Mantel eines seiner Folterknechte ein Buch entdeckt und es an sich nimmt. Ein Schachbuch mit hundertfünfzig Meisterpartien. Ich bin genauso enttäuscht wie er. Aber dann beginnt er, auf seinem karierten Betttuch mit Hilfe von Brotkrümeln die Partien nachzuspielen - *ich empfand mein Gehirn aufgefrischt und durch die ständige Denkdisziplin sogar noch gleichsam neu geschliffen.* Ich ahne, dass dieses Buch seine Rettung sein wird. Doch es gibt eine weitere Wendung. Als er alle hundertfünfzig Partien auswendig kann, fängt er an, gegen sich selbst zu spielen. *Jedes meiner beiden Ich triumphierte, wenn das andere einen Fehler machte, und erbitterte sich gleichzeitig über sein eigenes Ungeschick.* Er wird von einem Nervenfieber gepackt, einer *Schachvergiftung,* die zu einem Zusammenbruch führt, einem tollwütigen Zustand, wie ihm später der Arzt im Hospital berichtet. Dort geht es ihm bald wieder gut, ich atme auf. Der Arzt beschützt ihn vor der Gestapo. Dr. B. vermutet, dass er ihn für unzurechnungsfähig erklärt hat. Vierzehn Tage später verlässt er Österreich, nicht ohne die Warnung des Arztes: *mit einer - wenn auch ausgeheilten - Schachvergiftung soll man besser keinem Schachbrett nahekommen.*

Ich weiß, er wird es tun, und er wird wieder krank werden. Am nächsten Tag gewinnt Dr. B. die erste Partie gegen den Weltschachmeister. Hör auf!, denke ich. Auch der Erzähler versucht zu verhindern, dass Dr. B. weiterspielt - *eine sichtbare Exaltiertheit war über den vorher so stillen und ruhigen Menschen gekommen; das Zucken fuhr immer öfter um seinen Mund, und sein Körper zitterte wie von einem jähen Fieber geschüttelt.* Bald darauf muss er das Spiel verwirrt abbrechen. Er entschuldigt sich und zieht sich zurück. Der einfältige Weltschachmeister triumphiert. Ich wünschte, es wäre anders gekommen.

Gleich Mitternacht. Ob Mutter noch wach ist? Ich stehe auf und gehe zur Tür. Im Flur ist es dunkel.

Um drei schaue ich das letzte Mal auf meinen Wecker. Danach muss ich eingeschlafen sein. Ich träume nichts.

Um halb sieben weckt Mutter mich und nimmt mich in die Arme. Ich weine.

Samstags haben wir nur vier Stunden, leider auch Geschichte. Seitdem ich von Auschwitz gesprochen habe, straft mich der Lehrer mit seinem bösen Blick.

Mittags ist Mutter zu Hause, wir essen Tomatensuppe und zum Nachtisch Apfelpfannkuchen, ich lese keine Zeitung. Sie fragt mich, wie es in der Schule war. Den Geschichtslehrer erwähne ich nicht.

Mutter hat mir ein Buch auf meinen Schreibtisch gelegt. Ihr Literaturlexikon. Ein Zettel markiert die Seite, auf der ich einen Eintrag zu Stefan Zweig finde. *Schachnovelle* ist sein bekanntestes Werk. Es wurde erstmals im Dezember 1942 in Buenos Aires veröffentlicht. Erschrocken lese ich, dass Stefan Zweig zu diesem Zeitpunkt bereits tot war. Er nahm sich am 22. Februar 1942 in Petrópolis (Brasilien) das Leben.

Katharina Born

Erika Mann – Vatersprache

Eine neue Sprache, stelle ich mir vor, beginnt mit dem Namen, den ein Mensch dem anderen gibt. Der magische Augenblick, wenn die Ansprache, das geläufige »Du« des Gegenübers, zur Absprache wird, zum ersten Einverständnis. Vielleicht handelt es sich auch um einen Witz, eine bezeichnende Anekdote oder Erinnerung. Eine einzige, gemeinsame Erzählung ge-nügt, sie stellt den Wortschatz, der sich behauptet gegen die Umwelt, abrückt vom Gewohnten, bis er Außenstehenden völlig unverständlich erscheint. Wird aus den Sprechenden aber eine Familie, be-ginnt erst ein Kind auf dem Schoß der Eltern zu brabbeln, dann entwickelt sich die Sprache explosionsartig. Zunächst zögernd, aber bald schon unaufhaltsam ahmen Vater und Mutter die Laute des Babys nach – antworten, fragen, beruhi-gen, ermuntern. Die Wortfindung, die Wortbewahrung wird zur Bindung, zum Web- und Klebstoff, der die einzelnen Tei-le der Familie zusammenhält. Die Eigen-heiten aber, das Unverwechselbare dieser Sprache, vervielfältigt sich von Mahlzeit zu Mahlzeit, von Wohnort zu Wohnort, von Generation zu Generation.

Erika Mann

Erika Manns Briefe an ihren Vater, den sie den »Zauberer« oder auch nur »Z.« nannte, zeugen beispielhaft davon, wie wichtig die Familiensprache der Manns ge-worden war. Abgesehen von den schwindelerregenden Abwandlungen der Namen ihrer fünf Geschwister, der Freunde und verschiedener Häuser enthalten sie auch echte Erfindungen wie »üsis«, was in etwa »rührend« bedeutet, Romanfiguren werden genannt, als handele es sich um reale Personen, und die Wendung »meinen Sohn Wolfgang betreffend«, steht für ein beiläufiges »was mich selbst angeht«. Noch im Al-ter von knapp fünfzig Jahren schreibt Erika Mann an ihre Eltern als »Zaubererlieb« und »Mieleinhold«. Und 1933 gratuliert sie ihrem Vater zum Geburtstag, »da kann man wohl nur Glück wünschen und das gesamte Element der Süßigkeit auf Dich herab und eine neue Weltordnung und ein angenehmes Innenleben«. Doch der bald putzige, bald dramatische, zwischen kindisch und ekstatisch hin und her gleitende

Briefstil dieser hochintelligenten Frau überrascht nur auf den ersten Blick. Selten, scheint mir, war die Sprache einer Tochter so sehr Vatersprache.

Bei aller gelehrten Souveränität und klassischen Eleganz ist Thomas Mann für seinen gezierten Stil bekannt. Das kontrollierte Überborden, die Mann'sche Freiheit, was Lehnworte, Neubildungen und Satzstellung betrifft, wirkte offenbar hoch ansteckend: »Alles schwatzte, scherzte, schimpfte durcheinander in dem geschwinden und barocken Kauderwelsch, das die meisten unserer Freunde von der Mann-Familie übernahmen«, erinnert sich Klaus Mann in seiner Autobiographie *Der Wendepunkt*. Am entschiedensten aber muss sich die älteste Tochter der väterlichen Wortspielereien bedient haben: Erika Mann beherrschte »die Thomas-Mann-Sprache fließend«, schrieb Ludwig Marcuse über seine Begegnung mit der damals Mitte Zwanzigjährigen. »Der Schöpfer dieses bekannten deutschen Dialekts schrieb ihn nur, die Tochter aber sprach ihn und trieb so viel Allotria damit, dass er sie gewiss beneidete.« Ein ebenmäßiges, immer leicht jungenhaftes Gesicht, die breite Stirnlocke und das offene Lachen – auf den Einzelporträts der frühen Jahre wirkt Erika Mann betont glücklich. Mit ihrer eigenen Version seiner Sprache hat sie ein Leben lang die Nähe ihres Vaters gesucht.

Zum ersten Mal stieß ich auf Erika Mann, als ich ihr gemeinsam mit dem Bruder Klaus verfasstes Büchlein *Rundherum. Abenteuer einer Weltreise* entdeckte. Die Geschwister schifften sich 1927 als die »Zwillings-Genies in den Fußstapfen des Vaters« nach Amerika ein. Sie waren stolz, immer jemanden zu finden, der ihnen die nächste Reise, eine Hotelrechnung, die folgende Überfahrt bezahlte. Schon damals lebten sie von Vorträgen über die deutsche Jugend und Kultur, denn in der von Exzessen und Experimenten jeglicher Art geprägten Avantgarde-Szene der Weimarer Republik kannten sie sich aus. Der lustige Bericht ihrer Erlebnisse beeindruckte mich im Kontrast zum kommenden Desaster. Das sorglose Selbstbewusstsein der beiden aber war mir sehr fremd.

Ich war damals selbst gerade Mitte zwanzig, und wenn ich die Nächte nicht in den Montagsbars, Kellerclubs und Theatern des brodelnden Berlins der Nachwendezeit verbrachte, schlief ich am liebsten auf den Pritschen der staatlichen Eisenbahngesellschaften, deren Züge zwischen Workuta und Odessa die ehemalige Sowjetunion durchkreuzten. Dabei fühlte ich mich klein und auf befremdliche Weise abgeklärt, mit dem immer leicht korrumpierten Blick desjenigen, der sich um Objektivität für andere bemüht. »Das Auge des Entdeckers, das sieht wie es schmeckt«, so hat mein Vater, Nicolas Born, es in seinem bekanntesten Gedichtband geschrieben. Mein Bemühen, die Wirklichkeit mithilfe von Sprache zu fassen zu bekommen, war zu dieser Zeit vor allem ein Bemühen um das Russische, dessen Schönheit sich über jegliche Schwierigkeiten hinwegretten ließ. Meine Muttersprache schien mir damals ganz selbstverständlich zu meiner Verfügung zu stehen. Nur zu genau zwang sie in Worte, was in meinem Kopf undeutlich blieb.

Während Erika Mann sich früh und sehr offen über die Sprache ihres berühmten Schriftstellervaters zu definieren schien, bedeutete Nicolas Born, der vergessene Dichter, der mein Vater war, für mich zunächst einen eher privaten, bei jeder Begeisterung, wie sie meine Mutter überkommen konnte, beinahe beschämenden Gedanken. Umgeben von seinen Gedichten, den Büchern und Geschichten, so lange ich denken kann, hatte ich durchaus eine Vorstellung von der Kraft seiner Sprache. Aber nur wir, die Familie, vielleicht einige andere, ähnlich vergessene Freunde, schienen den Zauber noch zu spüren. Und auch für uns, so meine ich mich zu erinnern, wirkte es manchmal wie eine Glaubensfrage.

Die berühmtesten Fotos zeigen Erika Mann mit ihrem Bruder Klaus. Schon lange vor ihrer Weltreise waren die beiden ältesten mit Abstand die wildesten, verschworensten und kompromisslosesten der sechs Geschwister. Als Erika noch vor dem Abitur an Max Reinhardts Deutschem Theater in Berlin spielen sollte, versuchte Klaus sich dort als Theaterkritiker. Bereits im Landerziehungsheim hatten sie Erfahrungen mit der »freien«, auch gleichgeschlechtlichen Liebe gemacht. Und Erika beherrschte die Rolle der modernen Garçonne in Perfektion. Sie heiratete Gustaf Gründgens, mit dem sie und Klaus den ersten größeren Bühnenerfolg in dessen Jugendstück *Anja und Esther* hatten, und schrieb gleichzeitig Liebesbriefe an die mit Klaus verlobte Schriftstellertochter und Schauspielerkollegin Pamela Wedekind.

Zunächst verstand sie sich als Schauspielerin, als Bühnenautorin, schließlich als Journalistin und künstlerisches Multitalent. Sie vergaß nie zu erwähnen, dass sie einmal für Ford den ersten Preis bei einem Autorennen gewonnen hatte, zehntausend Kilometer in zehn Tagen durch die Wüste. Da Thomas Mann es nicht gerne sah, wenn seine Kinder ihm nacheiferten, weil sie es mit ihrem Namen als Schriftsteller besonders schwer hätten, nannte sie ihre Begabung einen Familienfluch. Über die ihr gegenüber oft voyeuristische Öffentlichkeit machte sie sich mehr als einmal lustig. »Dass mein Vater, in seinen guten Augenblicken, sowohl bellen als flattern kann, ist offenes Geheimnis«, antwortet sie im Alter von fünfzehn Jahren auf die Fragen einer Zeitung an die Töchter berühmter Männer. Man solle sie allerdings nicht mit solcherlei Fragen ehren, weil sie »erstens zu albern, zweitens zu unberühmt und drittens zu geldgierig« sei. Obwohl Erika Mann nie aufhörte zu schreiben und zu veröffentlichen, ist eine Schriftstellerin aus ihr nur für die wenigsten geworden.

Beim Lesen ihrer Arbeiten stellt sich der Eindruck großer Integrität ein, einer politischen und essayistischen Reife, die literarische Originalität bewusst beiseite lässt: »Seit kurzem gibt es einen neuen Typ Schriftstellerin, der mir für den Augenblick der aussichtsreichste scheint«, schreibt sie in einem *Tempo*-Artikel von 1931. »Die Frau, die Reportage macht, in Aufsätzen, Theaterstücken, Romanen. Sie bekennt nicht, sie schreibt sich nicht die Seele aus dem Leib, ihr eigenes Schicksal steht still beiseite, die Frau berichtet, anstatt zu beichten. Sie kennt die Welt, sie weiß Bescheid, sie hat Humor und Klugheit, und sie hat die Kraft, sich auszuschalten. Fast ist es, als übersetzte sie: das Leben in die Literatur, in keine ungemein hohe Literatur, aber doch eine brauchbare, anständige, oftmals liebenswerte.« Erika Mann steht selbst am besten für diesen neuen Typ einer professionell und provokant schreibenden Frau, wie ihn die aufkommende Massenkultur der Weimarer Republik hervorgebracht hat. Neben den bekannten Schriften über den Vater und den Nachworten der von ihr betreuten Ausgaben sind vor allem ihre Reiseberichte und Reportagen geblieben. Auch einige Kinderbücher waren erfolgreich. Der Bestseller *School for Barbarians. Education under the Nazis* von 1938 und die Erzählungen aus dem Alltag unter den Nationalsozialisten *The Lights Go Down* wurden aus dem Englischen übersetzt. Die gemeinsam mit ihrem Bruder Klaus verfasste Porträtsammlung *Escape to Life. Deutsche*

Kultur im Exil besticht in der schlichten Überzeugungskraft, mit der die Schicksale der Exilkünstler von der Gefahr der Hitlerbarbarei für die gesamte zivilisierte Welt zeugen.

Eher wie ihr Onkel Heinrich Mann als wie ihr Vater hatte sich Erika Mann früh und unverrückbar gegen die Nationalsozialisten positioniert. Mit ihrem politischen Kabarett »Pfeffermühle« warnte sie seit Januar 1933 mit zunehmender Offenheit vor den Folgen des Nazi-Regimes. Bereits im September desselben Jahres musste sie mit ihrer Truppe in die Schweiz fliehen, schließlich Europa verlassen.

Nach dem Tod meines Vaters arbeitete unsere Mutter oft bis tief in den Abend hinein und auch noch am Wochenende. Meine Schwester und ich versteckten uns auf dem Heuboden vor dem Kindermädchen, wir preschten auf unseren Ponys über die Feldwege, spielten Indianer oder stritten uns, wer der »wortkarge Wanderer« sein durfte. Wenn nachts im klammen Bauernhaus die Balken knackten, kroch ich zu ihr in das durchgelegene Bett. Morgens hielt ich den Ziegenbock bei den Hörnern, und sie lief zum Gatter vor. Dann rannten wir, die Ranzen auf dem Rücken polternd, dem Bus hinterher, der am Dorfende bereits um die Ecke verschwand.

Die Auflehnungen meiner älteren Schwester beobachtete ich später mit einem gewissen Neid. Aber die nötige Empörung hätte ich nie aufgebracht. Mein Ehrgeiz galt noch immer dem »wortkargen Wanderer«, dem whiskeytrinkenden Abenteurer mit dem scharfen Blick aus den alten Wildwestfilmen, die wir als Kinder verschlungen hatten. Ich bewunderte Djuna Barnes, Marie-Luise Scherer und Hans Christoph Buch. Ich wollte Reportagen aus Krisengebieten schreiben, zurückkehren mit Geschichten über das große Ganze in all seinen Ausmaßen. Niemand hatte das Dilemma des Berichterstatters zwischen Kriegswirklichkeit und -spiel so deutlich gezeichnet wie mein Vater in seinem Roman *Die Fälschung*. Die größte Herausforderung, das meinte ich zu wissen, war nicht die Gefahr der Schlacht selbst, sondern das Finden einer Sprache für das, was dort zu sehen ist. »Da hat er gelernt was Krieg ist sagt er«, heißt eins der bekanntesten Gedichte Nicolas Borns, in dem es um den Vater geht, der mit Formeln der Sprachlosigkeit aus der Kriegsgefangenschaft zurückkehrt.

Erika Mann hatte sich schnell eingelebt im Exil. Als Kriegsberichterstatterin reiste sie in ganz Europa umher und erzählte anschließend den Amerikanern, was sie erlebt hatte. Sie verdiente mit der Arbeit ihren Lebensunterhalt, vor allem aber hielt sie es für ihre moralische Pflicht, die Amerikaner von der Notwendigkeit des Krieges gegen Hitler zu überzeugen. Sie machte sich den Namen des Vaters zunutze, um Künstlerkollegen mit Briefen und Darlehen Thomas Manns zu helfen, wo sie konnte. Wegen seines anhaltenden Schweigens gegenüber dem Nationalsozialismus machte sie ihm schwere Vorwürfe. Noch enttäuschter aber war sie, dass er Klaus Manns verzweifelte Bemühungen um seine hochpolitischen Literaturzeitschriften nicht unterstützte.

Nach dem 11. September 2001, als für kurze Zeit die Welt still zu stehen schien, nur um sich schließlich ein wenig langsamer und schwermütiger weiterzudrehen, ging ich nach Paris. Im blassen Licht des schnell beginnenden Winters streifte ich durch die schönen, immer ein wenig ramponiert wirkenden Straßen der nördlichen

Arrondissements, mein Blick noch einmal so neu wie meine Bewegungen in der eleganten, mir nur schleppend gelingenden Sprache. Ich schrieb für deutsche Zeitungen über französische Zustände, in denen das große Ganze nur von Zeit zu Zeit mal aufblitzte. Obwohl das Gefühl, dass in Deutschland niemand auf mich wartete, nicht aufhörte, wurde es immer unwichtiger.

Während Klaus Mann sich fragte, ob er die Muttersprache verlernen würde, noch bevor er das Englische beherrschte, während ihm das Exil unerträglich wurde, weil ihn zu Hause nichts mehr zu erwarten schien, hatte Erika Mann bei der Ankunft ihrer Eltern in Amerika begonnen, für diese zu vermitteln, zu übersetzen, sich auch in die Manuskriptarbeit einzumischen. Thomas Mann nahm ihre klugen Einwände meist dankbar an. Auf den Fotos von offiziellen Reisen sieht man die »Tochteradjutantin« bald anstelle der Mutter an der Seite ihres Vaters auftreten. Ihre überlangen Beine, die kantigen Züge lassen sie steif wirken, die Kleidung bieder. Wie ihr Bruder Klaus hatte sie früh mit Kokain und Morphin experimentiert, war aber letztlich Alkohol und Tabletten verfallen. Es ist wohl nicht mehr herauszufinden, inwieweit Thomas Mann und seine Frau Katia die schwer abhängige Tochter auch beschützen wollten, indem sie sie mit der Bitte um Hilfe zunehmend an sich banden.

Schließlich waren die Nationalsozialisten besiegt. Aber von der Freiheit und Toleranz der Zwanziger- und frühen Dreißigerjahre war im geteilten Nachkriegsdeutschland kaum etwas geblieben. Noch immer machte Erika Mann weiter wie bisher, berichtete aus dem befreiten Paris und von den Nürnberger Prozessen. Nachdem sie wegen ihrer politischen Äußerungen in der westdeutschen Presse als Angehörige von »Stalins 5. Kolonne« beschimpft worden war, verbot sie ihren Eltern jede Annäherung an die alte Heimat, in der man genau wie im Osten Deutschlands nur darauf zu lauern schien, Thomas Mann für die eigenen Ziele zu vereinnahmen und ihn zur Not erneut als Verräter zu verteufeln. Auf ihre jüngsten Geschwister und ihre Eltern wirkte Erikas Abwehr hasserfüllt und überzogen. Der einmal so charmanten und begabten Frau, der die Welt noch im Exil auf so selbstverständliche Weise offen gestanden hatte, schien diese zunehmend zu entgleiten.

Als man mir anbot, ich könne die Gedichte meines Vaters neu herausgeben, nahm ich nach kurzem Zögern an. Ich sammelte Manuskripte, verglich und verzeichnete monatelang verschiedene Fassungen, sprach mit Menschen, die für mich zwanzig Jahre lang lediglich Namen aus einem unwirklichen Teil meiner Kindheit gewesen waren. Auf den Spuren meines Vaters, der gestorben war, kurz bevor ich selbst in der Schule das Schreiben gelernt hatte, erfuhr ich viel über die Wörter, über die Zeit und über mich selbst. Seine Zeilen begegneten mir in allem, was ich tat, seine Gedanken legten sich sanft um meine, seine »geheimen Fortsetzungen« setzten sich als kleine, haltbare Haken in mir fest. Die Geschichte meiner Familie war darin enthalten - verformt, verfälscht und bis zur Unkenntlichkeit verfremdet, aber ebenso wahr und deutlich kostbar.

Vier Fremdsprachen hatte ich in der Zwischenzeit unter einer gewissen Einsturzgefahr in meinem Kopf gestapelt. Aber erst im Nachwort zur Gedichtausgabe gelang es mir - auch für mich überraschend -, in meiner eigenen Sprache zu klären, warum ich mich für würdig und geeignet hielt, vielleicht auch ein Stück weit, wie man in meiner Familie sagen würde, für »groß genug«, diese Arbeit für meinen Vater zu übernehmen. Während ich in Paris noch eine Weile, viel zu langsam und meiner fast zu sicher, an journalistischen Reportagen arbeitete, stellte sich die Frage, was nun kommen würde, ohne dass die Antwort je anders hätte lauten können, als dass ich weiter und immer mehr in meinen eigenen Worten schreiben wollte.

Genau genommen besitzt eine Sprache sicher keinen festzumachenden Anfang. Wie das Leben selbst ist sie Teil eines Kreislaufs, einer - zumindest in Richtung der Vergangenheit - unendlichen Geschichte von Herkunft und Erfahrung, von Erbe und Eindruck. Ihr Fortwähren wirkt vor allem als Fortgang, als Verständigung über Widersprüche hinweg - und manchmal als eine Art Stille Post, ein von Ohr zu Ohr weiter geflüstertes Missverständnis, ein Sprung in den Fettnapf, wenn sich Verstehen in sein Gegenteil verwandelt. Und wie ein falsches Wort kann auch das Leben selbst aus dem Rahmen fallen, verrutschen in seiner Zeit, bis nichts mehr richtig daran erscheint.

Im Mai 1949 nahm sich Klaus Mann im französischen Cannes das Leben. »Wie ich leben soll, weiß ich noch nicht, weiß nur, dass ich muss; und bin doch gar nicht zu denken, ohne ihn«, schreibt Erika Mann an eine Freundin. Mit Beginn der McCarthy-Ära blieben etwa zur selben Zeit ihre Aufträge aus. Erst spät bemerkte sie, dass sie in Amerika seit Jahren als »sexuell pervers« und gefährlich unter Beobachtung stand, dass selbst ferne Bekannte über sie ausgefragt worden waren. Ihr Agent und auch einige Freunde distanzierten sich von ihr. Nachdem sie erst Deutschland hatte verlassen und dann ihr Kabarett hatte aufgeben müssen, erlebte sie nun zum dritten Mal die völlige Zerstörung ihrer Existenz.

Als ihr Vater starb, war Erika Mann bereits fünfzig Jahre alt. Sie selbst bezeichnet sich als »bleichen Nachlassschatten«. Mit harter Hand kümmerte sie sich um die Verfilmungen des Werks ihres Vaters. Zunehmend misstrauisch, aufbrausend, unangenehm, hing Erika Mann schnell der Ruf der »schwierigen Witwe« an, die vor Prozessen nicht zurückschreckte. Die von ihr skrupulös, ohne die heutigen Hilfsmittel und bewundernswert zügig herausgegebenen Briefausgaben gelten als »zensiert« und »wissenschaftlich nicht vertretbar«. Passagen und Briefe, in denen es um die Homosexualität und unangenehme politische Ansichten Thomas Manns ging, hatte sie unkommentiert weggelassen. Spätestens seit der Veröffentlichung der Tagebücher wurde bekannt, was sie aus Rücksicht auf die Moralvorstellungen der ersten Hälfte der Sechzigerjahre und die Gefühle der Familie, aus wissenschaftlicher Sicht unentschuldbar, zunächst beiseite ließ. Erst mit der vollständigen, kommentierten Briefausgabe, wie sie selbst für Thomas Mann erst Jahrzehnte später und bisher nur teilweise mit der Großen Frankfurter Ausgabe realisiert werden konnte, wird bekannt, wie geringfügig diese Auslassungen waren.

Ihr offenes, gewinnendes Lachen sieht man in den späten Interviews nur noch selten. Meist wirkt es jetzt bitter, bestenfalls ironisch. Abends ist sie häufig wie benebelt, fällt die Treppe herunter, kramt nachts mit fahrigen Bewegungen im Kühlschrank herum. Weggetreten, die »Knochen aufgeweicht« von den Tabletten, hockt sie morgens manchmal noch immer vor der beleuchteten Tür, wenn ihr Neffe Frido zum Frühstück herunterkommt.

Im August 1969 stirbt Erika Mann, noch bevor sie den Kampf um das Ansehen Klaus Manns mit dem Erfolg seines *Mephisto* gewonnen hat. Eine Biographie blieb Konzept, mit einer Autobiographie kam sie über wenige Seiten nicht hinaus. Als ihr Bruder Golo einmal bemerkte, er hätte auch Romane schreiben können, antwortete sie: »Wer kann der tut.« Es muss ein Teil ihrer Überzeugung gewesen sein, ihrer Strenge sich selbst und anderen gegenüber, dass sie, der es immer um Sprache gegangen war, um das Richtigstellen, das mit Humor Verständlichmachen, der es als Einziger der Geschwister Mann gelungen war, ihrem Vater auf der Ebene seiner Sprache tatsächlich nahe zu sein, meinte, für ein eigenständiges Werk nicht über die Worte zu verfügen.

Irène Bourquin

Armin Bollinger – Brückenbauer zwischen Europa und Lateinamerika

Hoch über dem dunkelgrünen Urwaldtal, in dem sich blau und silbern der Urubamba schlängelt, saß ich am Hang, die berühmte Stadt von oben im Blick: Machu Picchu, die Inka-Festung, auf einem Bergsattel gelegen, von zwei mächtigen Felszacken bewacht – die vergessene, verlorene, von Hiram Bingham wiedergefundene Stadt. Die verschachtelte Anlage, aus herbeigeschafftem Granit gebaut, ihre zahllosen Treppen, das Sonnenheiligtum, die Paläste, die Wohnhäuser, das Handwerkerviertel. Unwirklich schien es mir, selbst hier zu sein, in Peru: Ich hatte diese Szenerie zuerst im abgedunkelten Schulzimmer gesehen, und der Lehrer, ein bekannter Kulturgeograph, ließ dazu vom Band die Andenflöte ertönen.

Armin Bollinger

Mein Interesse an Altamerika, an Mexiko, Mesoamerika, den Andenländern, war früh erwacht. Es wurde während meines Studiums der Geschichte, Germanistik und Ethnologie an der Universität Zürich noch verstärkt durch Bücher und Gastvorträge von Armin Bollinger, damals Dozent für Geschichte Lateinamerikas an der Handelshochschule St. Gallen.

In der Erzählung »Der Pfad des Inka« (in: *Drei Körner von gelbem Mais*, 1976 bzw. 1982) erzählt Bollinger die Geschichte eines jungen Indios, Spross einer Familie von Oberpriestern, der Hiram Bingham jahrelang als Führer und Träger dient und ihm nach langem Widerstreben das jeweils vom Vater auf den Sohn tradierte Geheimnis verrät: den »Pfad des Inka«, den Zugang zu Machu Picchu. Dazu hat er sich entschieden nach einem Test: Beleidigung der aufgehenden Sonne durch Anspucken, was ohne Folgen blieb. Der Sonnenglaube der Inka erscheint ihm nun als Aberglaube; statt Inticsungan (Sonnenstrahl) nennt er sich Hiram wie sein Mentor. Der junge Indio, im Bestreben, der dumpfen Schicksalsergebenheit seines Volkes zu entrinnen, lernt lesen, studiert mit Hilfe eines Stipendiums, kehrt Dorf und Familie den Rücken, wird erfolgreicher Anwalt in der Hauptstadt Lima und heiratet eine Amerikanerin. Als Regierungsvertreter versucht er, die Lebensbedingungen der

Indios zu verbessern. Doch das Volk ist resigniert, und er hört hinter sich das Wort »Manaalinruna« raunen: Verräter. Später kehrt er in sein Dorf zurück, wird Fremdenführer in Machu Picchu. Hiram verdient gut, häuft Gold an, beginnt aber zu trinken, wie viele seines Volkes. Er sucht einen Weg zurück zur eigenen Kultur. Eines Nachts steigt er heimlich hinauf nach Machu Picchu, und bei aufgehender Sonne spricht er noch einmal den Schwur, den er einst dem Vater nachsprechen musste:

> »Halte das Geheimnis, und du bleibst heil und gesund.«
> Dreimal wiederholten sich die Worte: »oasi gespila, kusi gespila ... heil und gesund, heil und gesund ...« »Der Verräter aber muss den Weg mit verbundenen Augen zurückgehen ... Ñan, ñan, ñan ... diesen Weg, diesen Weg, diesen Weg ...«

Ich habe damals, vor dreißig Jahren, Machu Picchu nicht zu Fuß erreicht, wie es von Reisebüros heute wieder angeboten wird, sondern bequem auf Schiene und Straße: mit der Bahn, die anfangs Spitzkehren macht, von der Inka-Hauptstadt Cuzco ins Urubambatal, ab der Station mit dem Bus die vielen Serpentinen hinauf nach Machu Picchu. Trotzdem kann ich das Verhängnis des Indios Hiram nachempfinden, denn ich habe den Huayna Picchu bestiegen, die größere der beiden extrem steilen Felszacken hinter der Stadt. Schmale, in den Fels geschlagene Stufen, rutschige Pfade, ein Drahtseil, schwindelerregende Blicke in die Tiefe, auf die Inkastadt mit ihren Heiligtümern, und noch tiefer, auf den sich schlängelnden Fluss im Urwaldtal. Ein Fehltritt wäre fatal gewesen, auch ohne Augenbinde.

Einen Weg als Go-between zwischen den Kulturen ist auch Armin Bollinger im Laufe seines Lebens gegangen: Vom Historiker und Wirtschaftsfachmann wandelte er sich zum »teilnehmenden Beobachter« und schließlich zum literarischen Erzähler; immer aber wirkte er als Vermittler, als Brückenschläger zwischen Lateinamerika und Europa.

Geboren am 1. November 1913 in Zürich, wuchs er in der Heimatstadt auf und ließ sich nach der Matura zum Sekundarlehrer ausbilden. Später studierte er in Rennes; 1941 promovierte er zum Dr. phil. Der Titel seiner Dissertation lautete *Die Zürcher Landschaft an der Wende des 18. Jahrhunderts. Nach den Berichten der ascetischen Gesellschaft* (1941). Es folgten weitere historische Publikationen zu Zürich, speziell Oerlikon, und zur Schweizer Geschichte. - Nach einigen Jahren in der Wirtschaft wurde es Bollinger in der Schweiz zu eng: Er ging nach Brasilien. An der staatlichen Bundesuniversität in Rio de Janeiro lehrte er in den Fünfzigerjahren Geschichte und Wirtschaftswissenschaften. Er bereiste Lateinamerika und befasste sich mit wachsendem Interesse auch mit den Inka, den Maya und den Völkern Alt-Mexikos (Olmeken, Tolteken, Mixteken, Azteken). Aber auch die Nachkommen der Völker Altamerikas hatte er stets im Blick. In wissenschaftlichen Publikationen behandelte er *Die Sklavenbefreiung in Brasilien* (1969) und *Widersprüche zwischen Unabhängigkeit und Dekolonisation in Lateinamerika* (1970). Ein weiterer Buchtitel lautet *Spielball der Mächtigen. Geschichte Lateinamerikas* (1972). Es folgten mehrere Sachbücher zu den altamerikanischen Kulturen, speziell der Inka und Maya, wobei er technische Themen (Bau von Straßen, Brücken, Bewässerungsanlagen, Häusern und Städten bei den Inka), aber auch Kleidung, Ernährung, Kultur, Religion und Krankenheilung behandelte. – Vier Jahrzehnte lang bereiste Armin Bollinger Südamerika; er galt als einer der besten Kenner der indianischen Hochkulturen Lateinamerikas.[1]

An der Handelshochschule St. Gallen lehrte Bollinger siebzehn Jahre und leitete die Kulturabteilung des Instituts für Lateinamerikaforschung und Entwicklungszusammenarbeit (ILE). In Zürich wurde, initiiert durch Sammler, 1985 die Stiftung Altamerikanische Kulturen gegründet, getragen von einem Förderverein, dem Bollinger präsidierte. Ziel der Stiftung war die Förderung des Verständnisses für diese Völker und Kulturen – und damit auch für deren Nachfahren, die Indios. Sammlungen von guter Qualität wurden der Öffentlichkeit zugänglich gemacht, ebenso eine Fachbibliothek. – Abbau des eurozentrischen Weltbilds sowie Bekanntmachung der verschiedenen hochentwickelten Kulturen *vor* den Inkas und den Azteken: diese Ziele der Stiftung waren auch mir – nach drei Reisen durch Mexiko und Guatemala sowie zwei Reisen durch Peru – in meiner Berufsarbeit als Kulturredakteurin und Journalistin ein wichtiges Anliegen. Bei persönlichen Begegnungen mit Armin Bollinger kam es zu Gesprächen über Altamerika.

Armin Bollinger hat die Welt der Indios nicht nur beobachtet, erforscht, beschrieben, erklärt und erzählt – er hat selbst darin gelebt. Auf abenteuerlichen Reisen hat er mehrmals die Anden überquert, er war am Aufbau einer Stadt im Urwald beteiligt, er hatte Kontakt mit Wunderheilern, Cocabauern und Grabräubern. Das menschliche Interesse an »seinen« Indios kam seit Mitte der Sechzigerjahre zum Ausdruck in Erzählungen aus den von ihm bereisten Ländern: Brasilien, Peru, Bolivien, Ecuador, Kolumbien, Argentinien, Mexiko, Guatemala. »In seinen Erzählungen, in unzähligen Vorträgen und Lesungen hat er Brücken geschlagen zwischen zwei Seelenlagen, die ohne ihn sich einander kaum so stark angenähert hätten«, schrieb Verleger Beat Brechbühl im Nachruf auf den Autor, für dessen Bücher er 1980 den Waldgut Verlag gegründet hatte, weil Orell Füssli die Erzählungen aus den Sechzigerjahren nicht mehr nachdrucken wollte; beim Zytglogge Verlag, den Brechbühl damals leitete, passten sie nicht ins Programm.[2]

Am 27. November 1995 ist Armin Bollinger nach mehrjähriger Krankheit in Zürich gestorben. »Weggegangen ist ein Katalysator zwischen mindestens zwei Welten, ein ungemein tätiger und zu seiner Zeit *wirkender* Hinundherträger von Verständnis, Kultur, Kulturen, Kenntnissen, Visionen, Menschlichkeit«, schrieb Beat Brechbühl, der zehn Bücher von Armin Bollinger verlegt hat: sieben Erzählbände und drei leicht lesbare Sachbücher, die einen guten Einstieg ins Thema bieten: *Einführung in die Welt der Indios* (1981), *Die Indio-Völker Alt-Mexikos* (1981) sowie *Die Maya* (1984).

Im Zürcher Stadtteil Oerlikon wurde 1996 die Verbindung vom Max-Bill-Platz zur Brown-Boveri-Straße Armin-Bollinger-Weg benannt. Doch wer Armin Bollinger wirklich begegnen will, findet ihn heute noch in seinen autobiographisch grundierten Erzählungen – der Waldgut Verlag hat sich verpflichtet, die Bücher lieferbar zu

---

1   Für seine Arbeit wurde Bollinger mehrfach ausgezeichnet: 1970 erhielt er das Ehrendiplom des Instituto Histórico Fluminense in Rio de Janeiro, 1983 eine Ehrengabe des Kantons Zürich sowie den Ehrendoktor der Universidad Nacional San Antonio in Cuzco, Peru; 1986 ernannte ihn der Literarische Club Zürich zum Ehrenmitglied.

2   Im Waldgut Verlag habe ich selbst in den Jahren 2001 bis 2011 vier Bücher publiziert: Literatur als dritter Berührungspunkt mit Bollinger, nach Studium und Kulturredaktion.

halten. Einige Geschichten und Gesichter aus diesen Texten sollen im Folgenden aufleben.

»José Maria«: Der in der Eisenbahn zuerst lästige *naranjada*-Verkäufer, ein struppiger, halbwüchsiger Junge »mit dem anklagenden Blick seiner Rasse«, wird zum Beschützer des Erzählers, als seine Leute, rebellische Campesinos, den durch die bolivianischen Anden fahrenden Zug überfallen. Über das Schicksal des Kindes bei der folgenden Polizeirazzia erlangt der Reisende keine Klarheit. – Der Erzähler rettet hier, wie auch in anderen Geschichten, seine Haut, indem er intuitiv handelt, europäisches Denken und Verhalten wegschiebt.

»El Gamin«: Spontan verfolgt der Erzähler in Bogotá einen jugendlichen Handtaschendieb, obwohl er weiß: »Es sind hungernde, oft kranke Kinder«, viele von den bitterarmen Eltern verstoßen. Sie leben in Gruppen, in Kellerlöchern oder Bretterbuden, erklärt der Jugendrichter, sie stehlen, rauben, verüben Einbrüche, Überfälle und teilen nach bestimmten Regeln die Beute. Gefasst, kommen sie ins Jugendheim und fliehen bald wieder. Der Erzähler löst später den Gamin Ricardo bei der Polizei aus, macht ihn zu seinem Fremdenführer – wobei er auch den Unterschlupf der Bande und »für Überfälle geeignete Orte« zu sehen bekommt –, sorgt für Nahrung und Kleidung. Als er abreisen muss, versucht er, nachhaltig zu helfen, indem er bei einem Bekannten Geld für Ricardo deponiert. Der durch die Abreise enttäuschte Gamin klaut seinem Gönner beim Abschied die Brieftasche, gibt sie aber am Flughafen ab, leer und doch übervoll: Sie enthält die Madonna aus Silberblech, Ricardos Glücksbringer, ein Andenken an seinen verstorbenen Vater.

Diese Geschichte lässt Erinnerungen aufsteigen und ein mulmiges Gefühl beim Anblick der Straßenjungen von Bogotá, die in kleinen Gruppen lauernd herumlungern, jederzeit zu unberechenbaren Aktionen fähig. Die diffuse Angst, die ich als Erwachsene empfand beim Anblick dieser acht-, zehn-, zwölfjährigen Kinder. Die Vorsicht, die Vernunft, die Scham wegen der Angst. Und jener Abend, an dem wir, ein junges Touristenpaar, in einem Restaurant einkehren – ansprechend traditionell möbliert – und sofort feststellen, dass wir die einzigen Gäste sind. Der Wirt kommt, wir bestellen, wir horchen auf kleine Geräusche, behalten die Tür im Auge, die Alarmlampe im Kopf blinkt: Ist das überhaupt ein Restaurant? Banges Warten. Der Wirt kommt wieder, mit vollen Platten. Wir essen ganz ausgezeichnet, sonst geschieht nichts. Die Scham wegen des Misstrauens. – Wir haben damals, 1980, ein Wochenende in Bogotá verbracht. Wir sind in diesen zwei Tagen nicht überfallen worden, nicht bestohlen. Dazu hat man uns gratuliert.

»José Maria« und »El Gamin« sind in dem Band *Drei Körner von gelbem Mais* enthalten. Eindrücklich ist auch die Titelgeschichte. Deren Erzähler besucht mit seinem Freund, dem Fotografen Max, in einem Hochtal Ecuadors das Fest des Yamor (spezielles Maisbier): ein Opferfest, Erntedank und Erinnerung an die dritte Erschaffung der Menschen, aus gekochtem Mais – die Tonmenschen waren den Göttern misslungen. In einem Strudel von Ereignissen wird der blondbärtige Max von den Indios für den wiedergekehrten Viracocha (Gott des Himmels) gehalten. Er nimmt diese Rolle an, wächst in sie hinein und wird mit dem Mädchen, das die jungfräuliche Maiskönigin (Göttin der Erde) verkörpert, rituell vermählt. Aus dieser Vereinigung, glauben die Indios, wird *ihr* Erlöser hervorgehen. Der Alcalde hat versucht, dieser Entwicklung entgegenzusteuern; vergeblich hat er die Fremden zur Abreise gedrängt. Es kommt zu Tumulten, Max/Viracocha verschwindet. Der Erzähler wird verletzt und weiß später nicht mehr, was Realität ist, was Phantasie, Vision, Fiebertraum. Die Bedeutung der Ereignisse erfasst er beim Lesen einer alten Handschrift von 1547, die ihm der indianische Ortspriester gegeben hat. Ihr Autor, ein Franziskanerpater, zweifelt an seinem Amt: »Alles sind getaufte Christen. - Aber sind sie dies nicht nur durch unseren Zwang geworden?« An Pfingsten glaubt er, Viracocha, der sich nur noch Eingeweihten zeigt, in der Kirche zu sehen. - Zum Ärgernis geworden, wurde der Pater auf Befehl des Gouverneurs festgenommen und nach Kastilien überführt.

Ein Priester, der den alten Göttern verfällt und seinen inneren Kampf aufzeichnet: Dieses Motiv findet sich auch in der Erzählung »Das zweite Gesicht« (in: *El Curandero*, 1980). Hier, in Südkolumbien (San Agustín), ist es La Luna, die Mondgöttin, deren vollkommene Andesit-Statue den Priester verführt, bis er einem Grundbesitzer die Braut abspenstig macht und mit ihr, die der Statue gleicht, eine Tochter zeugt. Später zerstört der verzweifelte Priester das Gesicht der Statue. Der Tochter aber vererbt er seinen Besitz.

Die Missachtung der alten Kulturen durch die europäischen Eroberer beschäftigte Armin Bollinger ebenso wie Fragen der sozialen Gerechtigkeit in heutiger Zeit. Unaufdringlich flocht er viele Informationen über Kultur und Religion der Indios in seine Erzählungen ein. (Eine gewisse Ambivalenz zeigt sich darin, dass bald von »Gottheiten«, bald von »Götzen« die Rede ist.) Der Autor kommt als Europäer, mit dem Interesse des Forschers, lässt sich aber hineinziehen in die fremde Welt. Mit einfachen sprachlichen Mitteln gelingt es ihm, Atmosphäre zu schaffen, Orte, Landschaften, Stimmungen zu evozieren. Stets sieht er auch die Perspektive der jahrhundertelang unterdrückten Völker. Seine Texte zeugen von Einfühlungsvermögen und von erstaunlicher Offenheit für Mystik und Magie.

> »Er praktiziert seit vielen Jahren in seinen forschenden Erzählungen und erzählenden Forschungen die Symbiose von Rationalität und Mystik, ein für die westlichen Wissenschaftler ungewohntes analytisches Verständnis. [...] Es scheint, als ob das eine dauernd das andere befragte, Spannung erzeugend und zugleich Beruhigung darüber vermittelnd, dass komplexe Geschehen nicht in zu einfacher, vereinfachter Weise interpretiert werden.«[3]

Zu den besten Erzählungen gehört »Das Krokodil« (in: *Die Botschaft des Quipu*, 1965 bzw. *Drei Körner von gelbem Mais*, 1982). Es ist die Lebensbeichte eines Arztes, der ein Sumpffieber erforschte und dabei bewusst das Leben seines ihm vertrauenden indianischen Freundes, des Talvorstehers José, opferte. Dieser hatte den Forscher zuvor tatkräftig unterstützt. »Wer seinen Freund verrät, den tötet das Krokodil«, sagen die Bewohner des mexikanischen Hochtales. Der Arzt erlangt Ruhm, wird aber wahnhaft beherrscht vom Tonkrokodil, das ihm Josés halbwüchsiger Sohn zum Abschied geschenkt hat. Von einem Arztkollegen Jahrzehnte später auf das

---

3   Jean-Max Baumer, Direktor des ILE, über Armin Bollinger in seinem Nachwort zu *Die tanzenden Krokodile* (Waldgut Verlag, 1983).

Krokodil angesprochen, erleidet er einen Zusammenbruch und stirbt. Für die Medizingeschichte ist der Arzt ein Held, als Freund ein Verräter und Mörder. (Nebenbei: In Peru galten wir als »Ärzte«, wenn wir an Fiebernde Treupel-Tabletten verteilten.)

Berührend ist auch die Geschichte des Sonderlings, der sich, obwohl nur Hilfsarbeiter, als Ingenieur ausgibt und ganz allein, unterstützt nur von einer Aymará-Familie, in einem entlegenen Hochtal Boliviens »Die Bahnlinie von Santa Maria« zu bauen beginnt (in: *Der Ruf des Kirima*, 1966, bzw. *El Curandero*, 1980). Seine Motivation: »Wir Europäer haben nur vernichtet, nur genommen, doch nichts gegeben. Es ist unsere Aufgabe, das alte Kulturvolk am wirtschaftlichen Fortschritt der heutigen Zeit teilnehmen zu lassen.« Von diesem Ferdinand Schmidt, der dem Erzähler sein Haus hinterlässt (mit dem Bahnhofsschild »Santa Maria de la sierra - Estación Central«) heißt es: »Südamerika ist ihm später zur wirklichen Heimat geworden.« Das gilt wohl auch für Armin Bollinger.

Viele seiner Erzählungen spielen am Rand der Zivilisation, zeigen die Begegnung zweier Welten. In »Der Ruf des Kirima« (1966) begegnet der Häuptlingssohn Tarobá in den »verbotenen Gebieten« Amazoniens (wo die Weißen sind) dem Vogelfotografen Rolf. Den warnenden Ruf des Kirima, die Stimme von Curaira, dem Gott der Wälder, hat er missachtet. Als Rolf ihn im Kanu fotografiert, verliert Tarobá das Gesicht, die Seele, das Jagdglück. Er will sich rächen, den Bann brechen - doch sein heimlicher Kriegszug gegen den Fotografen nimmt unerwartet ein für beide gnädiges Ende.

Amazonien: Stundenlang waren wir auf dem Deck eines Dampfers den breit wie ein See strömenden Fluss hinaufgefahren. In der Mündung eines Nebenarms Umstieg ins Kanu, das zwei Indios, knietief im Wasser stehend, über untiefe Stellen schoben. Ankunft in der schattigen Lodge. Erstickende Luft im Innern des Hauses, dumpffeuchte Hitze. Die Chefin der Lodge, Französin, sagt, sie lebe seit dreißig Jahren hier, habe immer Amazonaswasser getrunken und sei gesund geblieben. Urwaldspaziergang: »Nichts anfassen!«, warnt der Führer. Demonstration des Blasrohrs durch einen Jivaro-Indianer in buntgestreiftem Lendentuch: Mein Freund landet einen Meisterschuss - der Pfeil steckt quer im roten Blütenstand - und tauscht seine Manchester-Jeans gegen Köcher und Pfeile; das Blasrohr hätte eine Schweizer Uhr gekostet. Besuch in einem Yagua-Dorf am Fluss: schweißtreibende Hitze; Hängematten pendeln unter Blätterdächern; aus einer einfachen Presse, bedient von drei Indios in Baströcken, rinnt der Saft des Zuckerrohrs in ein Plastikbecken. Nachts treiben wir im Kanu, schwarze Baumsilhouetten, unter dem Mond schwirren die Geräusche der Dschungelnacht. Am Tag beobachten wir, wie indianische Mütter ihre Kleinkinder vom Kanu aus baden, schnell und vorsichtig trotz schwimmender Barrieren, denn die Piranhas, deren mächtige, spitzzähnige Kiefer in der Lodge am Pfosten hängen, können jederzeit zuschnappen.

Das Leben, der Tod: Der Text »Auf den indianischen Gräberfeldern von Paracas« (in: *El Curandero*) berichtet, wie der Autor als »einziger von den Indios legalisierter Huaquero (Grabräuber)« eine peruanische Fischerfamilie bei ihrem illegalen Tun begleitet. - Flashback: Ein Vortrag an der Universität Zürich. Bollinger, frei erzählend, zeigt Dias. Plötzlich ein Bild des Sprechenden mit Totenschädel in der Hand. Wir waren leicht schockiert. Aber Bollinger hat sich später dafür eingesetzt, dass die illegalen Grabungen und der Handel mit heiligen indianischen Objekten stark eingeschränkt wurden.

Die Grabräuberei ist auch Thema der Erzählung »Der Königsmantel« (1988). Der Huaquero Federico lässt bei Grabungen ein Leichenbündel verschwinden, in der Hoffnung, mit dem Erlös für die prachtvollen Textilien und die darin eingewickelten Objekte seiner vielköpfigen Familie ein besseres Leben zu ermöglichen, weit weg von der sandigen Dürre der Halbinsel Paracas. Zufällig hat er das kostbarste Bündel erwischt: Es enthält keine Mumie, sondern den Krönungsornat des Königs. Federico widersteht der Folter der Militärpolizei und schweigt zu den Fragen des Ausgräbers Julio Tello (»Schließlich sind die Archäologen auch Räuber [...]«). Er könnte das Bündel, das er – nach einem Monat kultischer Reinigung seiner Person – respektvoll geöffnet hat, an einen Amerikaner verkaufen. Aber da wird ihm bewusst, dass es sich um Objekte seiner Ahnen handelt, dass nur sie ein Recht darauf hätten. Da dieses Volk untergegangen ist, verbrennt er den kostbaren Fund.

»Die Kette des Häuptlings« (1985) handelt ebenfalls von Grabräuberei. Ein europäischer Forscher lässt sich im Archäologischen Institut von Quito als Assistent anstellen, um die illegalen Wege der Grabfunde zu erkunden. Er wird Zeuge eines Mordes und erkennt, dass bei Ausgrabungen an der Küste Ecuadors ein »Syndikat« von Huaqueros am Werk ist, das teilweise mit dem Institut zusammenarbeitet und von der Polizei gedeckt wird. Aber das Syndikat ist gespalten, was seinen Zweck betrifft: mit Kunsthandel Geld machen oder den Ausverkauf der indianischen Kultur verhindern? Dem Erzähler wird zudem eine verborgene, modern ausgestattete »Fälscherfabrik« gezeigt. Der Gringo entwickelt Sympathien für die Organisation der »Huaqueros«, entfernt sich innerlich von seinem Auftrag, wird Mitmacher. Die Konflikte fordern fünf Tote – und der Anführer, der als »gran cacique« gilt, wie einst der Kriegshäuptling der Küstenvölker, begeht Ritualselbstmord. Er ist gescheitert, wie der »Große Häuptling«, dessen Grab er gefunden hat und der die Konquistadoren nicht aufhalten konnte.

Auch in *Die tanzenden Krokodile* (1983) wird der Ich-Erzähler in die Welt der Indios hineingezogen – und zieht die Lesenden mit hinein. Ein Archäologe erforscht mit seinem Assistenten die Zeugnisse einer alten Steinhauerkultur im oberen Magdalenental (Südkolumbien). Die beiden Gringos werden in die Konflikte zweier seit dem Bürgerkrieg (1948-58) verfeindeter Parteien verwickelt, müssen aber im Lauf der turbulenten Ereignisse erkennen, dass sich der Konflikt verschoben hat: von der Politik zum Geld, zum Machtkampf rivalisierender Gruppen von Cocabauern und Kokainhändlern. Offiziell ist der Cocaanbau seit 1938 verboten, und seit 1941 müssten alle Pflanzungen vernichtet werden. In der Realität ist die ganze Talgemeinschaft darin verwickelt, inklusive der Alcalde und Doña Margareta, eine im Tal lebende Deutsche, Besitzerin des Gasthauses und dreier Kaffee-Fincas, sowie Hauptmann Ramón, Kommandant der örtlichen Garnison; es herrscht eine »omertà«. Die beiden Gringos, Mitwisser geworden, sehen sich gezwungen, der »Gemeinschaft der tanzenden Krokodile« beizutreten; auf Verrat von Geheimnissen steht der Tod. In einem Bergversteck werden sie Zeugen eines Scheinkriegs gegen die angerückte Armee – die widersprüchlichen Interessen der USA führen zu solchen Aktionen –, wobei Hauptmann Ramón im Tarnanzug das Versteck der »Krokodile« aufsucht, um den Verlauf der Kämpfe abzusprechen! Doch er scheint ein doppeltes Spiel zu spielen. – So zeigt der Autor in einer spannenden Erzählung die Verstrickung einfacher Campesinos in das weltweite Drogenproblem. Das Kauen von Cocablättern erleichtert den Indios das anstrengende Leben und Arbeiten in großen Höhen; zudem dämpft es den Hunger. In Altamerika war Coca den Priestern vorbehalten und kam nur bei Ritualen, Heilzeremonien und beim Wahrsagen zum Einsatz. Die Kolonialmacht hat Coca zum Geschäft gemacht, wobei auch die Kirche mittat.

In *Die tanzenden Krokodile* hat Bollinger seine Interessen als Historiker, als Wirtschaftsfachmann, Archäologe und Ethnologe zusammengeführt. – Als mitfühlender Mensch hat er die Welt der Indios immer zweifach gesehen: von außen und von innen.

Matthias Buth

Else Lasker-Schüler – Hebräische Balladen

In memoriam Alice und Herbert Altmann

»So kam ich zu den Verschleppten, die in Tel-Abib wohnten.« Im Buch Ezechiel (Ez 3, 15a) wird dieser Sehnsuchtsort genannt, eine Offenbarung, dass dort einmal das ganze zerstreute Volk Israel nach Erez Israel zurückfinde. Theodor Herzl las die hebräische Übersetzung von Sokolows uto-
pischem Roman *Altneuland* und (er)fand
den Stadtnamen für eine Siedlung, die in
den 1880er Jahren neben dem arabischen
Jaffa entstand. Am 11. April 1909 kamen
sechzig Familien auf den Grundstücken
in Ahusat-Bajit zusammen. Mit schwarzer Tinte wurden auf am Strand gesammelte Muscheln die Parzellennummern
geschrieben, auf andere die Namen jüdischer Familien. Dann wurde gelost und
zugeteilt. Muscheln bestimmten, wer wo
Bleibe erhielt; eine poetische Geste. Über
den Namen entschieden die Neusiedler
durch Abstimmung. Neu Jaffa – Jefefija
(»Die Schöne«), Newe Jafo (»Aue Jaffas«),
Awiwa (»Die Frühlingshafte«, Iwrija (»Die
Hebräische«) standen zur Diskussion. Der
Ankunftsname Tel Aviv (»Frühlingshügel«) aber spannte den Bogen zu Ezechiel

Else Lasker-Schüler

und intonierte so den Wunsch zur Staats-
gründung. Die Stadt wuchs rasch als jüdische Stadt in Palästina, 1931 hatte sie
31 000 Einwohner, 1938 als Zufluchtsort schon 150 000 und heute 390 000. Jaffa
und Tel Aviv sind seit 1950 verbunden, bilden eine Doppelstadt mit jüdischem und
arabischem Herzen. Und mit deutschen Lebensspuren.

Wer sich aus und vor Deutschland retten konnte, kam hier an. So auch der große
Komponist Abel Ehrlich, der 1915 in Cranz (Ostpreußen) geboren wurde und 2003
in der Mittelmeerstadt starb; seine Sehnsucht nach der deutschen und mitteleuropä-
ischen Musik sowie sein Leiden an den israelischen Verhältnissen veranlassten ihn,
testamentarisch zu verfügen, dass sein immenser kompositorischer Nachlass nach
Berlin verschifft wurde; dort wird er in der Akademie der Künste archiviert und
hoffentlich bald systematisch erforscht und herausgegeben werden.

Auch Lea Rabin kam aus Ostpreußen. 1928 wurde sie in Königsberg als Lea Schlossberg geboren und landete als Fünfjährige am Mittelmeerstrand von Palästina. Ihr Vater wusste, dass Hitlers Machtergreifung am 20. Januar 1933 eine tödliche Gefahr bedeutete, voraussehend hatte er das Hotel Palatine in Tel Aviv gepachtet. Dort wohnte die Flüchtlingsfamilie ab Juni 1933. Der arabische Aufstand 1936 führte dazu, dass sich die Schlossbergs aus dem Hotelgewerbe zurückzogen und an der Firma Ha'avar beteiligten, die deutschen Juden half, Geld nach Palästina zu transferieren. 1940 bombardierte die italienische Luftwaffe Tel Aviv. Lea überlebte. Drei Jahre später lernte sie in einer Eisdiele in der Allenbystraße Yitzhak Rabin kennen, den sie als eine »Reinkarnation des biblischen Königs David« wahrnahm und 1948 heiratete. Sie starb 2000 mit zweiundsiebzig Jahren an Krebs. Fünf Jahre zuvor hatte sie ihren Ehemann und Gefährten verloren. Er wurde 1995 auf einem banalen grauen Platz vor dem Tel Aviver Rathaus, einem DDR-Plattenbausilo ähnlich, von einem jüdischen Orthodoxen ermordet. Der Friedensnobelpreisträger wollte mit den Arabern, mit Palästina Frieden schließen, er wollte zwei Staaten. Das Leben des Palmach-Kämpfers auf dem Frühlingshügel war biblisch begründet. Seine Witwe wollte es fortsetzen (*Ich gehe weiter auf seinem Weg*, 1997).

Über den Rathausplatz weht ein Wind, er kommt vom Meer, die Flaggen in Weiß-Blau knattern unauffällig. Hier trennen sich die Touristengruppen, um sich einzeln aufzumachen in die Weiße Stadt, jenen Stadtteil, der seine Herkunft nicht verleugnen kann: Die über 4 000 im Bauhausstil errichteten Häuser sind die Lebensspuren der aus Dessau und Berlin geflohenen Professoren und Studenten. Ein architektonisches Ensemble aus dem alten Europa, das seit 2003 UNESCO-Weltkulturerbe ist. Am Dizgengoff-Platz liegt das Bauhauszentrum.

Zwar gibt es zwischen dem Eretz-Israel-Museum und dem Museum der Palmach ein Gedächtnismuseum für den israelischen Friedenspolitiker und Regierungschef Rabin, doch zwei Orte ergreifen den Betrachter ganz besonders, da sie geradezu in den Straßenalltag eingemeißelt sind: das schlichte Monument aneinandergelegter schwarzer Steine am Rathauseingang und ein paar Meter weiter die Wandinstallation mit dem Pressefoto dreier Menschen, die dem Frieden in beiden Ländern so nahe schienen und doch alles verloren: Rabin, Jordaniens kleiner König Hussein und in der Mitte - beide an den Schultern fassend - US-Präsident Clinton.

Dort verweilen Menschen nur selten, keine Passanten, nur Spurenleser wie die aus Deutschland. Man liest die Stadt, sie ist ein aufgeschlagenes Buch. David Ben Gurion wusste das, als er 1948 den Staat Israel ausrief. Jüdisch sein heißt dem Wort zu vertrauen, dem Daseinsgrund, der sich nicht dem Leben entzieht, denn Gott hat die biblische Überlieferung inspiriert; im Wort gründet sich Gott. In der *biblia* liegt das Offenbarungszeugnis Gottes. Die Christen empfinden ebenso, auch ihre existentiellen Gründungen ruhen auf dem Gesagten und Geschriebenen - im Geist, der zum Geistlichen des Glaubens hinführt. Im Anfang war das Wort, schreibt das Johannes-Evangelium und wurzelt so in der Genesis. Meister Eckart (1260-1327/8) gibt diesem Erkenntnisraum Tiefe und Begründung. Und so sind Worte der ständige Versuch heimzukehren, sich zu be-gründen, denn Gott-Erkennen ist ein Wahrnehmen des Menschen.

Israel beginnt in Tel Aviv.

Auf der Straße, die am Rathaus und am Rabin-Memorial vorbeiführt, wird der Meerwind vom Autolärm geschreddert, da und dort musizieren virtuos Geiger und Flötistinnen mit einladender Miene. Ein Antiquariat träumt vor sich hin. Hebräische Bücher, die ich nicht entziffern kann.

Bis auf eines, das im Fenster mich, ja *mich* liest: Else Lasker-Schüler, *Hebräische Balladen*, verlegt bei Paul Cassirer in Berlin. 1920. Genau 110 Seiten eingegilbtes Papier. Der Pappkarton hat einen blauen Streifen rundherum, in der Mitte unter dem Titel eine lasziv sitzende, ja ruhende junge Frau in einem Hosenkostüm. Eine Zeichnung der Dichterin, ein Selbstporträt, wie hingetuscht, ihr zu Füßen in verschnörkelter Schrift: »Jussufs Versunkenheit.«

Das ist sie, die Elberfelderin aus dem Wuppertal, die 1869 in der Sadowastraße von Janette Schüler geboren wurde und am 22. Januar 1945 im Exil starb, in Jerusalem, das ihr nicht Heimat war.

»Kauf dir das Buch.« Meine Frau insistiert. Sie weiß, dass es nicht die Originalausgabe von 1913 ist, spürt aber, dass die Gedichtsammlung weiteratmet.

> Der Fels wird morsch,
> Dem ich entspringe
> Und meine Gotteslieder singe ...
> Jäh stürz ich vom Weg
> Und riesele ganz in mir
> Fernab, allein über Klagegestein
> Dem Meer zu.

So verortet sich die bergische Hebräerin, die in Deutschland zu Hause und dennoch fremd war, ins Land der Verheißung. Martin Bubers Idee eines Kulturzionismus kommt sie in dieser Sammlung nahe. Während es zu Beginn des vorherigen Jahrhunderts im Zuge des Akkulturationsdiskurses üblich war, das Judentum primär über den Glauben, also die Religionszugehörigkeit, zu definieren, fügt Lasker-Schüler der Vorstellung einer deutsch-jüdischen Symbiose eine semitische Dimension hinzu. Allerdings ist sie nicht von ideologischem Impetus geleitet, denn sie sieht und inszeniert immer und zuallererst sich selbst als Dichterin. Das Jüdische ist ihr das Poetische, das Wortland, das sie mitzieht und erfindet und hält. Nur Ewigkeit ist kein Exil, schreibt sie und bezeichnet damit das Unbehaustsein und die Verlorenheit ihrer Welt.

»Ich bin in Ägypten (Theben) geboren, wenn ich auch in Elberfeld zur Welt kam im Rheinland. Ich ging bis 11 zur Schule, wurde Robinson, lebte fünf Jahre im Morgenlande und seitdem vegetiere ich«, reichte sie Kurt Pinthus für dessen große Lyrikanthologie *Menschheitsdämmerung* aus dem Jahre 1919 als biographische Notiz hinüber; er nahm fünfzehn Gedichte von ihr auf. Das Robinson-Dasein kostümierte sie immer wieder neu. Sie lebte in den Projektionen ihrer Verse. Die Gestalten des alten Sprachbuchs, der Bibel, waren ihr nah. Abel, David, Ruth, Zebaoth, Abigail und Sulamith. Erotische und religiöse Wortakkorde bestimmen die Sehnsuchtsmelodien ihrer Gedichte. So in »Sulamith«: Die Verzauberung der Verse »O ich lerne an Deinem süßen Munde / Zuviel der Seligkeiten kennen« löst sich auf in spätromantischem Unendlichkeitsgestus:

Und ich vergehe
Mit blühendem Herzeleid –
Und verwehe im Weltraum
In Zeit,
In Ewigkeit –
Und meine Seele verglüht in den Abendfarben
Jerusalems.

So wie sich Goethe im *West-Östlichen Divan* seinen eigenen Islam erfand (geradezu passgenau auf sich zugeschnitten), evozierte Lasker-Schüler ein poetisches Hebräertum, das ägyptische, orientalische und alttestamentarische Mosaiksteine zu einem Bild märchenhafter Liebes- und Selbstverklärung zusammenfügte.

Ihre Dichtung ist von Heimweh und vom Ausruhenwollen beim geliebten Menschen durchzogen. Und so lassen sich Zeilen wie

Ich kann die Sprache
Dieses kühlen Landes nicht,
Und seinen Schritt nicht gehn.

Auch die Wolken, die vorbeiziehn,
Weiß ich nicht zu deuten.

Die Nacht ist eine Stiefkönigin.
Immer muß ich an die Pharaonenwälder denken
Und küsse die Bilder meiner Sterne,

im Jahre 1913 nicht primär politisch lesen, eher sind sie ein Idiom des späteren Existentialismus.

Wie sehr Gedichte das Grundverständnis des modernen Israeli bestimmen und wie poetisch genau Else Lasker-Schüler dieses vor achtundneunzig Jahren skizziert hat, konnte uns Deutschen bewusst werden durch die Herz und Geist ergreifende Rede, die Ezer Weizmann, der Staatspräsident Israels, im Januar 1996 vor dem Deutschen Bundestag hielt: »Ich war ein Sklave in Ägypten und empfing die Thora am Berg Sinai, und zusammen mit Josua und Elijah überschritt ich den Jordan. Mit König David zog ich in Jerusalem ein, und mit Zedekiah wurde ich von dort ins Exil geführt. Ich habe Jerusalem an den Wassern zu Babel nicht vergessen, und als der HERR Zion heimführte, war ich unter den Träumenden, die Jerusalems Mauern errichteten. [...] Ich habe im Warschauer Aufstand gekämpft und bin nach Eretz Israel gegangen, in mein Land, aus dem ich ins Exil geführt worden war, in dem ich geboren wurde, aus dem ich komme und in das ich zurückkehren werde.«

Ich: Das ist Wort- und Staatswerdung. Das ist Heimkehr zum Anfang.

Die *Hebräischen Balladen* Else Lasker-Schülers aus Berlin liegen leicht in der Hand in den Straßen von Tel Aviv. Und doch lasten sie grabesschwer. Sie sind Lebens- und Überlebensmittel. Aber nur für wenige. Auf der erste Seite (einem Vakatblatt) der Gedichtsammlung sehe ich einen Stempelaufdruck, blau auf gelbem Blatt: »H. ALTMANN BERLIN W 30 MOTZSTR 60.«

In der Motzstraße lebte die Dichterin auch. Ist sie ihrem Leser begegnet, von wem hat Herr Altmann das Buch gekauft, von ihr? Ich recherchiere in Deutschland und werde stiller und still. H. Altmann war Herbert Altmann, der am 4.8.1907 in Berlin geboren wurde, nur acht Jahre älter als mein Vater, der noch lebt und auch Herbert heißt. Altmanns Frau Alice, geb. Lippmann, wurde am 24.6.1922 in Schneidemühl/Pommern geboren (das ist heute Polen). Alice und Herbert Altmann aus der Berliner Motzstraße wurden am 2.3.1943 nach Auschwitz deportiert und ermordet. Sie lasen zuvor die Gedichte Else Laker-Schülers, die wie ich aus Elberfeld stammt.

Ob Herbert Altmann seiner jungen Frau Alice das Gedicht »Heimlich zur Nacht« vorgelesen hat?

Ich habe dich gewählt
Unter allen Sternen.

Und bin wach – eine lauschende Blume
Im summenden Laub.

Unsere Lippen wollen Honig bereiten,
Unsere schimmernden Nächte sind aufgeblüht.

An dem seligen Glanz deines Leibes
Zündet mein Herz seine Himmel an –

Alle meine Träume hängen an deinem Golde,
Ich habe dich gewählt unter allen Sternen.

Martin R. Dean

Thomas Mann – Flügelschlag eines brasilianischen Schmetterlings

Die *Bekenntnisse des Hochstaplers Felix Krull* sind Thomas Manns letztes Werk. Bei der Lektüre fallen zwei Dinge auf: Es liest sich leichter, ironischer, heiterer und lebenszugewandter als die anderen Bücher Thomas Manns. Und es fehlen dem Roman die typischen Eigenschaften eines Spätwerks: weder ist er düster noch karg, weder hermetisch noch abgründig. Als Fragment bildet es im Gesamtwerk des von strengem Formwillen getriebenen Autors eine Ausnahme. Dies hat, wie zu zeigen ist, seine Gründe. Denn das Problem, dessen Bearbeitung sich Mann vorgenommen hat, reicht über seine Gegenwart hinaus, es ist eines der drängenden Probleme der Gegenwart. Es bis zum Ende darzustellen war dem Achtzigjährigen nicht mehr möglich. Nicht allein aus mangelnder Kraft, sondern weil sich das Bewusstsein für dieses Problem eben erst von den Rändern der westlichen Kultur her zu entwickeln begann. Mit der Figur des Felix Krull entwickelt Thomas Mann eines der ersten Modelle eines expliziten Weltbürgertums in der deutschsprachigen Literatur. So notiert der Autor in der »Einleitung« zu

Thomas Mann

seinem Roman über Krulls »eigentliches Anliegen, sein tiefstes Ungenügen«: »Es ist ein Verlangen aus sich heraus ins Ganze, eine Weltsehnsucht [...].«

Krulls Identität ist auf die Ausbildung dieses Weltbürgertums angelegt; sie bildet sich in den Zwischenräumen der symbolischen Zuschreibungen, denen die Figur, mit überbordender Lust zur Maskerade und zur Hochstapelei, immer wieder entwischt. Krull als Abenteurer und als Dieb, als Unterschriftenfälscher, als Simulant und Verführer, als mitteloser Liftboy und als begüterter Marquis de Venosta – das alles sind euphorische Formen der Ichverwandlung, geboren aus der Not, die Thomas Mann mit der Formel »tiefstes Ungenügen« kennzeichnet. Aber es sind nicht eigentlich Charakterentwicklungen, sondern Rollenspiele, ein Karneval der Identitäten. Wie sein berühmter Vorgänger aus dem Barock, der Simplizius Simplizissimus, scheint Krull aus neuen Erfahrungen nicht dazuzulernen, sondern entfaltet seine

Täuschungsmanöver aus einem natürlichen Talent. Wir haben es also nicht mit einem Entwicklungsroman zu tun, obwohl Krulls Reise in jene Richtung geht, die am ehesten Erlösung verspricht.

Indessen deutet nichts an Krull auf einen Mangel hin. Auch die Beschreibung seiner Erscheinung, wie stets bei Thomas Mann äußerst genau und detailliert, lässt keine Wünsche offen. Es sei denn, der Leserblick ist am Frühwerk geschärft und erkennt jenen feinen Riss, an dem schon Tonio Kröger litt. Krulls blondes Haar und seine graublauen Augen werden von der goldigen Bräune seiner Haut kontrastiert, »so, dass es gewissermassen unbestimmt blieb, ob ich nun eigentlich blond oder brünett von Erscheinung sei«. In »blond oder brünett« aber metonymisiert sich bekanntlich die Mann'sche Dichotomie von Nord und Süd. In Krulls ambivalenter Erscheinung, seiner »Unbestimmtheit«, liegt zeichenhaft jenes Ungenügen an Identität, das ihn zum Spiel mit Rollen anstiftet. Seine Ichverwandlungslust geht zurück in die Kindheit, ins Atelier seines Künstleronkels Schimmelpreester. Dort wird mit aufwändigen Verkleidungen das spielerische Changieren der Identität eingeübt. Heraus kommt immer der »Kostümkopf« Krull, einmal als römischer Flötenbläser, dann als englischer Edelknappe oder als spanischer Stierfechter. Ausdrücklich wird darauf hingewiesen, dass Krulls Knabengesicht sich nicht nur den Ständen, sondern auch den »Himmelsstrichen« anzupassen scheine.

In die Reihe dieser frühen Ichexperimente gehört auch Felix' Umgang mit der Krankheit. In pubertären Nöten übt er die Simulation ephemerer Leiden, um dem Schulunterricht zu entgehen. Der Psychosomatiker Mann, dessen Tagebücher randvoll mit Schilderungen körperlicher Bresten sind, hat gewusst, wie schmal der Grat zwischen eingebildeten und wirklichen Leiden ist. »Wer aber«, philosophiert Krull, »aus feinem Holz geschnitzt ist, wird stets, auch ohne je in roherem Sinne krank zu sein, mit dem Leiden auf vertrautem Fuße leben und seine Merkmale durch innere Anschauung beherrschen.« Also versucht Krull, seinem Körper eine Sprache zu geben. Thomas Mann gelang dies am besten im Schutzraum seiner Dichtung. Weniger im Leben, wo er seine Körperlichkeit mit Disziplin und Kontrolle zum Schweigen brachte und ihr stattdessen im intimen Tagebuch zur Sprache verhalf.

Bei seiner Musterung simuliert Krull, dem Uniformen und Identitätsfixierungen ein Gräuel sind, einen epileptischen Anfall. Sein Gesicht verzerrt sich, seine Züge werden buchstäblich nach allen Seiten auseinandergezogen, ein diabolisches Grinsen, wie es heißt, erfasst nacheinander seine Wangen, während der eine Augapfel herauszuspringen droht. Felix' mimisches Talent antizipiert die Rolleneskapaden des Möchtegern-Artisten, verleiht dem Zähen und Dumpfen, wie er alles Somatische nennt, Ausdruck. Eigenartig fasziniert ist er auch vom Namenswechsel seiner Schwester, die durch die Eheschließung von einer Olympia Krull zu einer Olympia Übel wird: »Wie sehr ermüdend und langweilig ist es nicht, unter Briefen und Papieren ein Leben lang immer dieselbe Namensunterschrift ziehen zu müssen.« Mit dem Namenswechsel aber verlässt Krull endgültig die Bahnen einer bürgerlich-soliden Existenz und läuft zum Artistischen über, das sich selbst Rolle und Identität gibt. Mit nicht geringer Energie hat Thomas Mann seiner Figur und ihren Bekenntnissen autobiographische Züge verliehen und bekannte 1951, dass der einzige Reiz darin bestehe, sein Leben in die Figur hineinzulegen, wie er es beim *Doktor Faustus* getan hatte.

Als Kellner, aufgestiegen vom Liftboy, der das Oben und Unten der Gesellschaft kennengelernt hat, erscheinen dem wendigen Krull auch die Herrschaftsverhältnisse vertauschbar. Wer Knecht und wer Herr sei, bestimme der Zufall, meint er in seinen tagträumerischen Gedankenexperimenten. Vom grundsätzlichen Willen, selber zu bestimmen, wer er sei, ist es nur noch ein kleiner Schritt zur Verwandlung vom Diener zum Bedienten, vom Kellner zum Adligen. Der Rollentausch mit dem Marquis de Venosta, der Felix eine Weltreise und das dazugehörige Portemonnaie, also ein neues Leben, bringt, erinnert in seiner Kühnheit an die Talente eines erst später in der Literaturgeschichte auftretenden Helden: des Mister Ripley von Patricia Highsmith.

Das innere Ziel von Krulls Weltreise nimmt in mehrdeutiger Ironie das Telos jeglichen Reisens, nämlich die Verwandlung in einen anderen Menschen, auf. Auffällig gehäuft tritt das Reisemotiv in Manns Büchern auf, sodass darin nicht nur ein verschobener Wunsch, sondern auch ein Reflex auf seine eigenen Reisen, die freiwilligen wie die aufgezwungenen, gesehen werden muss. Euphorisch tritt Krull als Venosta seine Weltreise im Nachtzug nach Lissabon an und erfährt gleichzeitig, in der Person des Weltbürgers Professor Kuckuck, eine Spiegelung seiner Lebensmöglichkeiten. Denn der Deutsche Kuckuck ist bereits ein Weltenbürger, einer, der es in der Fremde zu etwas gebracht hat, ohne das Eigene zu verraten. Der unterschwellig manische Zug dieser Begegnung verweist indes nicht nur auf den Reichtum der Ichverdoppelung, sondern gleichermaßen auf deren Grund, einen tief erfahrenen Mangel. Krull muss reisen, und sei's mit dem einzigen Ziel, dadurch von seiner gespaltenen Existenz erlöst und wieder ein Ganzer zu werden. Er reist also in der Hoffnung auf Selbstkomplettierung:

> »Sanft und träumerisch war meine Seele davon bewegt, aber derjenige würde fehlgehen, der glaubte, meine Zufriedenheit habe allein, oder auch nur vorwiegend, dem Umstand gegolten, dass ich nun so sehr vornehm war. Nein, die Veränderung und Erneuerung meines abgetragenen Ich überhaupt, dass ich den alten Adam hatte ausziehen und in einen anderen schlüpfen können, dies eigentlich war es, was mich erfüllte und beglückte.«

Spätestens hier, wo sich die Identität Krulls aus ihren sozialen, lokalen und mentalen Bindungen löst, wird er zu einem Passagier, einem Nomaden, einem Wanderer in eine neue Welt. Im nächtlichen Gespräch mit dem Leiter des Naturhistorischen Museums in Lissabon beginnt – in einem eigentlichen *rite de passage* – die neue Verortung Krulls. Da nicht nur der Figur Krull, sondern auch ihrem Autor ein leicht hypertropher Gestus eigen ist, setzt das Gespräch gleich bei den Grundlagen des Menschseins ein. Kuckucks Schwadronieren über die Entstehung des Sonnensystems und die Beschaffenheit der Milchstraße entkleidet Krull allmählich seiner nationalen und sozialen Zugehörigkeit, macht den gebannt den geologischen und biologischen Ausführungen Lauschenden zu einem Erdenbewohner. Um zum Weltbürger zu werden – welch wunderbare Kühnheit Manns –, braucht es diese eine delirante, surreale Nachtfahrt. Kuckuck selbst findet für das Weltbürgertum, die Durchmischung der Rassen, das schöne Bild des Botanischen Gartens in Lissabon, in dem alle Pflanzen der Erde zusammenkommen, die Flora Europas ebenso wie die der Tropen. Kein Wunder, dass in Felix das befreiende Gefühl »unbestimmter Weitläufigkeit« aufkommt.

Dies Gefühl der Weit- oder Weltläufigkeit der eigenen Existenz war, spätestens seit seiner Exilerfahrung in Amerika, auch das des Autors. Verfolgt man den Familienstammbaum rückwärts, entdeckt man die Kehrseite dieser Weltläufigkeit in der Entwurzelungserfahrung seiner Mutter Julia. Denn die ersten Tropfen seines Weltbürgertums saugt der Lübecker bereits mit der Muttermilch ein:

> »Meine Mutter stammte aus Rio de Janeiro, hatte aber einen deutschen Vater, so dass nur zum vierten Teil unser Blut mit lateinamerikanischem gemischt ist. Uns Kindern erzählte sie von der paradiesischen Schönheit der Bucht von Rio, von Giftschlangen, die sich auf der Pflanzung ihres Vaters zeigten und von Negersklaven mit Stöcken erschlagen wurden. Mit sieben Jahren fand sie sich nach Lübeck verpflanzt – den ersten Schnee, den sie sah, hielt sie für Zucker.«

Man stutzt hier nicht allein über das »nur«, mit dem Thomas Mann den Anteil brasilianischen Blutes qualifiziert und in der Folge kaum mehr würdigt. Weniger von Verdrängung blockiert, schreibt der Enkel Victor Mann über die Geburt von Julia da Silva-Bruhns alias Mann 1851:

> »Als das Ehepaar von einer seiner Besitzungen zur anderen ... durch den Tropenwald reiste – die Herrin im Tragstuhl, der Herr zu Pferde, Sklaven voran und im Nachtrab – gab es einen plötzlichen Halt. Die Herrin musste schnell unter die Bäume gebettet werden. Schwarze Frauen stürzten herzu und bald darauf hielten sie dem Herrn ein Töchterchen entgegen, indes droben Papageien kreischten, neugierige Affen lugten und winzige Kolibris wie bunte Strahlen durch den Schatten zuckten.«

Nach dem Tod ihrer Mutter Maria da Silva wird Julia 1885 ins deutsche Lübeck verpflanzt. Dort lebt sie mit ihrem Vater und den Geschwistern und wird, in Begleitung ihres schwarzen Kindermädchens Anna, schnell zur auffälligen Exotin. Julia Mann ist hübsch, lebenssüchtig und lebt sorglos wie ein Schmetterling. Nach dem Tod ihres Mannes wird sie von der Stadt Lübeck entmündigt und muss nach München umsiedeln, um ihre persönliche Freiheit wiederzugewinnen. Ihre beiden Söhne Thomas und Heinrich aber werden dieses Gefühl der Entwurzelung, das sich im Familienkörper ausbreitet, nicht verdrängen können. Der Flügelschlag des tropischen Schmetterlings bewegt die Familie selbst noch im kalten und fernen Norden.

Die Brüder nehmen zu Herkunft und Geburtsort ihrer Mutter eine unterschiedliche Haltung ein. Während Heinrich sich in seinem Roman *Zwischen den Rassen* mit der Heimatlosigkeit der Mutter auseinandersetzt, bleibt Thomas ambivalent bis ablehnend: »Rio de Janeiro, meiner Mutter Heimat, ist offenbar fabelhaft, aber ich muss es nicht gesehen haben.«

Die Abwehr gegen den tropischen Süden treibt Thomas Manns Deutschtum überdeutlich heraus. Mit der Nelke im Knopfloch schlägt sich der Lübecker entschieden auf die Seite der Vernunft und des Bürgertums. Er entscheidet sich für das kühle Beamtentum seines Vaters, und damit gegen das Leben und Ausleben seiner homosexuellen Neigungen. Dafür drängt beides, Homosexualität und der amorphe Süden, in seinen Büchern äußerst produktiv zum Wort.

Die Dichotomie zwischen einem kreativen, sinnlichen und die Façon gefährdenden Süden und einem formstrengen, asketischen Norden ist bereits in *Tonio Kröger* angelegt, dessen Name die in Nord-Süd-Aspekte »gespaltene« Erscheinung Felix Krulls bereits vorwegnimmt. Schon hier tritt eine südliche Mutter, die Mutter Tonios, auf: Sie heißt Consuelo, ist schön, schwarzhaarig und »überhaupt so anders [...] als die übrigen Damen der Stadt, weil der Vater sie sich einstmals von ganz unten auf der Landkarte heraufgeholt hatte«.

Tonio Kröger aber ist verliebt in den blonden und blauäugigen Hans Hansen. Seinen Nord-Süd-Konflikt schildert der junge Mann hier bis hin zu einer libidinösen Dichotomie. Ein Zwiespalt, der in der Figur Krulls einer Lösung zugeführt werden wird. Felix' Gebaren als Komödiant, Charmeur, Betrüger, Verführer und Hochstapler ist nicht nur Absage an das merkantile Bürgertum der väterlichen Herkunft Thomas Manns, sondern auch an deren heterosexuell geprägte (Doppel-)Moral, unter der schon Julia Mann litt. Bereits in der Kröger-Novelle aber heißt es, dass der aus »Süd und Nord zusammengesetzte Klang, dieser exotisch angehauchte Bürgersname«, zur Auszeichnung wird. Krögers melancholische Erkenntnis, zwischen zwei Welten und folglich nirgends ganz zu stehen, wird von Krull zu einem Tanz auf vielen Hochzeiten, zwischen vielen Welten, zu einem Tanz der Identitäten – in dem Mann ein bestechendes Bild artistischer Zerrissenheit gelingt.

Nie ist Thomas Mann von seinem Glauben abgewichen, die Grundlagen der Kreativität von seiner Mutter geerbt zu haben. Erstaunlich bleibt, von heute aus gesehen, die säuberliche Aufteilung der Erbanlagen in geographisch-emotionale Herkunftsgebiete. Das Nordische, schon früh als Rettung gegen eine latente Homosexualität aufgeboten, wird zum Korsett für Emotionen und Triebe stilisiert. Wo dieser »Norden« seine Eindämmungskraft verliert – wie in *Tod in Venedig* –, wird der Eros kunstvoll mit Thanatos vermählt. Dass Kunst auf dem fruchtbaren Boden des »inneren Südens« nicht ohne den formalen Kälteschauer des Nordens gedeihen kann, dieser dauernde Ausgleich der Temperaturen und des Auseinanderstrebenden gehört zu den hellsten Fiktionen von Thomas Mann. Sie erwuchs, so lässt sich vermuten, auf dem Boden einer phantasierten Aufteilung der Welt in emotionale Klimazonen.

Der Krull-Roman musste Fragment bleiben, weil die Reise Krulls in die Welt immer mehr zu einer geheimen Rückfahrt wird. Aber eine Rückfahrt wohin?

Der zweite Teil der Bekenntnisse, den Thomas Mann erst mit fünfundsiebzig Jahren schrieb, gibt dazu einige interessante Hinweise. Louis Marquis de Venosta, in dessen Haut sich Felix Krull begibt, trägt den zweiten Vornamen von Thomas Manns Bruder Heinrich und seines Großvaters Bruhns – Luiz hier französisch geschrieben. Bruhns hieß aber auch Manns Mutter vor ihrer Verehelichung. Im Namen von Krulls Doppelgänger also bewahrt der Autor die Familienerinnerung auf. Und Krull reist bis nach Lissabon, die ehemalige Haupt- und Mutterstadt des portugiesisch-brasilianischen Kolonialreiches. In Lissabon verliebt er sich nicht nur in die entzückende Tochter Kuckucks, Zouzou, sondern auch gleich noch in deren Mutter Senhora Maria Pia Kuckuck da Cruz. In dem Augenblick, da der Verführer Krull die Tochter küsst, sinkt ihm auch die Mutter entgegen. Das ist der Augenblick, in dem Felix mit sich selber identisch und – wie sein Name sagt – glücklich wird. Die Welt, die er mit Heftigkeit gesucht hat, wendet sich ihm zu und umarmt ihn. Die Welt? Zuerst sind es doch einfach nur die mütterlichen Arme der Senhora Kuckuck-da-Cruz. Deren Name allerdings intoniert mit vokalischer Evidenz den Mädchennamen der eigentlichen Mutter Thomas Manns: Senhora Julia da Silva Bruhns.

Der Roman hat kein Ende, weil für die Überfahrt von Lissabon nach Brasilien, nach Paraty, die sein Verfasser ein Leben lang verweigert hat, zuletzt keine Zeit mehr ist. So wenig wie für all die anderen Reisestationen – Argentinien, Chile, San Francisco etc. –, die Mann auf Notizblättern festgehalten hat. Wie auch immer sich der Gang zu den Wurzeln, den Wurzeln des Schreibens, der Kreativität und des Leidens, ausgenommen hätte, im Zentrum der Mann'schen Intention steht die Selbstfindung Krulls als Weltbürger. Thomas Manns Weltbürgertum aber zeichnet sich nicht nur durch eine Aufhebung des Mangels ins Artistische aus, sondern auch durch eine an der Welt erfahrene Anreicherung der Identität. Anders als Tonio Krögers Weltverlorenheit führt Krulls Mangel zu einer heterogenen, dafür aber weltoffeneren Identität. Damit liefert Thomas Mann beinahe ein Modell für all jene, die durch die Globalisierung wurzellos geworden sind.

Martin Dreyfus

Alexander Moritz Frey – Ein früher Meister des Unwirklichen

AMF, wie seine unzähligen Zeitungs- und Zeitschriftenbeiträge in der Regel gezeichnet waren, lebte in den Fünfzigerjahren des letzten Jahrhunderts an der Oberwilerstrasse in Basel, gleich um die Ecke jener Straße, an welcher ich aufgewachsen bin. Dass ich ihm als Dreirad fahrender Dreikäsehoch begegnete, ist wohl möglich, gar wahrscheinlich, bleibt aber ungesichert. Ihm, einem frühen Meister eines Jahrzehnte später erneut in Mode gekommenen literarischen Genres zwischen »Unwirklichem, Metaphysischem, unglaublich Glaublichem (oder glaubhaft Unglaublichem)« möchte die »Vermutung« gefallen haben. In den Jahren vor und nach dem Ersten Weltkrieg gehörte er wenn nicht zu den vielgelesenen - kaum zwei, drei seiner in diesen Jahren in beinahe jährlichen Abständen publizierten phantastischen Erzählungen und Romane erschienen im gleichen Verlag -, so doch zu den anerkannten, renommierten, von manchen Kollegen hoch geschätzten Schriftstellern. Nicht zuletzt Thomas Mann schätzte Freys sich von seiner eigenen so gründlich wie grundlegend unter-

Alexander Moritz Frey

scheidenden Prosa und hielt dem Freund aus Münchner Tagen zeitlebens die Treue.

Früh schon und nahezu unermüdlich, wenn auch (zu) wenig beachtet, hatte er gegen AH angeschrieben, wie etwa in einem seiner in den Jahren der Weimarer Republik regelmäßigen Beiträge in Siegfried Jacobsohns *Weltbühne*, die später unter der Redaktion Kurt Tucholskys und vor allem Carl von Ossietzkys erschien und in der AMF am 26. Juli 1932 unter dem Titel »Der Führer« eingangs schreibt: »Es fängt damit an, dass er in der Volksschule erkannte, wie leicht andere zu kommandieren seien. Anlässlich des Aufbaus eines Schneemannes entdeckte er seine Fähigkeiten - die in Wahrheit die Fähigkeiten anderer waren.«

Alexander Moritz Frey, am 29. März 1881 als Sohn des Malers und späteren Direktors der Mannheimer Großherzoglichen Gemäldegalerie Wilhelm Frey in München geboren, studierte zunächst Jurisprudenz und Philosophie an den Universitäten von

Heidelberg und Freiburg. Ab 1907 lebte Frey, unterbrochen von Reisen durch Italien und Österreich, ständig in München. Zu dieser Zeit erschienen erste Veröffentlichungen in literarischen Zeitschriften Deutschlands und der Schweiz. 1915 bis 1918 diente Frey als Sanitätsunteroffizier im gleichen bayerischen Infanterieregiment, zu dem zu dieser Zeit auch Adolf Hitler eingeteilt war, an der Front in Frankreich. Ab 1918 lebte Frey wieder in München, von wo aus er Reisen in die Schweiz und nach Italien unternahm. In diesen Jahren publizierte er sechs Romane und viele Erzählungen und Novellen sowohl in Buchform als auch in den Feuilletons führender deutscher Presseorgane, u. a. der *Frankfurter Zeitung*, dem *Berliner Tageblatt* und der *Vossischen Zeitung*. Bereits 1914 war der Roman *Solneman* (Namenlos) *der Unsichtbare* erschienen, eine Satire auf Kaiser Wilhelm II.

Sein Antikriegsroman *Die Pflasterkästen* – ein Bericht über die Feldsanität – von 1929 wurde zu seinem bekanntesten Buch. Nachdem er mehrfache Aufforderungen – unter anderem durch den Kriegskameraden Hitler und den Präsidenten der Reichskulturkammer Max Ammann –, sich der nationalsozialistischen Bewegung anzuschließen, abgelehnt hatte, ging er bereits im März 1933 nach Österreich ins Exil, wo er sich in Salzburg niederließ. Der Einmarsch der deutschen Truppen zwang ihn im März 1938, in die Schweiz zu emigrieren. Hier lebte er bis zu seinem Tod 1957 in Basel und Zürich.

Dass sich in der Nachkriegszeit die Arbeits- und Aufenthaltsverhältnisse für literarische (und andere!) Emigranten in der Schweiz nicht schlagartig zum Besseren wendeten, mag folgendes Zitat veranschaulichen: »Dabei die Elendspost aus Deutschland und der Schweiz, wo A. M. Frey hungert und unterstützt werden muss«, schreibt Thomas Mann 1947 an seinen Sohn Klaus. Frey hatte sich während des Krieges mit Thomas Mann und Hermann Kesten für manche Emigranten, für die in der Schweiz des Bleibens nicht war, und für deren Auswanderung nach den USA eingesetzt. Beide Freunde, Kesten und Mann, bemühten sich auch um ein Affidavit für Freys Übersiedlung nach Amerika, die aber nicht zustande kam.

Aufgrund früherer (»Vorkriegs-«)Publikationen hatte Frey im Gegensatz zu manch anderen Emigranten wenigstens die beschränkte Möglichkeit, für die *Neue Zürcher Zeitung* und die *Basler National-Zeitung* zu schreiben. Vor dem Krieg beziehungsweise bis zu ihrer Einstellung 1940 hatte er auch zu den Mitarbeitern der von Ferdinand Lion und Thomas Mann (bei Oprecht) herausgegebenen Exilzeitschrift *Maß und Wert* gehört, wo er neben eigenen literarischen Arbeiten zahlreiche Kritiken publizierte, für die er fünf bis zehn Franken Honorar erhielt. Den Versuch der Abteilung »Presse und Rundspruch«, ihm unter Androhung der Einweisung in ein Lager auch noch diese Tätigkeit zu verbieten, konnte Frey mit dem Hinweis umgehen, er äußere sich nicht zu Tagesfragen, betreibe also keine – den Emigranten in der Schweiz untersagte – Journalistik, sondern Belletristik.

Nachdem für Frey während des Krieges eine Veröffentlichung von Buchpublikationen unmöglich war – die schmale Erzählung *Der Mensch*, noch 1940 bei Querido in Amsterdam veröffentlicht, fand wegen des Überfalls auf die Niederlande kaum mehr Verbreitung –, erschienen 1944/45, als sich das Ende des Krieges abzuzeichnen begann, gleich mehrere Bücher Freys, so unter anderem beim Burg Verlag das Märchenbuch *Birl, die kühne Katze* in der Ausstattung des Typographen Jan Tschichold und mit Zeichnungen von Hans Fischer, das dank einer Neuauflage im Arche Verlag von Peter Schifferli neben einigen Restexemplaren seines 1945 erschienenen Romans *Spuk auf Isola Rossa* jahrelang das einzig lieferbare Werk A. M. Freys blieb.

In Zürich erschien 1945 sein Exilroman *Zwischen Himmel und Hölle*, den zu schreiben er während seiner ersten Emigrationsjahre in Salzburg begonnen hatte, der ihn nach dem Urteil Thomas Manns zusammen mit *Solneman der Unsichtbare* als »einen der stärksten phantastischen Dichter unserer Zeit von hintergründiger Gesetztheit« auswies und in dem er vor dem Hintergrund Salzburgs das über die Diktaturen hereinbrechende Strafgericht vorausschauend dargestellt hat. In diesem Roman porträtiert er sich in der Rolle eines ehemaligen Amtsgerichtsrates.

> »Er hatte das [Dritte] Reich verlassen aus innerem Drang. Er war politisch wenig und rassisch gar nicht belastet. Er hätte bleiben können. Wäre er dabei in den ersten Monaten der Umkrempelung nicht wüsten Übergriffen zum Opfer gefallen, so hätte es in der Folgezeit nur seines Ruhigverhaltens – einer fast tödlich sanften Selbstknebelung – bedurft, um ›frei‹ weiter zu leben. Aber er fühlte sich den Anforderungen solch frischaufgebügelten Daseins nicht gewachsen.«

Allerdings nicht allen konnte oder wollte gefallen, was und vor allem wie »unorthodox« Frey mit den »Gegenständen« seiner Arbeit umging. So schreibt etwa Oskar Maria Graf in einem ausführlichen Brief vom 29. März 1949 an Ossip Kalenter (Johannes Burkhard), welcher ihn offenbar ebenso verschiedentlich und eindringlich wie erfolglos um eine Rezension von Freys *Zwischen Hölle und Himmel* für die in New York erscheinende Zeitung der Emigranten *Der Aufbau* gebeten hatte, vier Jahre nach der Veröffentlichung des Buches, warum »dieser leider völlig misslungene Roman Freys auch nur einigermaßen positiv besprochen werden könnte«, um fortzufahren: »Frey weiß, dass ich Vieles von ihm wirklich schätze, würde er mich aber fragen nach meiner Ansicht über ›Hölle und Himmel‹, mein Gott ich käme in größte Verlegenheit«, und, so diagnostiziert Graf zu Recht weiter: »Es scheint mir, als litte Frey sehr an der üblichen Kontaktlosigkeit der Emigration, als habe er sich, was uns alle heimsucht, wenn wir uns im Exil langsam verkriechen, ins weitschweifig eigensinnige Basteln verloren.«

Die Kunst Freys auf einen Nenner zu bringen ist bei der Vielseitigkeit seines Werkes schwer möglich. Neben scharfer Satire und zeitkritischer, allegorischer Phantastik (etwa in *Solneman der Unsichtbare* und *Zwischen Himmel und Hölle*) stehen »harmlose« Feuilletons und Geschichten, bei denen das Vergnügen an komischen Verwicklungen und Pointen überwiegt, wie in dem Märchen *Birl, die kühne Katze* oder der späten Erzählung *Kleine Menagerie*.

Das ändert nichts daran, dass Frey ein Autor ist, dessen Bücher uns noch heute (oder gerade heute wieder) etwas zu sagen hätten. Aber trotz einiger Nachkriegsneuauflagen wie *Zwischen Himmel und Hölle*, *Solneman der Unsichtbare* und *Die Pflasterkästen* ist Alexander Moritz Frey inzwischen ein – auch vom »antiquarischen« Büchermarkt – vergessener und verschwundener Autor. Einzig in Kreisen der Liebhaber phantastischer Literatur scheint sein Name heute noch einen gewissen »Erinnerungswert« zu bewahren.

Verteufeltes Theater hieß 1957, dem Jahr seines Todes, sein letzter, postum erschienener Roman, in dem Frey noch einmal zwischen den Grenzen des »Überwirklichen« und der Satire, aber immer auch des Menschlich-allzu-Menschlichen oszilliert und – obwohl weit von jeder »Autobiographie« entfernt – wie in vielen seiner Werke nicht zuletzt auch sich selbst »persifliert«. Dabei mag er mit dem ihm eigenen Schalk auch sein Leben als »verteufeltes Theater« empfunden und vielleicht, ohne viele Gedanken darauf zu verwenden, an eine spätere Wirkung seiner Werke gedacht haben, wenn er zum Ende der Geschichte schreibt: »Auch hätte sie [die Geste des Winkens] die hohe Gestalt des schwarzen Herrn nicht mehr erreicht. Er war wie weggeblasen.«

Peter Finkelgruen

Berthold Jacob – Von welchem Wesemann wurde er entführt?

Meinem ersten Chef, dem Intendanten der Deutschen Welle in Köln, Hans Otto Wesemann, bin ich zweimal persönlich begegnet.

Das erste Mal war zu Beginn des Jahres 1963, nachdem ich begonnen hatte, bei der Deutschen Welle als Übersetzer in der Nachrichtenredaktion zu arbeiten. Ich war einundzwanzig Jahre alt, erst wenige Jahre in Deutschland und froh, einen Arbeitsplatz gefunden zu haben, mit dessen Hilfe ich meine junge Familie ernähren konnte. Im Haus hatte es sich schnell herumgesprochen, dass jemand aus Israel nun zu den Mitarbeitern zählte, und recht bald erhielt ich vom Leiter einer der Abteilungen den Auftrag, ein Feature darüber zu schreiben, wie ich Deutschland wahrnahm. Es war dieses Manuskript, welches dazu führte, dass ich den Intendanten der Deutschen Welle kennenlernte. Darin stand ein Satz, in dem ich zum Ausdruck brachte, dass ich nicht umhin könne, bei der Wahrnehmung der fleißig rauchenden Schlote der deutschen Automobilindustrie an die rauchenden Schornsteine von Auschwitz zu denken.

Ich wurde zu einem Gespräch mit dem Intendanten gebeten, in dem er versuchte,

Berthold Jacob

mich zu bewegen, diesen Satz doch zu streichen. Ich weigerte mich, war aber bereit, stärker zu betonen, dass es sich um meine persönlichen Gefühle handele. Das Gespräch im Büro des Intendanten dauerte nur wenige Minuten.

Auch die zweite Begegnung dauerte nicht lange, wiewohl die Umstände viel dramatischer waren. Es war der 22. November desselben Jahres. Ich war inzwischen frisch gekürter Redakteur in der englischsprachigen Afrika-Redaktion der Deutschen Welle. Meine Aufgabe an jenem Tag war, abends in der Redaktion aus den eingehenden Meldungen der diversen Nachrichtenagenturen eine Nachrichtensendung mit für die afrikanischen Hörer interessanten Neuigkeiten zusammenzustellen und sie dann im Studio vorzulesen. Auf dem Fußweg zur Rundfunkanstalt, es war in den frühen Abendstunden, aber jahreszeitlich bedingt bereits dunkel, begegnete ich einigen Jugendlichen, die recht ausgelassen schienen. Ich hörte einen Satzfetzen, der wie »Kennedy erschossen« klang. Ich erinnere mich noch, dass ich, wahrscheinlich weil sie so ausgelassen wirkten, dachte, mit so etwas sollte man keine Scherze machen, und ging langsam weiter in Richtung Rundfunkhaus. Dort angekommen, begegnete ich einer Gruppe aufgeregter Abteilungsleiter und dem Intendanten. Schnell verstand ich, dass ich keinem üblen Scherz aufgesessen war. In die allgemeine Ratlosigkeit hinein, wie man die Programme nun umstellen sollte, machte ich den mir naheliegend erscheinenden Vorschlag, ich könnte in der Technik rasch ein Aufnahmegerät besorgen und die Reaktionen der Menschen draußen auf der Straße einfangen. Hans Otto Wesemann, mein Intendant, schaute kurz zu mir und winkte ab mit dem Satz: »Wer ist denn jetzt schon draußen auf der Straße?« Sein Gesicht verriet einen gewissen Widerwillen, den ich als Abneigung gegen die Plebs interpretierte. Mir fiel das gegenüber dem Funkhaus gelegene Opernhaus ein, und ich erwiderte, dass in einer halben Stunde die Opernaufführung beendet sein würde und ich doch das herausströmende Publikum mit der Nachricht konfrontieren könne. Das von Sorgenfalten zerfurchte Gesicht des Dr. Wesemann erhellte sich kurz, er nickte eine wortlose Zustimmung.

Das waren meine einzigen Begegnungen mit Hans Otto Wesemann. Es sollten Jahre vergehen, er war längst nicht mehr Intendant, bis ich wieder etwas von ihm hörte. Es muss irgendwann in den Achtziger- oder frühen Neunzigerjahren gewesen sein, als mir jemand einen Zeitungsausschnitt zukommen ließ. Es handelte sich um eine längere Meldung aus der Zeitung *Neues Deutschland*. Es hieß darin, dass Hans Otto Wesemann sich in der Zeit des Dritten Reiches als Kollaborateur der Gestapo verdingt habe und einen oppositionellen deutschen Publizisten aus der Schweiz entführt haben soll. Ich muss gestehen, dass ich über diese Meldung nicht besonders schockiert war.

Es war diese Zeitungsmeldung, durch die ich erstmals von Berthold Jacob, einem der frühen Mitglieder des deutschen PEN-Clubs im Exil, erfahren habe. Er sei, hieß es, Trauzeuge meines früheren Intendanten Hans Otto Wesemann gewesen, der eine Jüdin geheiratet habe. Es gibt Quellen, wonach er sich von ihr bereits früh habe scheiden lassen. Sie habe einen Selbstmordversuch verübt, als sie erfuhr, dass er Berthold Jacob entführt habe. Wesemann also sei, ebenso wie der Trauzeuge, aus Opposition zum Nationalsozialismus ins Exil gegangen, habe dort aber reumütig die Fronten gewechselt und sich seinen neuen Herren dadurch empfohlen, dass er seinen Trauzeugen für die Gestapo aus der Schweiz entführt habe.

Als ich diesen Sachverhalt las, war ich nicht sonderlich überrascht. Ich hatte inzwischen, anhand der eigenen Familiengeschichte, konkret gelernt, wie weit der Vernichtungswille der Nazis ging. Spitzel und Kollaborateure arbeiteten Hand in Hand mit Botschaftsangehörigen des Deutschen Reiches in aller Welt, um Gegner zu verfolgen und zu vernichten, am liebsten in den Konzentrationslagern im heimischen und im eroberten Reich. Ein von den Historikern noch nicht aufgearbeitetes Kapitel des Nationalsozialismus ist die Geschichte der NSDAP AO, der Auslandsorganisation der Nazis, die bereits vor der Etablierung des Dritten Reiches und noch Jahre nach seiner Kapitulation existierte.

Berthold Jacob (ursprünglich Berthold Jacob Salomon), war gleich in zweifacher Hinsicht Objekt des Hasses für die Nazis: als Jude und als Pazifist. Als Publizist, der die geheime Aufrüstung Deutschlands publik machte, der die Vertuschung der Morde an Rosa Luxemburg und Karl Liebknecht unter anderem in der *Weltbühne* anprangerte. Auch im Exil hörte er nicht auf zu publizieren. Für die Leitung des Reichssicherheitshauptamtes ein Untermensch und ein Todfeind. Seine Mitarbeit in der Emigrationspresse ebenso wie seine Mitgliedschaft im Deutschen PEN-Club im Exil verlangte seine Eliminierung.

Wie so viele seines Alters wurde der am 12. Dezember 1898 Geborene durch die Erfahrung des Ersten Weltkrieges, zu dem er sich 1917 als Freiwilliger meldete, zu einem radikalen Pazifisten. Aktiv im Friedensbund der Kriegsteilnehmer, der Deutschen Liga für Menschrechte und der Deutschen Friedensgesellschaft, konzentrierte er seine journalistische Arbeit darauf, die illegale Wiederaufrüstung aufzudecken. Dabei erregte er aber nicht nur die Bewunderung seiner journalistischen Kollegen, sondern auch die Gegnerschaft der Herrschenden. So wurde er recht bald, im März 1928, zusammen mit Fritz Küster, dem Herausgeber der Zeitschrift *Das Andere Deutschland*, vom Reichsgericht wegen Landesverrats zu neun Monaten verurteilt. Dass sein Name auf der ersten Ausbürgerungsliste des Deutschen Reichs vom 25. August 1933 stand, war so wenig überraschend wie sein Engagement im darauf folgenden Jahr zugunsten der Nobelpreiskampagne für Carl von Ossietzky. Seine Recherchen und seine Publikationen über die militärischen Pläne der Nationalsozialisten setzte er im Exil in Frankreich fort. Die Literatur zum Fall »Jacob - Wesemann« ist dennoch recht verwirrend.

Sie berichtet über Hans Wesemann.

Sie berichtet über Hans Otto Wesemann.

Deutsch waren beide. Beide hatten einen Doktortitel.

Es begann mit einer Veröffentlichung im Jahre 1936. Ein Autor namens René Sonderegger veröffentlichte im schweizerischen Reso Verlag, der die Herausgabe nationaldemokratischer Schriften betrieb, einen Band mit dem Titel *Mord-Zentrale X. Enthüllungen und Dokumente über die Auslandstätigkeit der deutschen Gestapo*. In diesem Heft 5 der Kulturpolitischen Schriften wurde die Entführung von Berthold Jacob anhand von Dokumenten, die im Verlauf des Prozesses gegen Hans Wesemann in Basel im Jahre 1936 verfügbar wurden, rekonstruiert. Wie der Verlag im Klappentext betonte, war die Dokumentation unter »gewissenhafter Mitarbeit« eines früheren Staatsanwalts zusammengestellt, »mit praktischen Vorschlägen zur Bekämpfung der Methoden des Drittens Reichs«. Außer dem Fall Jacob wurden in diesem Heft noch andere Fälle von Entführungen erfasst.

Dass der Autor gerade dieses Buches später eine Entwicklung machte, die ihn in dubiose Nähe zu antisemitischen und rechtsnationalistischen Kreisen brachte, wie zum Beispiel die Publikation von Thesen, die eine jüdische Finanzierung von Adolf Hitlers Machtergreifung zum Inhalt hatten, sei hier nur am Rande vermerkt, strotzt doch die ganze Debatte um den doppelten Wesemann von Merkwürdigkeiten. Dabei war René Sonderegger, einer der Mitbegründer des Schweizerischen Nationalbundes im Jahre 1935, durchaus engagiert gegen Rassentheorien aufgetreten und ein Befürworter der schweizerischen Demokratie. Im Laufe der Jahre aber änderte er seine Haltung und glorifizierte schließlich Hitler und den Nationalsozialismus.

Die Entführung Berthold Jacobs am 9. März 1935 aus Basel durch Hans Wesemann verursachte einen diplomatischen Eklat zwischen dem Deutschen Reich und der Schweiz. Der Kongress des Internationalen PEN im Ärztehaus von Barcelona nur wenige Wochen später ging einher mit Bemühungen um Hilfe für Berthold Jacob sowie für andere verfolgte deutsche Autoren wie Carl von Ossietzky und Ludwig Renn. Am 11. April 1935 schrieb Rudolf Olden an Klaus Mann:

> »Ich bin der Überzeugung, dass man den Fall Berthold Jacob in den Mittelgrund stellen muss. Das ist der bekannteste und der schrecklichste aller Fälle und auch er betrifft die Freiheit des Worts. Auf einem Weg, der vor allem Feuchtwanger geläufig ist: Behinderung der deutschen emigrierten Schriftsteller ...«

Es war im Jahr vor der Olympiade in Berlin, und das Deutsche Reich war darauf bedacht, internationale Konflikte nicht eskalieren zu lassen. Berthold Jacob wurde ein halbes Jahr nach seiner Entführung wieder in die Schweiz verbracht. Hans Wesemann wurde verhaftet und vor ein schweizerisches Gericht gestellt, das ihn am 6. Mai 1936 zu drei Jahren Zuchthaus unter Anrechnung der Sicherheitshaft seit dem 29. März 1935 verurteilte.

Also Hans Wesemann der Entführer.

Dass Berthold Jacob nach seiner Rücküberstellung in die Schweiz umgehend wieder nach Frankreich ausgewiesen wurde, sei hier nur am Rande vermerkt. In der *Pariser Tageszeitung* vom 24. und 25. Juni 1936 berichtete Berthold Jacob von seiner Vernehmung durch Reinhard Heydrich, den Leiter der Gestapo in Berlin. Auch nach seiner Freilassung im September 1935 blieb Jacob im Visier der Gestapo. Aus dem Lager Le Vernet in Frankreich, in dem er interniert war, gelang ihm 1939 die Flucht nach Portugal. Aber auch dort verfolgten ihn die Häscher der Gestapo, selbstverständlich unter Beteiligung der deutschen Botschaft in Lissabon, und entführten ihn 1941 zum zweiten Mal nach Berlin, ins Hauptquartier des Reichssicherheitshauptamtes. Aber selbst dort, in der Höhle des Löwen, fanden sich Menschen. Ein Gefängniswärter namens Brestrich, der in derselben Straße wohnte wie Jacobs Vater, schmuggelte für die beiden Kassiber aus dem Gefängnis.

> »Da ich in keiner Weise auf meine Reise vorbereitet war, bin ich hier ohne jedes Gepäck [...] ich lebe hier ohne das Nötigste selbst für ein primitives Leben; besonders fehlen mir Toilettenartikel, Wäsche und Nachtzeug.«

Aber die erhaltenen Kassiber warfen auch ein Schlaglicht auf den gefassten Berthold Jacob:

> «Es geht mir gut und ich bin sehr ruhig. Meine Gedanken sind oft bei Dir. Ich wäre glücklich, Dich zu sehen, aber das dürfte für lange Zeit nicht gehen.«

Zwei Jahre wurde Jacob im Hausgefängnis der Prinz-Albrecht-Straße 8 festgehalten. Nach der Verhaftung seines Vaters im Januar 1943 riss der Kontakt zur Außenwelt ab. Mitgefangene berichteten, dass Jacob auch im Gefängnis mit seiner Überzeugung vom Sieg der Alliierten zu einer Stärkung des Widerstandes beitrug. Ein Jahr später, im Februar 1944, wurde er ins Jüdische Krankenhaus Berlin eingewiesen, wo er am 26. Februar 1944 starb.

Weniger als zwei Jahrzehnte später soll sein Entführer, das jedenfalls ist in mehreren Büchern nachzulesen, seine Karriere im Nachkriegsdeutschland mit der Wahl zum Intendanten der Deutschen Welle gekrönt haben.

Also Hans Otto Wesemann, der Intendant der Deutschen Welle.

Ein Mann namens Jost Nikolaus Willi war wohl der Nächste, der ein Werk über den *Fall Jacob - Wesemann (1935/1936)* veröffentlichte. Es war seine Dissertation, die 1972 in der Reihe Europäische Hochschulschriften im Verlag Herbert Lang Bern und Peter Lang Frankfurt am Main erschien, ein über vierhundert Seiten langer *Beitrag zur Geschichte der Schweiz in der Zwischenkriegszeit.* Man kann mit Fug und Recht von einer soliden wissenschaftlichen Arbeit sprechen, mit reichhaltigem Quellenmaterial, Literaturangaben und Personenregister. Das einzig Auffällige ist vielleicht die Tatsache, dass die Schrift von René Sonderegger keine Erwähnung findet.

Es ist diese Arbeit, die als erste Veröffentlichung nach dem Krieg auch von Hans Wesemann spricht und seine Spur nach seiner Entlassung am 28. März 1938 aus dem Gefängnis in Basel aus der Schweiz nach Südamerika verfolgt, wo sie sich nach 1960 verliert.

Der Mann, von dem in diesem Buch die Rede ist, war also nicht Intendant der Deutschen Welle.

Beinahe vierzig Jahre später bezeichnete der Autor eines anderen Werkes, in dem über den Fall Jacob - Wesemann berichtet wurde, Jost Nikolaus Willi als CIA-Agenten, dessen Arbeit der Rehabilitation des Hans Otto Wesemann gedient habe. Dieser habe eine zentrale Rolle in dem von der CIA finanzierten Kongress für die Freiheit der Kultur gespielt und sollte wohl vor Angriffen geschützt werden.

Also Hans Otto Wesemann, Intendant der Deutschen Welle.

1998 erschien dann ein Buch von Erich Schmidt-Eenboom: *Undercover. Der BND und die deutschen Journalisten*, sechs Jahre später eine Neufassung unter dem Titel *Geheimdienst, Politik und Medien. Meinungsmache UNDERCOVER.* Erich Schmidt-Eenboom benennt eindeutig Hans Otto Wesemann, den ehemaligen Intendanten, als Entführer Berthold Jacobs. Der Kontext allerdings, in dem Hans Otto Wesemann in diesem Buch gezeichnet wurde, war der seiner Funktion als Intendant der Deutschen Welle. Diese stand in dem Ruf - wie ich aus eigener Erfahrung bestätigen kann, nicht ganz zu Unrecht -, ein Nest von Geheimdienstagenten aller Couleurs und aller Nachrichtendienste gewesen zu sein, auch solcher, die seit der Kapitulation des Deutschen Reiches gar nicht mehr existierten. Nachträglich mag das komisch klingen, aber es gab einige durchaus ernst zu nehmende Mitarbeiter des Hauses, die mir mehr als einmal offen sagten, dass ich als Mann des Mossad gelte. Allgemein war bekannt, welche Dienste in den diversen Redaktionen der Deutschen Welle wirkten. In Zeiten von Krisen und militärischen Konflikten in verschiedenen Weltregionen führte dies zu heftigsten Auseinandersetzungen im Hause. Wichtiger für mich in meinen Jahren der Arbeit bei der Deutschen Welle war allerdings ein anderer Aspekt der Personalpolitik.

Mein erster Abteilungsleiter, ein Mann namens Ekkehart Gentz, erwies sich als ehemaliger Mitarbeiter des Deutschen Nachrichtenbüros im Nahen Osten, der wohl während seiner Zeit dort Adolf Eichmann bei dessen Nahostbesuch begleitet und in dessen Mitteilungen vor israelischen Vernehmern Erwähnung gefunden hatte. Von ihm hatte ich bereits gehört, bevor ich meine erste Anstellung in seiner Abteilung der Deutschen Welle fand. Ein Studienkamerad an der Universität Köln erzählte mir vom Vater seiner Freundin, einem alten Nazi, wie er sich ausdrückte, der diese enterbt und verstoßen habe, weil sie sich in ihn, ein Mitglied des Sozialistischen Deutschen Studentenbundes, verliebt hatte. Die 68er Zeit war noch ein halbes Jahrzehnt entfernt. Ich aber lernte bei ihm das Handwerk, oder sollte man richtigerweise sagen: das Mundwerk des Nachrichtensprechens. Der Mann, der mich dabei anleitete, so erfuhr ich später, war einer der englischen Sprecher, die noch mit Lord Haw Haw zusammengearbeitet hatten, der nach 1945 wegen Hochverrats zum Tode verurteilt worden war.

Ich habe diese Geschichte nachträglich von H. G. Adler, ebenfalls Mitglied unseres PEN-Zentrums, erzählt bekommen. Auf der Suche nach einem Auftrag, der sein mageres Einkommen aufgebessert hätte, war er in die Deutsche Welle gekommen. Er sah sich einem verantwortlichen Redakteur der oberen Gehaltsstufe gegenüber, der seine besten Jahre bei der SS verbracht hatte. Es war Sommer, der ehemalige SS-Mann König trug ein kurzärmeliges Hemd, das einem aufmerksamen Beobachter die Sicht auf seine in die Achselhöhle eintätowierte Blutgruppe ermöglichte. H. G. Adler kam entsetzt in das Büro eines anderen Redakteurs mit dem Worten: »Hier setze ich kein Fuß mehr herein. Das ist ja ein SS-Mann. Hier sind ja SS-Leute.«

Die Zahl hochrangiger ehemaliger Nazis, die in der Ära des Intendanten Hans Otto Wesemann an führende Funktionen bei der Deutschen Welle gelangt waren, war beträchtlich. Gewiss habe ich deshalb der Behauptung, Wesemann sei als »reuiger Rückkehrer« und Agent der Gestapo auch der Entführer von Berthold Jacob gewesen, sofort Glauben schenken können.

Ein Schlaglicht auf den Zustand dieser Anstalt des öffentlichen Rechts warfen die Witzeleien über das Pausenzeichen der Deutschen Welle. Es sind zehn Noten aus Ludwig van Beethovens Oper *Fidelio*. »Es sucht der Bruder seine Brüder, / Und kann er helfen, hilft er gern.« Gesungen vom Chor im zweiten Akt der Oper, lautete die Spottfrage auf den Fluren der Deutschen Welle, welche Brüder wohl gemeint seien. Die, die 1933 nach Südamerika flohen oder jene, die nach 1945 dort auftauchten. Die Spur jenes Hans Wesemann, der *nicht* Intendant der Deutschen Welle war, führte nach Südamerika.

Die Schornsteine rauchten wieder, auch wenn es jetzt andere Schornsteine waren. Also Hans Otto Wesemann, der Intendant der Deutschen Welle.

Der ehemalige Leiter der Osteuropa-Redaktion der Deutschen Welle, Botho Kirsch, schrieb in seinem Buch *Ein Fass Honig und ein Löffel Gift. Kalter Krieg auf kurzer Welle*, das 2007 veröffentlicht wurde:

> »Tatsächlich waren [...] sämtliche Schlüsselstellungen in den Ostprogrammen [der Deutschen Welle] mit Leuten besetzt, die schon mit den einschlägigen Behörden des Dritten Reichs kollaboriert hatten. Dass gerade sie für den deutschen Auslandsfunk angeworben

wurden, lag nicht nur an ihren Kenntnissen der osteuropäischen Sprachen, sondern auch an der ›dunklen Vergangenheit‹ des ersten ›Deutsche Welle‹ Intendanten ...«

Also wieder, Intendant Hans Otto Wesemann war der Entführer.

Auffällig ist die Tatsache, dass weder Familienangehörige des verstorbenen Intendanten, besorgt über diese Behauptungen, noch sein ehemaliger Arbeitgeber, die deutsche Bundesregierung, dagegen vorgegangen sind. Für Deutschland absolut ungewöhnlich. Botho Kirsch berief sich in seinem Buch auf das Buch von Erich Schmidt-Eenboom. Beide haben ein anderes Buch, das drei beziehungsweise sechs Jahre zuvor in den USA erschienen war, nicht gekannt oder nicht berücksichtigt.

Im renommierten Verlag Praeger in Westport, Connecticut, erschien 2001 das Buch *Nazi Refugee Turned Gestapo Spy. The Life of Hans Wesemann, 1895-1971*. Wie die Doktorarbeit von Jost Nikolaus Willi eine ausgezeichnete wissenschaftliche Studie. Auch die Autoren James J. Barnes und Patience P. Barnes verfügen über reichhaltiges Quellenmaterial, auf das sie sich beziehen, wenn auch in beiden Fällen, bei Willi ebenso wie bei Barnes, die Nachkriegszeit auffällig und merkwürdig vage und knapp erscheint.

Also Hans Wesemann der Entführer.

Beide Bücher wären eindrucksvolle Belege für die Existenz eines Hans Wesemann, geboren 1895.

Im Jahre 2008 erschien im transcript Verlag Bielefeld ein Band mit dem Titel *Formationen der Mediennutzung III. Dispositive Ordnungen im Umbau*. Die Herausgeberin: Irmela Schneider, Professorin für Medienwissenschaft an der Universität Köln. In einem Exkurs »Hans Otto Wesemann« verweist sie auf das Buch der Historiker Norbert Frei und Johannes Schmitz, *Journalismus im Dritten Reich*, das 1999 im C. H. Beck Verlag erschienen ist. Demnach war Hans Otto Wesemann zusammen mit John Brech für den Wirtschaftsteil der Zeitschrift *Das Reich* verantwortlich. *Das Reich* war wohlgemerkt das Blatt jener, die dem Nationalsozialismus dienten, sich aber als intellektuelle Elite verstanden. Nach dem Krieg wurden sie dann Herausgeber der *Frankfurter Allgemeinen Zeitung*, wie der Antisemit Karl Korn, Programmdirektor einer Rundfunkanstalt, wie der Begründer des Internationalen Frühschoppens Werner Höfer, oder eben Intendant einer anderen Anstalt, wie Hans Otto Wesemann. Irmela Schneider zog daraus der Schluss: »Wesemann ist nicht identisch mit dem Hans Wesemann, dessen Kollaboration mit der Gestapo Erich Schmidt-Eenboom [...] schildert [...].«

Also nicht der ehemalige Intendant der Deutschen Welle.

Im Frühjahr 2011 erschien ein weiteres Buch, in dem der Fall Jacob – Wesemann eine neue Facette erfuhr. Der Journalist und Publizist Peter-Ferdinand Koch veröffentlichte es unter dem Titel *Enttarnt. Doppelagenten: Namen, Fakten, Beweise*. In diesem Buch wird der ehemalige Intendant der Deutschen Welle, Hans Otto Wesemann, als der ehemalige Gestapo-Agent präsentiert, der Berthold Jacob aus Basel ins Deutsche Reich entführt habe. Nun kam aber eine weitere Wendung hinzu. Laut Peter-Ferdinand Koch war Hans Otto Wesemann nicht nur als Gestapo-Agent der Entführer Berthold Jacobs. Vielmehr fungierte er in seinem Amt als Intendant der Deutschen Welle auch noch als Agent der GRU, des Aufklärungsdienstes des sowjetischen Militärs in der DDR. Koch zufolge unterschrieb er gegenüber einem Offizier der GRU namens Borisow eine Selbstverpflichtungserklärung und erhielt von diesem den Decknamen »Salomon«.

Doch der ehemalige Intendant? Hans Otto Wesemann?

Nun erschien am 14. Oktober 2011 in der *Frankfurter Allgemeinen Zeitung*, der Zeitung des ehemaligen Herausgebers Karl Korn, ein Artikel von Anke Hagedorn, einer freigestellten Redakteurin der Deutschen Welle, die derzeit an der Universität Konstanz eine Dissertation über den deutschen Auslandssender schreibt. Unter dem Titel »Der Intendant war nicht der Entführer« stellt sie kurz und bündig fest:

> »Für seine Behauptung, Hans Otto Wesemann sei auch für den KGB tätig gewesen, verweist Koch auf einen Bericht des GRU-Führungsoffiziers Gennadij Borisow, der im KGB-Archiv in Minsk liegen soll. Entspräche dies den Tatsachen, bleibt immer noch die Frage, ob nun Hans oder Hans Otto Wesemann der Ostblock-Spion gewesen ist. Dass Hans Otto Wesemann nicht der Entführer Berthold Jacobs gewesen ist, steht fest.«

Illustriert ist der Artikel mit zwei Fotografien. Die eine stellt ein Porträt des ehemaligen Intendanten der Deutschen Welle dar, wie ihn alle kannten. Die andere den mehrfach erwähnten Hans Wesemann. Dieses Foto ist bislang in keiner der genannten Veröffentlichungen gezeigt worden.

Also nicht der ehemalige Intendant?

Derjenige aber, der den Täter zweifelsfrei hätte identifizieren können, unser Mitglied Berthold Jacob, war eines der frühen Opfer eines Systems, dessen ausführende Organe ihm alle nach dem Leben trachteten und die es sich nach 1945 auch in der Bundesrepublik haben gut gehen lassen.

Uwe Friesel

Otto Nebel – UNFEIG. Ein Gespräch

Dieser verkürzte Lesetext basiert auf einer O-Ton-Collage des NDR, »Otto Nebel und die Neunrunenfuge UNFEIG«.[1] Redaktion, Regie und Schnitt: Uwe Friesel, Erstausstrahlung: 3. Februar 1973.

O. N.: Ich ließ dann diese Arbeiten ruhen und war unter anderem Angestellter in einer chemischen Fabrik, mit Acht-Stunden-Dienst. Und als ich eines Abends nach Hause kam, hörte ich einen merkwürdigen Satz. Den Satz »Einer zeigt eine Runenfuge«. Ich schrieb auf einem Zettel die Buchstaben auf, aus denen dieser Satz bestand, und stellte fest, dass es neun waren: uei / nfg / trz. Und damit kam die ganze Sache ins Rollen.

Otto Nebel

> Funfzig Irre treten ein,
> Treffen nur Irre.
> Treten ein in irre Unzeit.
> Irre gittern Irre ein.
> Irre zertieren, Irre zerfetzen.
>
> Nie irret Erretten.
>
> Zeitig feien gute Retter
> Innen-Tiefennetze gegen Irreneingriff
> Funfzig Irre unter neun Runen:

---

1   »Unfeig« ist der programmatische Titel einer vergessenen Dichtung, die der Schauspieler, Soldat, Chemiearbeiter, Maler und Zeitkritiker Otto Nebel in den Jahren 1920, 1924 und 1925 in der Berliner Avantgarde-Zeitschrift *Der Sturm* veröffentlichte. Das merkwürdige Sprachwerk, dessen Verlesung mehr als eine halbe Stunde dauert, setzt sich aus nur neun Buchstaben zusammen. Sie ergeben dennoch mit jedem Vers tieferen Sinn oder höheren Unsinn und sind bei aller Virtuosität keineswegs reine Lautspielerei. Eine Arbeitsgruppe junger Hamburger Künstler – Musiker, Maler, Schriftsteller, die sich mit den politischen Aspekten des Dadaismus auseinandergesetzt hatten und dabei auf die »Neunrunenfuge« gestoßen waren – beschloss, für den Norddeutschen Rundfunk eine O-Ton-Collage zu produzieren. Diese liegt hier zum ersten Mal in gedruckter Fassung vor, freilich stark gekürzt und auf nur drei Sprecher verteilt. Otto Nebel starb am 12. September 1973 im Alter von dreiundachtzig Jahren in Bern. Seine Aussagen sind allesamt wörtliche Zitate aus einem Interview, das der Indologiestudent Harald Meinke zehn Monate zuvor eigens für diese Collage mit ihm geführt hatte.

Nur fuer Unirre geeignet,
Einigen Freien zugeeignet.
Funfzig Irre treffen zu
In einer reinen Runenfuge.

Erster: 1892 geboren, als Bürgersohn zum Hochbaufachmann ausgebildet, was immer wieder in seinen späteren Bildern zum Ausdruck kommt, in der Genauigkeit, mit der er malt und zeichnet. Zeit seines Lebens bleibt er ein Sprechexperimentator und Bürgerschreck.

Zweiter: Eigentümlich, dass so viele dieser neuen Künstler aus der Architektur stammen. Die Brücke-Gründer Kirchner, Heckel, Bleyl, Schmidt-Rottluff waren alle Architekturstudenten in Dresden und haben sich autodidaktisch mit Malerei beschäftigt. Nur Kirchner hatte zwei Semester Kunststudium hinter sich.

Erster: 1913 oder 1914 ist er dann zu Blümner gegangen, an die Lessingbühne, bis er in den Krieg musste – »freiwillig-ehrenhalber«, wie er sagt. Ist dann gegen Kriegsende von den Engländern für vierzehn Monate interniert worden und hat in dieser Gefangenschaft angefangen, sich künstlerisch zu betätigen. Von 1919 bis 1924 war er Kunstlehrer in Berlin, an der »Sturm-Schule«, wo er dann auch erste theoretische Aufsätze veröffentlichte.

Dritter: Außerdem war er ja Schauspieler. Er ist also zunächst sehr viel hin- und hermäandert zwischen den Künsten, bis er nach Weimar ging, wo er enge Freundschaft mit Klee und Kandinsky schloss.

Zweiter: Das äußerst Merkwürdige ist nun aber: Durchforstet man die gängigen Namensregister des Expressionismus, findet man nirgends einen Otto Nebel verzeichnet.

Dritter: Na gut, die Blütezeit des *Sturm*[2] war längst vorbei, als Nebel 1920 das erste Mal dort veröffentlichte, und die Kontakte zwischen den einzelnen Künstlergruppen waren nach dem Krieg nicht mehr so engmaschig.

Erster: Warum haben Sie nur relativ selten und dann sehr begrenzt Ihre Werke publiziert? Lag es am mangelndem Verständnis bei den Lektoren oder beim Publikum? Hatten Sie Angst vor Kritik?

O. N.: Die Gründe sind rein geschichtlicher Art. Die Wirtschaft in Deutschland und der zweite Unterwelt-Krieg haben mich veranlasst beziehungsweise gezwungen zu schweigen. Was Sie über Verleger fragen, das kann ich mit einem Spruch, der auch noch nicht veröffentlicht ist, beantworten: »Verleger sind und bringen in Verlegenheit!«

Zweiter: Immerhin hat er mehrere Bücher mit Linolschnitten herausgebracht, darunter sein wichtigstes: Die *Goldene Spur.*

---

2   *Der Sturm* war als eine der Geburtsstätten des Expressionismus und des Dadaismus ein Kampfblatt gegen überalterte Wertbegriffe und verlogene deutsch-nationale Anschauungen, der »Sturm-Kreis« eine Gruppe progressiver Künstler, die sich später fast alle im Bauhaus wiederfanden.

Dritter: Aber immer nur in kleinen Auflagen und Eigendrucken! Man kann sich leicht denken, warum: Die Sprache als sinnstiftende Übereinkunft hat er letztlich negiert oder völlig umgekrempelt, und das wurde vom Publikum eher als bedrohlich empfunden.

Zweiter: Wieso kann heutzutage ein Gerd Rühm Leser finden oder ein Arno Schmidt mit *Zettels Traum?* Sind wir heute unvoreingenommener?

Erster: Sicher. Eben weil Otto Nebel und die Dadaisten vorher da waren!

Dritter: Er war ganz einfach seiner Zeit voraus. Wenn ich heute zum Beispiel einen O-Ton von Ernst Jandl höre, der ihm unter den Gegenwartslyrikern vielleicht am nächsten kommt, dann muss ich sagen, beim Hören von Otto Nebels Text kommen wesentlich konsistentere Zusammenhänge zum Vorschein.

Zweiter: Was denn für Zusammenhänge? Er hat sich doch nach dem Krieg gerade mal so durchgeschlagen. Er hatte seinen Sold gespart, um in Friedenszeiten ganz der Kunst leben zu können.

O. N.: Die Entwertung des Geldes hatte fürchterliche Folgen. Alles, was man angespart hatte, verschwand einfach.

Zweiter: Und wie lebt er heute?

Erster: Nun, ich habe ihn ja in Bern besucht - eine schöne Villengegend. Auf mein Klingeln öffnete mir ein Mann, der sehr klein und schmächtig war und graue Haare hatte und mich etwas unentschlossen ansah. In Wirklichkeit war er aber sehr zugänglich und wohl auch froh darüber, dass er Besuch aus Deutschland bekommen hatte, von einem jungen Menschen, der offenbar seine Werke kannte. Und sehr schnell kam Begeisterung in ihm hoch, als er mir seine Graphik zeigte: eine enorme Sammlung, ich schätze mal um die siebentausend Zeichnungen, Bilder, Graphiken - alles genauestens katalogisiert.

Dritter: Was produziert er denn jetzt?

Erster: Das sind zum Teil ganz neue Techniken von Linoldrucken, mit denen er experimentiert: Ätzungen, Kratzbilder, Acrylfarben. In Öl malt er kaum noch.

Zweiter: Gegenständlich?

Erster: Nein, gar nichts ist mehr so gegenständlich wie noch die Dom-Bilder und die Porträts seiner Jugend.

Dritter: Hier lese ich: Das Guggenheim-Museum besitzt einen Großteil der abstrakten Produktion des Malers aus den Jahren 1924 bis 1951. Das heißt, vor dem Zweiten Weltkrieg beziehungsweise Unterwelt-Krieg, wie er ihn nennt, malte er sowohl gegenständlich als auch ungegenständlich ...

Zweiter: ... und schrieb kurz nach dem Ersten Weltkrieg, von 1920 bis 1924, »Die Neunrunenfuge«, die erstaunlicherweise bereits vollgestopft ist mit Anspielungen auf die kommenden Schrecken.

O. N.:   Trend Nutzer tritt nun eifrig ein,
Zitterer zu Rittergut.
Zerfingert Geigen, zerfetzt Zeitungen,
Zerfetzt Tinten-Irenen Unterzeuge
in Unter-Unterzeuge, feiner fein –
Ein Neuerer in Erinnerungen:
Nie geizig!

Erster: Sein Atelier liegt außerhalb seiner Wohnung in derselben Straße. Und außerdem hat er noch einen Keller in der Altstadt, wo er seine Bilder lagert.

Zweiter: Also, ich bitte dich: 'ne Villa, 'n Atelier und noch 'n Lager – hätte ich auch gern, muss ich sagen.

Dritter: Was ich nicht ganz verstehe: Wenn er also seine ständigen Ausstellungen heutzutage hat – und du sagst ja, an drei Stellen ...

Erster: ... ja, in Bern fast jährlich, in Paris und auch in New York ...

Dritter: ... wieso hat er dann eine so große Menge Zeichnungen ständig bei sich zu Hause 'rumliegen?

Erster: Also, er hat jetzt gerade eine große Anzahl von Kunstwerken als Stiftung an das Kunstmuseum in Bern übergeben – aber die Motive für seine private Sammelwut? Schwer zu sagen. Vielleicht die Tatsache, dass während des Ersten Weltkriegs etliche hundert Blätter kaputt gegangen oder verschwunden sind. Und von den zwischen 1924 und 1936 gemalten Bildern sind auch nur wenige erhalten geblieben, hauptsächlich durch die Guggenheim-Sammlung.

Dritter: Hast du denn den Eindruck, dass er sich selbst und die eigene Entwicklung in der Malerei wichtig nimmt? Also ganz bewusst die verschiedenen Stadien verfolgt?

Erster: Zumindest nimmt er sie sehr ernst. Als erstes hat er mir ja seine frühen Werke aus den Zwanzigerjahren gezeigt.

Zweiter: Hat er denn nicht auch mal an Rückkehr gedacht? Ich meine, heute könnte er doch in der Bundesrepublik als ein geachteter Künstler leben und arbeiten, womöglich sogar in den Genuss von Wiedergutmachung kommen.

Erster: Sie leben in der Schweiz heute, Herr Nebel. Da wir gerade von gegenwärtiger Politik und gegenwärtigen Parteien sprachen: Was meinen Sie, welche davon würde Ihre Interessen am ehesten vertreten?

O. N.: Meine Interessen würde NIEMAND jemals vertreten! Da ist nichts mehr zu vertreten. Man kann es nur zertreten.

Dritter: Als Schriftsteller müsste er bei uns eigentlich schon auf Grund der beiden Gedichte »Die Neunrunenfuge« und »Zuginsfeld« längst rehabilitiert sein, oder? Ich meine, August Stramm, um einen seiner Zeitgenossen zu nennen, hat doch keineswegs besser geschrieben!

Erster: Er hat einfach zu wenig publiziert. Sagte ich doch schon. Und zu spät: *Das Rad der Titanen* erst 1957, *Zuraunungen* noch später, dann *Das Wesentliche* und *Goldene Spur.* Das beschränkt sich im Wesentlichen auf acht bis zehn Werke. Dann noch Aufsätze, Kritiken, Essays in Zeitschriften, etwa im *Sturm,* die aber in diesem Zusammenhang wohl nicht zählen.

Zweiter: Stimmt. Harald und ich waren nach unserer detektivischen Suchaktion in der Staatsbibliothek übereinstimmend der Ansicht, dass *Der Sturm* so doll gar nicht war. Vielmehr war da oft ein etwas euphorisches Gesinge über die neu aufbrechende Kunst, zum Teil mit mystifizierenden Hintergründen.

Dritter: Das siehst du so, weil man heute bestimmte Aversionen gegen das expressionistische Pathos hegt. Guck dir doch mal die Ergebnisse im Bereich der bildenden Kunst an! Man kann doch nicht ohne weiteres erwarten, dass Maler und Bildhauer sich sprachlich so gut ausdrücken können. Letztlich ist doch nicht entscheidend, was für Gedanken sie sich gemacht haben, wenn sie malten, sondern die Bilder selbst, die dabei 'rauskamen. Und dass diese Künstler im *Sturm* eine Plattform gefunden haben zu einer Zeit, wo das Publikum beim Anblick ihrer Werke wirklich nur spuckte und schimpfte, das ist doch ein großes Verdienst von Herwarth Walden und eben seinem *Sturm.*

Zweiter: Gab es denn noch andere Zeitschriften dieser Art?

Erster: Ja, zumindest *Die Aktion.* Ob auch *Die Weißen Blätter* dazu zu rechnen sind, weiß ich nicht zu sagen.

Dritter: Doch, natürlich. Da waren ganze Dramenausschnitte von Sternheim, Tolstoi oder Hasenclever abgedruckt.

Zweiter: War nicht auch Else Lasker-Schüler eine sehr aktive Mitarbeiterin?

Erster: Die hat gleich in allen drei Zeitschriften veröffentlicht! Wobei *Die Aktion* eher ein Kampfblatt war. Aufrufe der Dritten Internationale und so weiter. Besonders in den letzten Nummern. Übrigens haben sowohl *Die Aktion* als auch *Der Sturm* immerhin zweiundzwanzig Jahre überdauert, und das in Berlin, bei derartigen historischen Umwälzungen!

Zweiter: Um noch mal auf Otto Nebels ganz persönlichen Stil zurückzukommen: So etwas wie »Unfeig« haben die Leute damals schlicht noch gar nicht verstanden.

Dritter: Sagte ich doch: verfrühtes Genie.

Zweiter: Wenn wir uns also hier an der Frage festbeißen, warum kennt man ihn nicht?

Dritter: Die Frage stellt sich natürlich, weil man als Gegenbeispiel die bildende Kunst vor Augen hat. Und da sieht man eben, dass die bildenden Künstler des »Sturms« und auch des »Blauen Reiters« durchaus ihren Durchbruch gehabt haben, in eben diesen Zwanzigerjahren.

Erster: Bildende Kunst wird immer schneller aufgearbeitet, behaupte ich hier mal ganz ungeschützt, als freier Autor. Abgesehen davon, dass bildende Kunst politisch sehr viel harmloser ist als Wortkunst.

O. N.: Darf ich jetzt eine Frage an Sie richten? Weshalb haften Sie eigentlich so an diesem »Unfeig«? Ich habe doch danach ein viel gewichtigeres Werk geschrieben: »Die Zwölfrunenfuge – Das Rad der Titanen«? Warum fragen Sie darüber nicht?

Erster: Diese Fuge ist in den Zwanzigerjahren geschrieben.

O. N.: Ach, Sie meinen, weil sie zum »Sturm« gehört? Ach so. Na gut, das verstehe ich.

Zweiter: Man könnte versucht sein, inhaltliche Dinge, die in der »Neunrunenfuge« gegeben sind, in etwa auch in der Musik zu reproduzieren – Vergleichbares findet sich in frühen Schönberg-Liedern, auch Hindemith hat so etwas gemacht.

Dritter: Von seinen alten Bekannten lebt nur noch die Nell Walden?

Erster: Nein, es lebt auch noch der Muche, am Bodensee, und der Ring, in einer Burg Steppenfels. An sich wollten wir auch noch Nell Walden besuchen. Aber Nebel meinte, erstens wohne sie in einem Haus, das einem Regierungspalast gliche, und zweitens hingen überall ihre schlechten Bilder herum.

O. N.:   Nun tritt ein Unirrer
Gegen Regierungen – trifft!
Funfzig Gegentritte gegen einen Freien
Treffen nie.
Einen guten Gegner
Treffen Regierungen nie.

Zweiter: Wieso ist er dir als Deutschem gleich so offen entgegengetreten?

Erster: Das hat mehr astrologische Gründe. Er sprach mich auf Astrologie an, auch auf Thomas Ring, und hat mir sofort einige Bücher von ihm gezeigt. Ich stand dem etwas skeptisch gegenüber und fragte ihn dann, wenn es zutreffe, dass man bestimmte Dinge vorhersagen oder wissen könne, welches Sternzeichen ich denn nun sei? Da stellte er mir einige Gegenfragen, zum Beispiel, welche Körperstelle am empfindlichsten sei ... ja, und dann kam sehr prompt, dass ich Skorpion sein müsse. Das hat mich sehr erschüttert, muss ich sagen. Er kannte ja nicht mal mein Geburtsdatum. Ich hab mir das später auch noch weiter erklären lassen. Er selbst hat sich von bekannten Astrologen Horoskope stellen lassen. Das Einzige, was ihn dabei aus der Fassung brachte: dass Nell Walden schon mehrfach prophezeit hatte, seine Frau würde sterben. Zum Glück war das aber bis dato nicht eingetreten. Wir sind dann abends noch zum Essen gefahren, in ein Hotel, wohin er mich eingeladen hat. Dort war er auch bekannt. Vielleicht lag es ja auch daran, dass er kurz zuvor diese Stiftung fürs Kunstmuseum Bern gemacht hatte.

Erster: Sie schreiben: »Nur einige feine Erneuerer / Errieten einer reinen Neunrunen-fuge / Ferneren Nutzen.« Könnte es nicht auch heißen: »Nur einige feine Eiferer / Errieten ...«?

O. N.: Doch, doch. Das könnte es auch heißen!

Dritter: Wieso hatte er zunächst in der Schweiz Arbeitsverbot?

Zweiter: Aus Neutralitätsgründen.

Erster: Das ging ja da noch viel weiter, in den Bergen. Das ging bis zur Judenauslieferung. Es gab ja auch ein Versammlungsverbot für Emigranten. Fest steht, dass Otto Nebel bis 1952 nicht an seinen Sachen arbeiten beziehungsweise sie nicht ausstellen oder publizieren durfte, jedenfalls nicht öffentlich. Daran wird die Schweiz heutzutage gar nicht so gern erinnert. Und da hat er eben sehr viele andere Sachen machen müssen, um zu überleben.

Zweiter: Ein Riesenglück, dass Guggenheim ihn die ganze Zeit unterstützt hat! Und dass Nebel dann wenigstens vier Jahre, von 1951 bis 1955, an den Kammerspielen arbeiten konnte. Oder eben musste. Erst danach gelang es ihm ja, sich einbürgern zu lassen.

Erster: Um noch mal darauf zurückzukommen: Können Sie sich daran erinnern, an die Jahre um 1920, wie damals Ihre weltanschauliche Position war?

O. N.: Ja nun, ich kam – als ein aus englischer Kriegsgefangenschaft entlassener, schwer geprüfter Frontsoldat – nach Deutschland zurück. Und während dieser Jahre, auch kurz vorher, schoss man noch von den Dächern. Also von Frieden keine Rede. Und Deutschland war im schlimmsten Zustand, nicht wahr?

Also, man rechnet mich gerne fälschlich zu den Pazifisten. Erstens mag ich das Fremdwort nicht, und außerdem muss ich dazu Folgendes bemerken: Ich bin nicht der Ansicht, dass ein Volk, das von irgendeinem Nachbarn plötzlich angegriffen wird, die Pflicht hätte, sich nicht zu verteidigen. Es gibt ein Recht auf einen Verteidigungskrieg. Insofern ist das nicht Pazifismus, nicht wahr? Sie würden sich auch, wenn ein Gangster mit einem Dolch auf Sie zukommt, nicht hinstellen und sagen, mein Lieber, ich bin ein Pazifist. Sondern Sie würden sich verteidigen.

Sie wissen ja, dass wir uns sozusagen freiwillig melden mussten, damals, das war Ehrensache, hatte man uns eingeredet, das Vaterland sei in Gefahr. In Wirklichkeit war dieses Vaterland für andere eine Gefahr!

Zweiter: Er war übrigens einer der Aktivsten.

Dritter: Ja, Abend für Abend in der Potsdamer Straße, als Vortragskünstler. Oder auch in der Galerie. Er hat sich regelrecht exponiert. Vorgelesen hat er hauptsächlich aus »Zuginsfeld« und auch aus der »Neunrunenfuge«. Somit hat er sich gewissermaßen selbst zum Abschuss freigegeben.

Erster: All diese Künstler sind ja sehr früh geächtet und verfemt worden. Das Bauhaus zum Beispiel wurde geschlossen.

Dritter: Wann?

Erster: Soweit ich weiß, 1932. Ein Jahr später wurde auch sein Mitglied Otto Nebel vertrieben. Aber ich wollte noch ein paar Ausstellungen von ihm erwähnen, die er für wichtig hält. 1921/22 fing es an, beim »Sturm« in Berlin, Deutsche Kunstgemeinschaft im Berliner Schloss sowie Große Berliner Kunstausstellung.

Zweiter: 1921 Einzelausstellung im Folkwang-Museum Hagen.

Erster: »Der große Bär« in Ascona.

Zweiter: 1930 Beteiligung in der Galerie Ferdinand Moeller.

Erster: 1931 Haus der Juryfreien Berlin.

Zweiter: Und jetzt der Sprung: 1935 Beteiligung an der Großen Kunstausstellung in der Kunsthalle Bern, mit sechsundsechzig Werken, darunter große Leinwände.

Erster: 1938/39 Beteiligung an der Ausstellung der Sammlung Guggenheim in Charleston, Baltimore und New York.

Zweiter: 1944 Einzelausstellung Kunsthalle Bern: 200 Gemälde, Blatt-Bilder und Zeichnungen.

Erster: 1946 Einzelausstellung in Zürich und Beteiligung in Indianapolis.

Zweiter: 1947 Einzelausstellung in Bern.

Erster: 1948/49 Einzelausstellung bei der Guggenheim Foundation New York.

Zweiter: 1950 schon wieder eine Einzelausstellung: Galerie Marbach, Bern, Galerie De la Paix, Lausanne, Galerie in St. Gallen.

Erster: Dann, 1951, wieder Guggenheim-Museum New York und Kunstmuseum Bern, und jetzt auch erstmals wieder in Deutschland, nämlich Beteiligungen in den Museen Düsseldorf und Wuppertal-Elberfeld.

Dritter: Also das wundert mich jetzt! Wir hatten doch gerade gesagt, er habe ...

Zweiter: Und dann in rascher Folge in Kopenhagen, Beteiligung an der »Xylon« in Hongkong, Zürich, Ljubljana, und wieder Japan.

Erster: Und 1955 schließlich auch in Paris.

Zweiter: Also bis in das Jahr 1967, wie in etlichen Aufsätzen über ihn ausgewiesen, fast jedes Jahr eine Einzelausstellung.

Erster: Der Katalog, der ihm am wichtigsten ist, stammt jedoch von der großen Ausstellung in der Galerie Nierendorf in Berlin aus dem Jahre 1966. Das war die einzige Einzelausstellung in Deutschland nach dem Krieg. Danach hat er nur noch einmal kurz im Berliner Schloss, genauer: in der Orangerie, mit ausgestellt. Also dieser Mann, der ja immerhin achtzig ist, hat eine Arbeitsintensität, die mich alt aussehen lässt.

Dritter: Na ja, du hast ja noch mehr als fünfzig Jahre Zeit.

Erster: Nach eigener Aussage arbeitet er immer noch fast sechzehn Stunden täglich. Meistens wacht er nachts gegen drei Uhr auf, und dann fängt er halt an zu arbeiten. Das können auch die Tagebücher sein: Er hat fünfundzwanzig druckfertige Bände da stehen, DIN A 5 Format und drei Zentimeter Buchrücken, und außerdem noch einen laufenden Meter unveröffentlichter Schriften.

Dritter: Auch Literatur? Ich meine, Primärliteratur?

Erster: Ja. Jedenfalls hatte ich den Eindruck – bei einigen Texten –, dass er sie gewissermaßen an mir ausprobieren wollte. Er ist ja auch Schauspieler und trägt seine Sachen sehr effektvoll vor.

Dritter: Was macht er denn jetzt? Schreibt er noch?

Erster: Nein. Seit seine Frau im Krankenhaus liegt, hat er mit dem letzten Text, der Sechzehn-Runen-Fuge, völlig aufgehört und malt nur noch.

Zweiter: Wenn du nun sagst, er hat da einen laufenden Meter unveröffentlichter Schriften – aus welcher Zeit stammen die denn dann?

Erster: Ganz verschieden. Die ersten Texte stammen aus der Periode 1920 bis 1924, also aus der Zeit der »Neunrunenfuge«, die letzten sind Mitte der Fünfzigerjahre entstanden. Die Tagebücher sind sämtlich unveröffentlicht.

O. N.: Ja, ich war in großer Bedrängnis. Ich lebte in der Wohnung meiner Eltern, und man sah mir mit einem gewissen Unbehagen zu, weil man die schöpferische Arbeit und ihre Bedeutung nicht verstand und nicht ahnte. Ich hatte den Zuginsfeld geschrieben und veröffentlicht und an »Sturm«-Abenden des öfteren vorgetragen, aber das alles und auch mein Erfolg in der Öffentlichkeit war für meine Angehörigen etwas eigentlich Unbedeutendes. Aus all diesen Lagen kam man eigentlich nur heraus durch eine etwas dumpfe Hoffnung, die sich darin äußerte, dass man alles in der Zukunft erwartete. Und so war es ja dann auch. Sie haben vorhin gesehen, dass ich zehn druckreife Bände von meinen Tagebüchern fertig habe – ohne deshalb in der Gegenwart angekommen zu sein! Wenn man diese Sachen drucken wollte, müsste man zusätzlich einen Band drucken, der diesen Tagebüchern voranginge. Meine Tagebücher beginnen mit dem Jahre 1924, mit meiner Ehe. Bis dahin geht ein anderes Buch. Und deshalb kann ich mich jetzt nicht so präzis darüber äußern. Da sind diese inneren Zustände, die ich zwischen 1920 und 1924 durchmachte, genau beschrieben.

> Unfeig
> Eine Neunrunenfuge, zur Unzeit gegeigt.
> Einer zeigt eine Runenfuge:
> Uei / nfg / trz.
> Neun Runen nur. Nur neun.
> Neun Runen feiern eine freie Fuge nun.
> Gefeit gegen Irre.

Zweiter: Funfzig Irre treten ein,
Treffen nur Irre.

Treten unter Irre.
Treten ein in irre Unzeit!

Dritter: Treten Irrengitter ein.

Erster: Irre gittern Irre ein.

Zweiter: Retter gittern Irre nie in Gitter ein!

Dritter: Retter entgittern.

Zweiter: Erretten irrt nie.

Erster: Retten ringt in Feuerfirnen.

Dritter: Irre zerringen in Eigennetzen!

Zweiter: Retten entgittert Eigengrenzen.

Dritter: Retten erufert Runenufer.

Erster: Irre entufern Unfug.

Zweiter: Retten greift ein zu geeigneter Zeit.

Dritter: Irre zerzerren.

Zweiter: Retten erzeugt nie Unfug, nie.

(*im Chor*): Funfzig Irre treten ein
            Zu einer reifen Runenfuge.

Erster: Damit man das Folgende auch versteht, nicht wahr? Wenn er nämlich nur die funfzig Irren aufzählen würde, müsste man sich fragen, was soll das alles? Zumal der »Unfeig« ja nicht nur aus dem Auftritt der Irren besteht.

Dritter: Woher weißt du das alles?

Erster: Aus dem *Sturm*.

O. N.:   Nun tritt Eugen Neter ein
           Reuiger Eigennutz in Irrungen
           Trutzt unfrei: rettet Euern feinen Eugen!

Zweiter: Man kann hier schon ziemlich genau erkennen, was er ernst meint und was nicht. Eigennutz ist ja ein denkbar negatives Wort. Dieser Eugen Neter befindet sich auch in Irrungen. Das einzig Positive an dem Mann ist, dass er reuig ist. Und er trutzt unfrei, das heißt, weil er unfrei ist, trutzt er. Und schreit schließlich verzweifelt: Rettet euren feinen Eugen! Das ist auch dringend nötig, denn Irre gittern hier Irre ein. Wogegen Retter niemals eingittern: Retter sind also offenbar etwelche utopische Gestalten, die es geben müsste, die es aber nicht gibt. Dann kommen hier Vokabeln wie »zerneinen«, »erufern«, »zertieren«, »zerteigen«, »zertuffen« - eindeutig expressionistisches Vokabular.

Erster: Wer erklärt mir bitteschön dies hier mal: »Zeitig feien gute Retter / innen Tiefennetze gegen Irreneingriff«?

Zweiter: »Zeitig«, also »rechtzeitig«, ja? »Feien«, also, sie wappnen sich, nämlich wer? »Gute Retter«, und zwar in ihrem Innern mit Tiefennetzen gegen den Eingriff von Irren.

Erster: Ja eben, diese Tiefennetze.

Dritter: Das ist der Abschirmmechanismus. Innere Emigration, gewissermaßen.

O. N.:   Tritt Enriette Gutentrutz ein,
        Gefeit gegen Reue.
        Eifert nur gegen Teeterrinen.

        Ter Tegen tritt ein,
        Terenz in Gent,
        Erntet nur Teer.

        Tritt Reni Trettin ein,
        Trine zu Trier,
        Freit nur fette Furiere.

        Inf Uru tritt ein,
        Ferge zu Regier,
        Rennt innig gegen Riffe.

        Tritt Ernie Neuntuter ein,
        Furie zu Fingerfing:
        Feuert nur Enteneier.

        Segu Uru tritt ein,
        Nigger zu Urutiritei:
        Futtert nur Gnu-Euter.

Zweiter: Was sind Teeterrinen? Das sind doch an sich Porzellanschalen? Oder sind das alte Damen beim Teeklatsch oder ...?

Dritter: Das wären dann Tee-Trienen.

Zweiter: Und dann dieser »Ferge zu Regier«: ausgerechnet der rennt innig gegen Riffe!

Erster: Das könnte einem Fährmann durchaus passieren, siehe Loreley.

Zweiter: Etwas ungewöhnlich, finde ich. Geht jedenfalls über das normale Verhalten eines Fährmanns hinaus. Doch trotz dieser scheinbar abwegigen Formulierungen kommen immer wieder kritische Töne auf.

Erster: »Gnu-Euter« fallen aber nicht darunter, oder?

O. N.:   Nun tritt ein Unirrer gegen Regierungen:
        Trifft!
        Funfzig Gegentritte gegen einen Freien treffen nie.
        Einen guten Gegner treffen Regierungen nie.

Erster: Es gibt aber auch schlechte Gegner.

O. N.: Ja, da war ein Gegner, der nicht gut war. Da war ein böser Gegner. Ich glaube, ich brauche nicht seinen Namen zu nennen; jedenfalls bin ich nicht dazu da, diesen Namen noch zu verbreiten.

Zweiter: Wobei ja interessant ist, dass hier die ganze Zeit nicht politisch argumentiert wird, sondern moralisch. Es kommt auf die Ausrichtung des Einzelnen an. Wer keinen Eigennutz hat, innerlich nicht »zerfetzt« oder »vertiert« ist, der ist eben gut.

Dritter: Ja, einer gegen alle: »Einen guten Gegner / treffen Regierungen nie.«

Erster: Ich glaube nicht, dass er hier moralisiert. Eher wird eine metaphysische Skala zwischen Gut und Böse aufgefächert.

Zweiter: Man müsste das Wort »Moral« hier vielleicht ein bisschen aufwerten. Es kann ja nicht damit gemeint sein, dass man keine Tangas oder zu kurze Röcke tragen darf. Man müsste vielmehr von einer Moral des gesellschaftlichen Zusammenlebens ausgehen.

O. N.:   Nur in Regierungen
          Gerinnt Gift zu Irrenfett:
          Regierungen nie zu retten, nein!
          Teute in Tinten entgiften!

Erster: Sie schreiben: »Nur in Regierungen / gerinnt Gift zu Irrenfett / Regierungen nie zu retten.« Heißt das, dass Sie Regierungen, egal in welcher Gesellschaftsordnung, ablehnen? Das wäre anarchistisches Gedankengut. Oder heißt es, in einem anzustrebenden gesellschaftlichen Endzustand sind Staat und Regierungen nicht mehr notwendig?

O. N.: Ich konnte mit Hilfe der neun Runen nicht das Wort »Staat« bilden. Deswegen musste ich etwas Entsprechendes finden und habe das Wort »Regierungen« benutzt. Da ich alles andere bin als ein Ordnungsfeind – denn die Kunst der Fuge ist Ordnung – und da ich es ablehne, dass man mit Gewalt Dinge ändert, so ist Folgendes darunter zu verstehen: Ein guter Staat ist notwendig. Eine schlechte Regierung ist das Gegenteil davon.

Erster: »Regierungen nie zu retten« – damit komme ich nicht klar. Auf der einen Seite sagt er, es gibt gute und schlechte Staaten. Warum sind sie also nicht mehr zu retten? Es gibt doch Regierungen, die nicht mehr gerettet zu werden brauchen. Für mich ist das reiner Anarchismus. Passt aber nicht zur Form der Fuge. Sagt er ja selbst.

O. N.:   Nun einen neuen Irren
          In einer reinen Fuge fuer Unirre zeigen:
          Einen Finnen,
          Einen feinen Unteut,
          Nit Tinen in Tunren.
          Turnte Ringe, einzig
          Einzig turnte er einzig Ringe
          Nie Ringer, Ringe-Turner nur.
          [...]

> In Regierungen gerinnt Irrenteer
> Unter Furzfeuern zu Zeitungen-Teer.
> Zeitungen-Teer erzeugt Tintengier.
> Tintengier nur neuen Zeitungenteer.

Meine Beziehung zur Presse ist eigentlich sehr früh bestimmt worden durch die *Fackel* von Karl Kraus, der sein ganzes Leben lang gegen die Presse gekämpft hat und ein großer Mann war, der den Krieg voraussah. Und behauptete – die Tatsachen haben ihm Recht gegeben –, dass die Zeitungen den Krieg sozusagen angeheizt haben. Ich bin nicht ganz dieser Auffassung, und es gibt da auch Unterschiede. Die Zeitung in einem freien Staat ist notwendig, um Einfluss auszuüben auf die Regierung. Eine gewisse Angst der Regierenden vor der Meinung der Presse ist außerordentlich erzieherisch.

Erster: Inzwischen haben wir Weimar und den Faschismus und zwanzig Jahre Bundesrepublik Deutschland hinter uns. Ist heute, 1973, die geeignete Zeit, den »Unfeig« zu geigen?

O. N.: Tja, also ich bin heute der Auffassung, dass nach dem, was wir erlebt haben – jedenfalls wir, die wir um 1890 oder etwas später geboren sind –, dass für uns jetzt die Zeit besser ist. Denn es ist eine Jugend da, die diese Dinge wissen möchte. Es ist besser jetzt.

> Zur Zeit
> Ringt nur Interiufu zu Nimuze
> In Erinnerungen:
> Interiufu ... eine feine Irre,
> Eine Tee-Irre.
> Eine Urnen-Irre unter Irren
> [...]
> Inti geigt einen Reigen fein.
> Ein Teut eifert gereizter
> Gegen innigere Geigerinnen.
>
> Interiufu geigt inniger.
> Ein Teut zetert gegen Innenreife in Ninguzen.
>
> Ein Untier tritt gegen eine teure Feierurne.
> Inti geigt, geigt, geigt.
>
> Ein Teut zertritt eine Inti-Geige,
> Ein Untier zerfetzt einen Feen-Gurt.
> Nun greint in Erinnerungen
> Eine irre Geigenfee
> Zu Ninguzen.

Ich habe den Verdacht, dass in Europa die gesamte Irren-Behandlung noch sehr – wenn man so sagen darf – in den Kinderschuhen steckt. Dieses Schlagen mit Stromwellen und so weiter ... Gesetzt, ich würde in eine furchtbare Lage kommen und in die Hände von solchen Leuten geraten: Ich wäre verloren. Ich glaube nicht, dass es so geht. Es hat bei den Indianern Mittel gegeben, die Irren zu heilen. Und zwar mit Farben. Ich kenne die Forschungen von Gertrud Gruner, der Frau, die am Bauhaus die Leute erst mal zu Menschen gemacht hat, ehe sie auf die Kunst losgelassen wurden. Da sind die Grundlagen für das, was ich hier nur andeute, alle vorhanden, und zwar bis ins Letzte gewusst und gekonnt.

> Grunzteute in Tigerfett entgiften,
> Fette Reizer enteignen.
> Ein Trienter tritt ein:
> Fernini Tintoretti.
> Teute nennen Trienter Trientiner.
> Trienter nennen Teute Tuttinutti.
> Freie nennen Teue nie!
> Teuteroitoi,
> Teitei!
> [...]
> Ein Irrer!
> Zeitungen retten nie
> Einen irren Tinten-Geier.

Erster: In der Hansestadt Hamburg haben wir einen beherrschenden Zeitungsherausgeber. Dieser Mann hat achtzig bis neunzig Prozent der gesamten Presse Hamburgs unter seinem Pantoffel. Was sagen Sie zu so einem Monopol?

O. N.: Das halte ich auch für eine Form von Gewaltherrschaft, über die ich mich schon ablehnend genug geäußert habe. Mag er es tun! Wenn er die Gewaltherrschaft mit Hilfe der Presse ausübt, so ist er genau als einer von denen zu verstehen, die in der Fuge als »Tinter« von mir abgelehnt werden.

> Nun Inge Gutzeit zu Tinfort:
> Eine unreine Gnitze,
> Eine fertige Niete,
> Ein Reff unter Irren!
> Erregt Gegen-Eifer,
> Nennt Nerz Erz,
> Erz Terz,
> Ernte Grete.
> [...]
> Grete Niger,
> Niger fett, Fett frigid!
> Entfettet Finger in Nierentee,
> Zergeunert in Tenten.
> Nennt Inge Gutzeit gute Gezeiten-Rinne:
> Zur Zeit eine fette Irre,
> Nur unter eifernden Geiern zu retten!

Zweiter: Der Unterschied zur Lyrik konkret oder konkreten Poesie scheint mir doch zu sein, dass er Sinnzusammenhänge nicht sprengt.

Erster: So? Also dann, was ist das hier: »Ein Frierer in Eigengrenzen« oder »Einfrierer in Eigengrenzen«?

Dritter: Oder hier: »Feine Netze treffen reine Ringe«?

Zweiter: Na gut, das verselbständigt sich vielleicht manchmal. Ich meine aber den Zusammenhang:

> Der tote Grunzer
> zu Urten-Reifen in Unzig:
> Nie zu retten!
> Zertufft innen, nur Untier –
> In unteren Tiefen zu irr.
> Ein Zentner unguter Gier nur,
> Eine unreine Gruft nur.
>
> Ein Greifen in teigige Futter
> Regnete nur Runen runter.
>
> Ferntreffer, regt eure Gere!
> Feine Netze treffen reine Ringe.

Erster: Bemerkenswert, zumindest aus heutiger Sicht, ist doch auch diese Stelle:

> Gutizeff Nurugin zu Rusg:
> Gutizeff ging unter Nenin
> Zur Eiferer-Zunft.
> Unter Truzki ging er
> Zu Gegen-Eiferern.
> Unter Gegnern
> Ging er zur Eigen-Zunft.
> Zunft Nurugin
> Ging unter Eignereien ein!
> Gutizeff ging zur
> Neuerer-Innung. In Innungen
> Treten Zerneiner.
>
> Nurugin ging. Ging zur Zeitung.
> Zeterte gegen Neuerungen:
> Truski gegen Nenin, Nenin gegen Truski!
> Eiferer gegen Gegen-Eiferer.
> Zeterte gegen Zunft, gegen Innungen, ging.
>
> Ging zur Gegen-Zeitung.
> Zerging unter Zerrereien
> Zu Irrenteig.
> Nun rette ein Eiferer

Einen irren Gutizeff!

O. N.: Ich glaube, dass unter denen, die dort in »Unfeig« Freie genannt werden, jene zu verstehen sind, die den Unterschied zwischen einer abgebrauchten Sprache und einer durch die Kunst der Fuge erneuerten Wortkunst fähig sind zu hören:

> Rettet ein Firner in Runen
> Eine Erinnerung nur?
> Nein! Er ertrug ein Tiefen-Erzittern
> Entfernter Erregter
> In einer Reiniger-Fuge
> Erneuerter Runen.

Dritter: Das ist sozusagen der ästhetische Schlüssel zum Ganzen: eben explizit nicht der Elfenbeinturm! Eine Selbstaussage, wie sie deutlicher von ihm nicht in den Text eingebaut werden konnte. Wie aber ist sein Verhältnis zum politischen Umfeld?

Erster: Herr Nebel, welche Regierungen sind schlecht?

O. N.: Eine Regierung ist dann schlecht, wenn sie nicht vom Volk geprüft werden kann, das heißt, wenn sie nicht absetzbar ist, sobald sie sich auf Irrwegen bewegt.

Erster: Was würden Sie dagegen tun?

O. N.: Ich würde mich immer auf die Seite derer schlagen, die ohne Gewalt Änderungen wollen.

> giu / fen / rtz:
> Neun Runen nur, nur neun.

Stefanie Golisch

Ernst Wiechert – Ein pessimistischer Humanist

Seine Wunden vernarbten, aber was hier gewesen war, vernarbte nicht. Es würde keine Haut darüber wachsen, der Zeit oder der Vergesslichkeit oder der wachsenden Gleichgültigkeit. Sie würden immer offen bleiben, und jede Falte des Tages oder der Nacht würde sie scheuern und schmerzen. Denn was hier geschehen war, war nicht zwischen Männern geschehen wie im Kriege. Es war nicht einmal zwischen Herren und Knechten geschehen, sondern eben zwischen Henkern und Opfern.

Ernst Wiechert, *Der Totenwald*

Es befremdet jedes Mal wieder, plötzlich auf einen Namen zu stoßen, dessen Spuren die Zeitläufte fast vollkommen verwischt haben. Dabei sind häufig gerade die Stimmen derer, die scheinbar schief zu unserer jeweiligen Gegenwart stehen, diejenigen, welche die eigene Epoche auf ganz besondere Weise zu erhellen vermögen.

Zu jenen unverwechselbaren, kaum noch gehörten Stimmen zählt auch die des Schriftstellers Ernst Wiechert (1887-1950), der heute nur noch den wenigsten Menschen ein Begriff sein dürfte. Dabei war Wiechert seinerzeit ein sehr bekannter, in breiten Kreisen der Bevölkerung angesehener und einflussreicher Autor, dessen Bücher und Schriften noch bis in die Sechzigerjahre des vorigen Jahrhunderts eine feste Größe in zumal konservativen Kreisen des literarischen Lebens darstellten.

Ich erinnere mich, dass mein Vater mir als jungem Mädchen wiederholt eines seiner Lieblingsbücher ans Herz gelegt hatte, Wiecherts *Das einfache Leben*. Allerdings bin ich seinem Rat damals nicht gefolgt, gehörte doch sein Lektürekanon eindeutig jener vergangenen Welt an, von der ich mich, nicht nur literarisch gesehen, aufs Schärfste abgrenzen musste.

Ernst Wiechert

Als ich zu Beginn dieses Jahres im Zuge meiner italienischen Übersetzung der Studie von Terrence Des Pres *The Survivor. An Anatomy of the Death Camp* (dt. u. d. T.: *Der Überlebende. Die Anatomie der Todeslager*) auf Ernst Wiechert stieß, war ich denn auch einigermaßen überrascht. Der Name dieses Schriftstellers war mir eigentlich nie wieder begegnet, weder während des Studiums noch in den Feuilletons der großen Tageszeitungen oder in literaturwissenschaftlichen Werken. Neugierig geworden bestellte ich mir eine antiquarische Ausgabe seines *Totenwaldes*, jenes Buches also, das im Kontext meiner damaligen Recherchen von Belang war.

Dabei stieß ich auf das Schicksal eines Menschen und Schriftstellers, das viele Fragen aufwirft, die nicht nur seine Person, sondern in besonderer Weise auch unsere eigene jüngere Vergangenheit und Gegenwart mit all ihren fatalen ideologischen Verblendungen betreffen. Fremd und vollkommen unzeitgemäß steht Wiechert als pessimistischer Humanist und zutiefst religiöser Mensch in unseren Räumen, für die er kaum zu retten sein dürfte. Gerade aber weil dieser Gast also durchaus zum falschen Zeitpunkt und im falschen Aufzug den Raum betritt, möchte ich an ihn und seinen Bericht aus Buchenwald erinnern, wo er im Jahre 1938 zwei Monate lang aus politischen Gründen interniert war.

Der *Totenwald* ist, im Gegensatz zu anderen Werken Wiecherts, im deutschsprachigen Buchhandel problemlos erhältlich. Erst im Jahre 2008 erschien in der Bibliothek Suhrkamp eine Neuauflage, die allerdings in der *Frankfurter Allgemeinen Zeitung* vom 1. Juli 2008 von Andreas Dorschel umgehend mit dem Verdikt »das dumme Buch eines guten Menschen« liquidiert wurde. Meine eigene Ausgabe stammt aus jenem Jahr, in dem das andere Deutschland unterging (Reclam, 1989). Hier bemüht sich Günter Wirth in seinem einfühlsamen Nachwort aus dem Jahre 1988, einem wahren Drahtseilakt, um die ideologisch gerade noch vertretbare Ehrenrettung des bürgerlichen Schriftstellers Ernst Wiechert, der offenbar hier wie dort, heute wie gestern, zu polarisieren scheint – und das, obwohl er selbst lebenslang um ein möglichst homogenes, widerspruchsfreies Weltbild gerungen hatte: um eine Vision des Menschen, der am Prüfstein seiner Menschlichkeit nicht verzagt oder gar scheitert, sondern an seinen Herausforderungen kontinuierlich wächst.

Die Absurdität des menschlichen Daseins, wie sie Camus etwa in seiner Adaption des Mythos von Sisyphos ins Auge fasst, wäre für Wiechert unannehmbar gewesen. Gegen alle Anfechtungen seiner Zeit hielt er bis zum Schluss an der Überzeugung fest, dass der Mensch eines Leitbildes bedürfe, auch wenn ihm die Ideale klassischer Prägung an der eigenen Erfahrung zerschellt waren.

Charakteristisch sind in diesem Zusammenhang die eindringlichen Worte, die er, damals noch Studienrat am Königsberger Hufengymnasium, in seiner Abschiedsrede an die Abiturienten des Jahrgangs 1929 fand:

> »Ihr könnt der Menschen Knechte, aber ihr könnt auch der Knechte Menschen werden. Ihr wißt, daß es keine goldene Straße ist. [...] Meine Freunde, es ist nicht nötig, daß es mehr Geld auf der Welt gibt, mehr D-Züge, mehr Parteien, Vereine, Sektionen und Weltanschauungen. Aber es ist nötig, daß es weniger Tränen auf der Welt gibt, weniger Unrecht, etwas weniger Gewalt, etwas weniger Qualen. Wer in diesem Jahrhundert auf die Erde tritt, hat nicht mehr dafür zu sorgen, daß die Gemeinschaft der Satten und Zufriedenen sich vermehre, sondern daß die Gemeinschaft der Erniedrigten und Beleidigten

sich vermindere. [...] Sprecht nicht von der Überfüllung der Berufe, vom Jahrhundert der Arbeitslosen. Seht unsere Schulen an, unsere Universitäten, unsere Kirchen, unsere Gerichte, unsere Zuchthäuser, unsere Fabriken. Seht unsere Liebe an, unseren Haß, unser Ideal, unser Mitleid. [...] Arbeitslos? Leute sind arbeitslos, niemals der Mensch.«

Der junge Wiechert glaubte an den Menschen und dessen Erziehbarkeit, und er glaubte an die Kraft des Wortes. Er war, wenngleich von Natur aus eher scheu, dennoch kein Schriftsteller des stillen Kämmerleins, sondern, zumal in den Jahren vor 1933 und nach 1945, ein gefragter Redner, dessen persönliche Integrität seine Ausführungen gleichsam beglaubigte. Insbesondere zwei seiner öffentlichen Reden der Dreißigerjahre, *Der Dichter und die Jugend* (1933) und *Der Dichter und seine Zeit* (1935), die er beide im Auditorium Maximum der Ludwig-Maximilians-Universität in München hielt, sollten weite Kreise ziehen.

In für heutige Begriffe durchaus verschlüsselter Form setzt Wiechert sich hier mit der Stellung des Bürgers im nationalsozialistischen Staat auseinander. Entgegen der staatlich verordneten Instrumentalisierung des Individuums im Sinne der herrschenden Ideologie verteidigt er das Recht auf Gedanken- und Gewissensfreiheit und ruft seine Zuhörer auf, sich dem blinden Mitläufertum zu verweigern und ihre geistige Autonomie auch auf die Gefahr hin zu verteidigen, fortan ein Leben am Rande der Gesellschaft fristen zu müssen.

Wiechert ist kein Rebell. Entsprechend seiner humanistischen Grundhaltung fordert er nicht zu aktivem Widerstand auf, sondern setzt ganz und gar auf eine Haltung, die man später – häufig in abwertender Manier – als »innere Emigration« abqualifizieren sollte.

Gemäß der von ihm selbst gewählten und praktizierten Lebensform, die in allen seinen Büchern eine tragende Rolle spielt, vertraut Wiechert auf die Beispielhaftigkeit des Einzelnen, der unbeirrt versucht, das richtige Leben im falschen zu führen. Nicht zuletzt diese individualistische Position ist es wohl, die ihn im literarischen Leben späterer Jahrzehnte zu einem nicht mehr zeitgemäßen, ja geradezu reaktionären Autor *par excellence* gestempelt hat.

Doch ich will nicht vorgreifen, denn zum damaligen Zeitpunkt, Mitte der Dreißigerjahre also, verfehlten seine Reden ihre Wirkung keineswegs, ja sie zirkulierten, wie Zeitzeugen berichten, in zahlreichen Abschriften unter der Hand. Sogar die einflussreiche, in Moskau erscheinende Exilzeitschrift *Das Wort*, zu deren Herausgebern so namhafte Autoren wie Bertolt Brecht und Lion Feuchtwanger zählten, druckte die zweite Münchner Rede im Jahre 1937, was deshalb bemerkenswert ist, weil zwischen dem kommunistischen und bürgerlichen Lager ansonsten eisiges Schweigen beziehungsweise kaum verhohlene Geringschätzung an der Tagesordnung war.

Im Gegensatz zu manchem seiner Zeitgenossen, dessen Widerstand gegen die nationalsozialistischen Machthaber sich erst langsam herauskristallisierte, zählt Wiechert eindeutig zu den regimekritischen Geistern der allerersten Stunde. Keine anfängliche Begeisterung, kein Moment des Abwartens oder Abwägens trübt die Integrität seiner Biographie. Für einen nicht nur hochgebildeten und belesenen, sondern auch überaus sensiblen und intuitiven Menschen wie ihn barg die Person Adolf Hitlers weder ein Rätsel, noch enthielt sie ein in irgendeine Richtung entwicklungsfähiges Potential. Bereits Wiecherts Rede vom 6. Juli 1933 lässt keinen Zweifel an seiner besorgten Einschätzung der politischen Lage in Deutschland.

Den Ausschlag für seine offene Positionierung gegen das Regime gab schließlich die Verhaftung des Dahlemer Pfarrers Martin Niemöller, eines führenden Mitglieds der Bekennenden Kirche und einer Symbolfigur des protestantischen Widerstands. Niemöller war im März 1938 als »persönlicher Gefangener des Führers« ins Konzentrationslager Sachsenhausen eingeliefert worden. Daraufhin schrieb Wiechert einen Brief an die regionale Parteibehörde, nach dem er sich künftig an öffentlichen Sammlungen nicht mehr beteiligen, sondern vielmehr alles, was er zu Wohltätigkeitszwecken erübrigen könne, der Familie Niemöller zuwenden werde. Dieser Brief führte im Mai 1938 zu seiner Verhaftung und anschließenden Verschleppung nach Buchenwald, wo er zwei Monate verbrachte und schließlich unter der Auflage wieder entlassen wurde, fortan zu schweigen, anderfalls drohe ihm die physische Vernichtung.

Doch Wiechert schwieg nicht.

Bereits im folgenden Jahr begab er sich an die Niederschrift des *Totenwaldes*; das Manuskript vergrub er unter den Johannisbeersträuchern in seinem Garten, wo es den Krieg überdauerte. Als einer der ersten Erfahrungsberichte aus einem deutschen Konzentrationslager zog das Buch bei seiner Veröffentlichung 1945 große Aufmerksamkeit auf sich, die jedoch im Laufe der Jahre rasch nachließ.

Wenn man heute an literarische Augenzeugenberichte aus dem Konzentrationslager denkt, kommen einem spontan eher Namen wie Jorge Semprún, Imre Kertész oder Primo Levi in den Sinn, die jeder auf seine Art unsere Vorstellung von der Wirklichkeit jener Orte des Schreckens nachhaltig geprägt haben.

Was also, so wäre zu fragen, macht die Besonderheit von Wiecherts Bericht aus? Weshalb sollten wir aus der schier unüberschaubaren Flut der Literatur zu diesem Thema heute noch ausgerechnet seinen *Totenwald* herausgreifen?

Um diese Frage zu beantworten, möchte ich ein wenig ausholen und auf jene Studie des amerikanischen Literaturwissenschaftlers Terrence Des Pres (1939-1987) zu sprechen kommen, die ich in den vergangenen Monaten ins Italienische übertragen habe und die mich eigentlich erst zu Wiechert geführt hat. Es handelt sich dabei um ein Buch, das bereits im Jahre 1976 in den USA erschien und erst vor Kurzem ins Deutsche – und nun eben auch ins Italienische – übersetzt wurde. Ziel dieser vergleichenden Studie, die sowohl die deutschen Konzentrationslager als auch die sowjetischen Gulags umfasst, ist die Herausarbeitung der anthropologischen Kategorie des Überlebenden – und zwar nicht desjenigen, der bereits überlebt hat, sondern desjenigen, der dabei ist, in sich all jene Strategien zu entfalten, die sein Überleben in einer extremen Situation überhaupt erst ermöglichen. Ausdrücklich wendet sich der Autor dabei gegen den abendländischen Heldenmythos, der in der Todesbereitschaft eines Menschen die definitive Beglaubigung seiner Positionen erkennt, eine weitreichende Vorstellung, die bis heute die nicht nur literarische Phantasie unseres gesamten Kulturkreises beflügelt hat und die wir bereits in den Selbstreflexionen des Marc Aurel finden, in denen er die Größe und Überlegenheit eines Menschen eben an seiner Todesverachtung bemisst.

An diesem tief verwurzelten Mythos entzündet sich Des Pres' Kritik.

Im Gegensatz zu denjenigen Schriftstellern und Wissenschaftlern – allen voran Bruno Bettelheim –, die die Wirklichkeit der Konzentrationslager dahingehend beschrieben und analysiert haben, dass der Häftling im Prinzip nur zwei Wahlmöglichkeiten gehabt habe: entweder seine Opferrolle anzunehmen oder aber offenen Widerstand zu leisten und damit in den (fast) sicheren Tod zu gehen, konzentriert er sein Augenmerk auf die Figur des *survivor*, also desjenigen, der seine gesamte Kraft in den Dienst seines physischen Überlebens stellt. Bei dieser weitaus bescheideneren Variante eines modernen Helden nun kommt ein Merkmal zum Tragen, das auch in Wiecherts *Totenwald* eine zentrale Rolle spielt: die menschliche Solidarität. Die unabweisliche Tatsache – sowohl Des Pres als auch Wiechert warten in diesem Zusammenhang mit zahlreichen Beispielen auf, deren Glaubwürdigkeit außer Frage steht –, dass der Mensch selbst in einer Situation, die vollkommen außerhalb von Recht und Ordnung steht, und in der es folglich für sein Leben keinerlei Garantie mehr gibt, dennoch fähig und bereit ist, seinen natürlichen Egoismus zu überwinden und für seinen Nächsten einzustehen, gelten sowohl Des Pres als auch Wiechert als Beweis dafür, dass die tradierten humanistischen Ideale eben keine leeren Versprechungen sind, sondern in extremen Lebenslagen durchaus ihre Gültigkeit unter Beweis stellen können. Weit entfernt von jedweder Naivität dokumentieren beide Autoren zugleich eine Vielzahl von kontrastierenden Verhaltensmustern, die kaum auf einen Nenner zu bringen sind.

In dem Moment, in dem soziale Ordnungssysteme zusammenbrechen, ist alles möglich.

Freilich verbirgt sich in diesem Satz nicht nur jene Urangst, die hinter jedem menschlichen Antlitz zugleich die Bestie gewahrt, sondern gleichermaßen die begründete Hoffnung darauf, dass es dem Menschen noch in den ausweglosesten Situationen gelingen *kann*, sich auf seine Menschlichkeit zu besinnen.

So ist denn auch Wiecherts *Totenwald* voller eindrucksvoller Beispiele für das solidarische Verhalten der Häftlinge untereinander, welches ihm das Überleben erst ermöglicht hat. Schenkt man seinem Bericht Glauben, so waren es insbesondere einfache Menschen, die sich für ihn einsetzten, ihm die schwersten Arbeiten ersparten und ihm seine Lage durch ihr spontanes Mitgefühl erleichterten.

An ein zurückgezogenes Leben gewöhnt, tut er sich zunächst überaus schwer, die permanente, insbesondere körperliche Präsenz anderer Menschen zu ertragen, doch versucht er, seine Idiosynkrasie zu rationalisieren und in gewisser Weise zu überwinden, indem er sich selbst schlicht als Mensch unter Menschen erkennt und seine prekäre Lage als persönliche Herausforderung bewusst annimmt:

»Seine Gedanken gingen nicht in die Zukunft. Das Zukünftige würde sich erweisen, und er hoffte nur, daß er sich bewähren würde. Haltung war das einzige, was der Gewalt entgegengesetzt werden konnte, stärker als sie, weil sie nicht der Ketten und Riegel bedurfte. Auch hatte er nun zu erweisen, dass das Menschliche in ihm dem gleichkam, was er in seinen Büchern gelehrt hatte. Schmählich war das Dichteramt mißbraucht worden in diesen Zeiten, und von mancher Schulter hatte er den Mantel gleiten sehen, sobald der Sturm sich aufgehoben hatte. Es war ihm, als seien die Augen aller seiner Leser auf ihn gerichtet, und er nickte ihnen beruhigend zu. Für ihn sollte der Hahn nicht krähen.«

Zu den sicherlich verstörendsten Kapiteln der deutschen Vergangenheitsbewältigung gehört eindeutig das Versagen der kulturellen Eliten, zumal jener Germanisten und Literaten, die sich, wie mittlerweile hinlänglich dokumentiert, hatten gleichschalten lassen, größtenteils bereitwillig. Diese beschämende Tatsache hat nun allerdings dazu geführt, dass man weniger den Einzelnen zur Verantwortung gezogen als vielmehr das kulturelle Erbe, den Humanismus klassischer Prägung allgemein, auf den Prüfstand gehoben hat, wo man ihm sogleich ein Versagen auf ganzer Linie bescheinigte. Dass die Nazis ihre Klientel eben nicht nur aus den Unterschichten rekrutierten, sondern dass ihre Führungsriegen zumeist dem gebildeten Bürgertum entstammten, gibt in der Tat Fragen auf, die kaum zu beantworten sind. So war der weitaus größte Teil jener hochrangigen Funktionäre, die im Januar 1942 in der wunderschön gelegenen Villa Marlier am Westufer des Wannsees kaltblütig die »Endlösung der Judenfrage« beschlossen hatten, promovierte Akademiker, fast durchweg humanistisch gebildete Menschen, die, ohne mit der Wimper zu zucken, über die Menschheit Unmenschlichkeit verhängten und dabei selbstverständlich auf unzählige willige Vollzugsgehilfen rechnen konnten.

Dieser verstörende Widerspruch, dieser klaffende Riss im Gewebe der deutschen Geistesgeschichte, ist durch keine Theorie zu befrieden. Und auch ein Buch wie Wiecherts *Totenwald*, das den inneren Kampf eines Humanisten gegen die ihn umgebende Unmenschlichkeit dokumentiert, kann ihn nicht mildern.

Und dennoch.

Mündet die Aufklärung tatsächlich automatisch in die Barbarei, oder sind auch andere Auswege denkbar? Bei allem Respekt vor der »Dialektik der Aufklärung« möchte ich mich der Idee der Zwangsläufigkeit, wie Adorno und Horkheimer sie vertreten, nicht anschließen.

Gerade jenes schmale, vergessene Buch Ernst Wiecherts macht mir deutlich, dass die Paradigmen eines christlichen Humanismus keineswegs ausgedient haben, sondern im Gegenteil der reflektierten Wiederbelebung bedürfen. Was Wiechert von vielen anderen seiner Zeitgenossen unterscheidet, ist, dass er das kulturelle Erbe der abendländischen Zivilisation eben nicht als äußerliches Bildungsgut von sich selbst abspaltet, sondern als moralischen Imperativ direkt auf sein eigenes Handeln bezieht. Ebenso unbestechlich wie seine Mitgefangenen, beobachtet er auch sich selbst und beschließt: *Für ihn sollte der Hahn nicht krähen.*

Abgesehen von einer gewissen Tendenz zur Selbststilisierung, der Wiechert nicht immer zu entgehen vermag, ist es eben seine ehrliche Bereitschaft, jene Werte, für die er in seinen Büchern eingestanden ist, an seiner eigenen Person gleichsam zu überprüfen, die seinem Buch eine besondere Qualität verleiht. Denn dies ist zweifellos der alles entscheidende Schritt, den die meisten, aus welchen Gründen auch immer – menschliche Schwäche, Feigheit, Denkfaulheit –, eben nicht vollzogen.

Als nur proklamierte, abstrakte Wertvorstellung mag der Humanismus ausgedient haben, als individueller Appell an jeden einzelnen Menschen, die Maxime seines Handelns von Fall zu Fall neu zu überprüfen, ganz gewiss nicht. In einem gesellschaftlichen System, welches das Individuum nur mehr als Funktion im Räderwerk der Produktivität und des unendlichen, alle Ressourcen unseres Planeten vernichtenden wirtschaftlichen Wachstums betrachtet, erfährt der Aufruf zur ästhetischen und ethischen Erziehung des Menschengeschlechts eine unerwartete Aktualisierung.

Auch der globalisierte Mensch ist auf seinen Nächsten unmittelbar angewiesen, hängt doch von dessen persönlichem Grad der Selbstreflexion und dem daraus resultierenden Handeln das eigene Geschick ab. Es ist die durchaus kühle und keineswegs naive Einsicht in eine Überlebensnotwendigkeit, welche das moralische, nicht moralisierende Rückgrat von Wiecherts *Totenwald* ausmacht. Indem er, ohne die eigene Traumatisierung durch das Erlebte und den daraus resultierenden Pessimismus zu verleugnen, die unbeirrbare Suche nach einem Leben in Würde vorführt und damit einem Anspruch zu seinem Recht verhilft, der vor dem Hintergrund der universellen Käuflichkeit des Menschen weniger denn je als obsolet zu klassifizieren ist, wird sein Buch zu einem über den eigentlichen Anlass hinausgehenden Stolperstein in einem Wald vermeintlich bequemer Gewissheiten.

Stéphane Hessel

Franz Hessel – Ein Lächeln, tiefer als jeder Schrei

Im Jahre 1929, als sich mein Vater als feinsichtiger Beobachter und munterer Beschreibender Berlins erwies, war ich, sein Sohn, ein zwölfjähriger Pariser Junge, für den der Vater ein entferntes, aber bewundertes Vorbild war.

In einem fünfseitigen Text, den ein deutscher Verleger erst vor wenigen Jahren in einem Literaturarchiv entdeckt hat, empfiehlt mein Vater seinen beiden Söhnen die Lektüre von Auszügen seines Werks. Wir könnten vielleicht, so seine Hoffnung, davon profitieren. Diese Mischung aus Bescheidenheit, Zärtlichkeit und Verantwortungsgefühl, die aus seinen Worten spricht, beeindruckt mich noch heute. Es ist, als erreiche mich ein Signal aus weiter Ferne und rufe in mir weniger ein Erbe als vielmehr eine Verpflichtung wach, die ich lange nicht eingelöst habe. Bei einem so ungewöhnlichen Paar, wie es meine Eltern waren, stand ich so sehr unter dem Einfluss der Persönlichkeit meiner Mutter, dass ich die meines Vaters verdrängt hatte.

1927 war Franz Hessel nach Berlin zurückgekehrt, während Helen, unsere Mutter, mit meinem Bruder Ulrich und mir in Paris geblieben und in die Rue Ernest-Cresson im XIV. Arrondissement gezogen war. Unser Vater pendelte oft zwischen den beiden doch so unterschied-

Franz Hessel

lichen Städten, deren Gemeinsamkeiten er ebenso beschrieb wie ihre Gegensätze. Mein Bruder und ich haben damals etwas gehabt, was es heute nicht mehr gibt: eine Erzieherin. Für diese galt es, uns Franz Hessel nicht nur als einen Dichter, Schriftsteller und hervorragenden Übersetzer, sondern auch als einen Weisen darzustellen, der über Götter und Liebe mehr wusste als die meisten.

Franz Hessel war nahezu kahlköpfig, von kleiner Statur, doch sein Gesicht und seine Gesten wirkten sanft. Er war in meinen Augen ein etwas zerstreuter Denker, der für sich lebte und sich nur wenig mit uns befasste. Nicht eben redselig, achtete er jedoch sehr auf seine Ausdrucksweise und fand spielerisches Vergnügen in der kunstvollen Anordnung von Wörtern. Noch heute sehe ich sein Arbeitszimmer am Ende des Flures, in dem es immer stark nach Tabak roch. Bisweilen kam er heraus, um eine Passage aus der *Odyssee* vorzulesen, die er eben übersetzt hatte. Weit mehr als *Grimms Märchen* oder die Bücher von Wilhelm Busch waren die griechische Mythologie und Homers Heldenepen meine geistige Nahrung. Mein Vater hat in mir die Liebe für den Polytheismus geweckt, der das Göttliche nicht auf das einzigartige und Furcht einflößende Wesen des Ewigen Vaters reduziert, sondern uns der erschütternden Willkür von Athene und Aphrodite, Apollon und Hermes ausliefert. Siebzig Jahre nach seinem Tode ist er somit für mich zu einer Initiationsfigur geworden.

Allmählich nur habe ich also sein Werk kennengelernt. Zuerst *Pariser Romanze*, ein Loblied auf meine junge Mutter. Dann aber *Spazieren in Berlin*, für mich ein Übergang zwischen Louis Aragons bahnbrechenden *Le Paysan de Paris* und dem unvollendeten *Passagenwerk* seines Freundes Walter Benjamin. Franz Hessels Werk wurde allmählich lebendig für mich und wirft nun, im Einklang mit Bertolt Brecht und Walter Benjamin, ein prophetisches und melancholisches Licht auf das erste Drittel des vergangenen Jahrhunderts.

So erhielt es für mich allmählich eine Botschaft aus dem noch nicht von Nazi-Gräueln entwürdigten und zerstörten, hin zu dem endlich vereinigten und zeitgemäß geschönten Berlin des jungen einundzwanzigsten Jahrhunderts. Unter den verschiedenen Göttern seines geliebten Homer war Hermes für Franz Hessel - und nun auch für mich - der Erleuchtendste, der Humorvollste. Diesen herben und doch wackeren Humor finden wir in jeder seiner Zeilen. Dies hat auch sein bester Kenner, Bernd Witte, wohl erkannt.

Heute bin ich viele Jahre älter, als mein Vater gelebt hat. Mehr denn je scheint es mir nun notwendig, seine Botschaft weiterzutragen. Jahr um Jahr kommt sie mir näher. Ohne sie, so erscheint es mir heute, können wir die bedrohliche, gefährliche, zerbrechliche Gesellschaft unserer Zeit nicht bewältigen. Aus der Erschütterung, die er nicht überlebte, trifft sein Lächeln mich tiefer als jeder Schrei.

Zoë Jenny

Ernst Bloch – Über die Hoffnung

Manchmal kommt ein Buch zur richtigen Zeit. *Das Prinzip Hoffnung* von Ernst Bloch las ich neunzehnjährig in einem Sommer in Basel. Ein Sommer, den ich vor allem damit zubrachte, Tagträumen nachzuhängen. In Gedanken konzipierte ich meinen ersten Roman, träumte von dem, was ich alles schreiben wollte, und malte mir meine Zukunft aus.

Ernst Bloch

Die Jugend ist ahnend, gleichzeitig voller Zweifel und Hoffnung. Instinktiv wählte ich den Lesestoff, den ich zu diesem Zeitpunkt zu meiner Entwicklung benötigte. Es sind oft die frühen Leseerfahrungen, die nachhaltige Spuren hinterlassen. Der Titel *Das Prinzip Hoffnung* hatte mich verführt, und die Sätze trafen den Nerv meines damaligen Lebensgefühls. Jedenfalls ging es mir so mit Blochs Werk, welches so treffend meinen damaligen Zustand beschrieb. Die Sätze hallten nach. Besonders angetan war ich von seinem Begriff der Utopie, der aus seiner Feder nicht abgegriffen oder anbiedernd wirkte, sondern glaubwürdig und vor allem: möglich. Die Jugend war Ernst Bloch nicht fremd. Seine Philosophie richtet sich an das, was noch werden will. »Träumen nach vorwärts«, nannte er diese ganz besondere Sehnsucht, die einen vor allem in der Jugend packt und die bei den meisten schon bald erlischt.

Ganz anders als Sigmund Freud, der sich mit dem Nachttraum und mit der Bewältigung der Vergangenheit auseinandersetzte, widmete sich Bloch dem Zukünftigen. »Die Hoffnung«, sagte er, sei in der Geschichte so »unerforscht wie die Antarktis«. Er belebte abgenutzte Begriffe wie Sehnsucht, Erwartung und Hoffnung, gab ihnen profunden Inhalt und Gewicht. Er beschäftigte sich aber auch intensiv mit der Gegenwart: dem Tagtraum. Dies interessierte mich besonders, ist doch der Tagtraum ein fundamentaler Bestand kreativen Schaffens. Denn: Wer nicht träumen kann, kann auch nicht schreiben. Im Tagtraum, beim scheinbaren Nichtstun, entwerfe ich Geschichten. Schreiben hat immer auch mit Hoffnung zu tun, ist in die Zukunft gerichtet. Man hofft auf den Leser, hofft, dass sich ein Dialog einstellt. So warf ich meinen ersten Roman wie einen Enterhaken in die Welt. Und nicht umsonst. Schon bald durfte ich die Welt kennenlernen und feststellen, dass nicht überall auf der Welt gleich gehofft und geträumt wird.

Ernst Blochs Sätze begleiteten mich und kamen mir an vielen Orten, an denen ich zu Lesungen eingeladen war, wieder in den Sinn. Ganz besonders aber während einer dreiwöchigen Lesereise durch China, in deren Verlauf ich diverse Schulen und Universitäten besuchte. Zum ersten Mal in meinem Leben befand ich mich in einem undemokratischen Land, einem Land, in dem Menschenrechte nichts bedeuten.

Bei jeder Veranstaltung war jemand von der Kommunistischen Partei anwesend, um zu kontrollieren, dass ich mich mit den Studenten auf keine kontroversen Themen einlasse, namentlich Tibet und das Massaker auf dem Tiananmen-Platz von 1989 nicht erwähne. Den Studenten und Schülern wurde jeweils vorab eingebläut, dass mein Roman *Das Blütenstaubzimmer* den Zerfall der Familie im Westen darstelle und nichts mit China zu tun habe. Nie werde ich vergessen, wie die Studenten nach den Veranstaltungen zu mir kamen, um mir hinter vorgehaltener Hand zu erzählen, dass ihnen die Geschichte sehr vertraut vorkomme. Ich bemerkte, dass die Studenten vor Sehnsucht brannten, und ausnahmslos alle, die ich traf, versicherten mir mit vor Hoffnung glühenden Augen, dass sie China so schnell wie möglich verlassen wollten. Die Studenten hatten einen Hunger nach Freiheit, den ich bei Europäern so noch nie erlebt habe. Sie verkörperten genau jene Sehnsucht, von der Bloch schreibt: »Solange der Mensch im argen liegt, sind privates wie öffentliches Dasein von Tagträumen durchzogen, von Träumen eines besseren Lebens als des ihm bisher gewordenen.«

Im Angesicht jener chinesischen Studenten wurden Ernst Blochs Sätze plötzlich sehr lebendig. Hier waren junge Menschen, die auf eine Zukunft hofften, in der sie ihre Gedanken frei äußern dürfen. Für mich als Schweizerin eine Selbstverständlichkeit. Die Begegnungen in China erschütterten mich, und ich begriff: Nicht jeder träumt vom Gleichen, und was arg ist für den einen, liegt für den anderen bereits im Land der Hoffnung.

Während meines Aufenthaltes wurden mir immer wieder Geschichten erzählt von Schriftstellern und Journalisten, die ins Gefängnis gekommen oder spurlos verschwunden waren. Nach drei Wochen wurde mir das Land sehr unheimlich, ja unerträglich. Zunehmend machte sich ein beengendes, geradezu klaustrophobisches Gefühl breit. Ich fühlte mich beobachtet und beargwöhnt.

Zum ersten Mal in meinem Leben war ich unendlich erleichtert und dankbar für meinen Schweizer Pass und für die Tatsache, dass ich aus einem demokratischen Land komme. Ich wusste jetzt: Demokratie ist keine Selbstverständlichkeit. Sie ist vielmehr eine Errungenschaft, und wer in einem demokratischen Land geboren ist, genießt ein großes Privileg. Demokratie ist aber auch eine Verpflichtung. Solange nur ein einziger Schriftsteller hinter Gittern sitzt oder verfolgt wird, ist kein Schriftsteller frei.

Als ich nach drei Wochen endlich wieder auf Schweizer Boden landete, empfand ich vor allem eines: Erleichterung und Dankbarkeit. Die Studenten ließ ich mit einem geradezu schlechten Gewissen in Peking und Shanghai zurück. Sie hatten mir noch alles Gute gewünscht, und ich fühlte, wie sehr sie mich darum beneideten, dass ich zurückgehen konnte in ein Land, in dem man sagen und schreiben darf, was man will. Sie waren hungrig nach Demokratie, aber es brannte in ihnen eine ganz andere Sehnsucht als jene, die man hierzulande antrifft, drängend und von einem tiefen Schmerz begleitet. Gerade in hoffnungslos undemokratischen Ländern brennt die Hoffnung im Einzelnen ganz besonders stark.

In dem Vortrag »Was ist der Mensch?« spricht Bloch sogleich von einer falschen Fragestellung. Denn nicht was der Mensch ist, interessiert ihn, sondern was der Mensch werden kann. Eingeschränkt zu sein in seiner Entwicklung und seinen Möglichkeiten gehört vermutlich zum Schlimmsten, was einem denkenden Menschen widerfahren kann. Die Wichtigkeit der Meinungsfreiheit und der Rechtsstaatlichkeit kann gar nicht genug betont werden.

Es liegt auch an mir und an all jenen Schriftstellern, die in Freiheit leben, die Hoffnung für die Schriftsteller in rechtlosen Ländern aufrechtzuerhalten und ihre Träume Wirklichkeit werden zu lassen. Was aus den Studenten, die ich damals in China getroffen habe, geworden ist, weiß ich nicht. Vielleicht haben einige es geschafft, im Westen Fuß zu fassen. Vielleicht sind aber auch einige im Gefängnis. So wie der junge Autor und Journalist, der zu zehn Jahren Haft verurteilt ist, weil er einen kritischen Artikel über das brutale Vorgehen der Polizei gegen die Demonstranten am Tiananmen-Platz ins Internet gestellt hatte.

Im Zusammenhang mit dem »Book to Prisoners«-Programm des englischen PEN schickte ich ihm vor einigen Monaten ein Buch und einen Brief. Gehört habe ich nie etwas. Gut möglich, dass er die Post gar nicht bekommen hat. Es ist für mich, die in Freiheit lebt, undenkbar schwierig, mir vorzustellen, wie ein Mensch hinter Gitter lebt. Was für Träume und Hoffnungen sich in einer Gefängniszelle auftun. Was bedeutet ein Zeichen von außen, ein Brief oder ein Buch für jemanden, der lebendig begraben ist? Ohne das Prinzip Hoffnung würde wohl kein einziger Gefangener überleben können.

2010, an seinem hundertfünfundzwanzigsten Geburtstag, wurde Ernst Bloch nicht nur zelebriert, sondern auch vielerorts angegriffen. *Die Zeit* tat ihn gar als Schwärmer ab. Gerade aber das ist uns abhanden gekommen. Die Fähigkeit zu träumen. Ganz besonders in Deutschland. Einem Land, in dem die Hoffnung gerne mit Füßen getreten wird.

Bloch selbst war Opfer des Nazi-Regimes, wurde ausgebürgert und emigrierte kurz nach der Machtergreifung Hitlers in die USA. Für jemanden, der in so hoffnungslosen Zeiten lebte wie Bloch, brachte er ein ungeheures Maß an Lebensglauben auf. Wir, die wir in Zeiten des Friedens und in demokratischer Freiheit leben, haben von der Hoffnung nur eine sehr eingeschränkte Ahnung.

Es ist mutig, den Begriff »Hoffnung« auf sich zu nehmen, sich seiner anzunehmen und ihn so gründlich zu zerlegen, wie Ernst Bloch es getan hat. Es gibt Menschen, die nicht mehr hoffen, die sich der Unabänderlichkeit hingegeben haben und sich darin auflösen. Bloch spricht vom »Hundeleben«, in dem wir uns eingerichtet haben und in dem wir das eigentlich unerträgliche Dasein für »normal« halten. Es liegt in Blochs Sätzen immer auch eine Aufforderung zur Kritik am Ist-Zustand. Er fordert dazu auf, gegebene und unabänderlich scheinende Situationen zu hinterfragen. Im Hoffen liegt der erste Schritt nach vorn, zur Aktion und zum Handeln. Bloch ist daher in meinen Augen gerade nicht schwärmerisch, sondern er appelliert an die

Verantwortung und an die Zivilcourage. Es ist nicht nur mutig, von einer besseren Welt zu träumen, es ist, um überhaupt etwas zu bewirken, dringlich notwendig. Wer nicht hofft, bewegt nichts, hat nichts zu geben. Auch nichts zu schreiben. In diesem Sinne hat Blochs Werk für mich auch heute noch Gültigkeit und ist in keiner Weise veraltet oder überholt.

Es scheint mir auch eine interessante Tatsache, dass ausgerechnet ein deutscher Philosoph sich des Themas Hoffnung angenommen hat. In einem Land, in dem der ehemalige Kanzler Helmut Schmidt sagte: »Wer Visionen hat, sollte zum Arzt gehen«, stehen Ernst Blochs Sätze wie Fackeln im Wind. Zu keiner Zeit und unter keinen Umständen darf man die Visionen aufgeben. So wie die Studenten in China auf Demokratie hoffen oder der Autor hinter Gittern auf die Freiheit, dürfen wir, die wir diese Freiheit genießen, sie nie als selbstverständlich betrachten. Es gibt eine kollektive Hoffnung, diese allerdings gilt es zu lernen.

Freya Klier

Oskar Kokoschka – Krieg, Revolution, Kunst, Bathseba

1. Krieg

Im Oktober 1918 ist das Ende eines Weltkrieges in Sicht, der bereits fünfzehn Millionen Menschen das Leben gekostet hat. Viereinhalb Jahre lang haben Soldaten in Schützengräben einander abgeschlachtet, wurden quer durch Europa 130 000 Tonnen Giftstoff verschossen, denen 80 000 Männer zum Opfer fielen; eine Million Giftgasverletzte lagen im Lazarett. Europa, das heißt im Oktober 1918: verseuchter Boden, zerschossene Wälder, Erde – von Granaten umgepflügt ...

Oskar Kokoschka hat es furchtbar erwischt. Der Maler aus Wien wohnt im Oktober 1918 in Dresden und ist dort täglich oberhalb der Elbhänge zu finden, in Dr. Teuschers Naturheilsanatorium. Ein Wunder, dass er überhaupt noch lebt: In einem russischen Sumpf stach – während Leutnant Kokoschka mit einem Kopfschuss unter seinem toten Pferd klemmte – ein Muschik sein Bajonett so tief in die Lunge des Österreichers, dass diesem das Blut aus Mund und Nase schoss. Auch hat ihn rasender Kopfschmerz in der Zange, seit jene winzige Kugel seine rechte Schläfe durchbohrte. Oskar

Oskar Kokoschka

Kokoschka braucht jetzt all seine Kraft, um weiterzuleben. Wird er jemals wieder malen können? Was drunten in der Stadt passiert, erfährt er von seinem Arzt und den Schauspielerfreunden:

Im sächsischen Tal herrscht Kriegsalltag, und das heißt vor allem Mangel. Es gibt bei den Winterkartoffeln schmerzhafte Engpässe, die Proteste gegen die sich verschlechternde Versorgungslage nehmen zu. Erste Rufe nach einer Beendigung des Krieges werden laut, doch findet sich in diesen Spätherbsttagen noch keine Spur von einem Umsturz: Die Bevölkerung ist absorbiert von Meldungen wie der vom falschen Kriminalbeamten, der bei einer Schlosserwitwe elf Eintausendmarkscheine konfiszierte und damit spurlos verschwand, von der Nachricht, der Leipziger Lokführer, der im September ein Zugunglück mit vierzehn Toten verursachte, habe sich inzwischen als farbenblind erwiesen ...

In Dresden grassiert zudem eine Grippeepidemie: Die Stadtoberen haben bereits öffentliche Einrichtungen schließen lassen, worauf nun die Leiter der Dresdner Privattheater ins Neue Rathaus marschieren, um gegen die Maßnahme zu protestieren. Die Post bittet, Weihnachtspakete für Soldaten bis spätestens 2. Dezember aufzugeben, und sächsische Zeitungsverleger bekunden, jetzt im Heeresdienst stehende Mitarbeiter nach deren Rückkehr wieder einzustellen. In der Königlichen Gemäldegalerie spricht Kunsthistorikerin Frl. Günsche über die niederländischen Meister ...

Wirklich nichts weist auf das Kriegsende hin, geschweige denn auf eine Revolution.

Und der sächsische König? Seine Majestät, Friedrich August III., besucht am letzten Oktobersonntag den Gottesdienst in der Katholischen Hofkirche. Ein paar Eiserne Kreuze werden verliehen. Kronprinz Georg sucht sich beim Hoflieferanten gute Bücher aus, seine älteste Schwester weilt zum Wettiner-Jubiläum in Bautzen.

Es scheint ein Herbstsonntag wie jeder andere in dieser Kriegszeit zu sein ... Oskar Kokoschka liegt in einer Badewanne mit Heilessenzen.

2. Revolution

Der Umschwung in der politischen Großwetterlage zeigt sich schon wenige Tage später. Kaum hat der November begonnen, erschüttern Streiks, Massendemonstrationen und Aufstände das Reich. In München, Köln und Frankfurt übernehmen Arbeiter- und Soldatenräte die Macht.

Die heißen Nachrichten dringen ins Dresdner Sanatorium.

Mit dem Kieler Matrosenaufstand zieht endlich auch in Sachsen, dem kleinsten der vier noch existierenden deutschen Königreiche, die Revolution herauf. Der große Umsturz verläuft hier weniger blutig als in anderen Regionen.

Um den wachsenden Unmut in der Bevölkerung zu dämpfen, lässt Friedrich August III. Anfang November die sächsischen Staatsminister zurücktreten. Doch für Kosmetik ist es zu spät: Am 6. November wählen die Soldaten der Großenhainer Fliegerkaserne den ersten Soldatenrat Sachsens ...

Schon zwei Tage später brodelt es:

Am Nachmittag des 8. November – der König unternimmt mit Schwester Mathilde gerade eine Spazierfahrt durch die Dresdner Heide, Kronprinz Georg eröffnet die pazifistische Scherenschnittausstellung eines Berliner Kaplans – gibt es am Dresdner Altmarkt den ersten großen Menschenauflauf: Glühende Redner fordern den Sturz der Monarchie! Und es dauert nicht lange, da bewegen sich zwei Züge mit Umsturzentschlossenen durch die Stadt – einer in Richtung Kriegsministerium, der andere in Richtung Grenadier- und Schützenkasernen. Die Züge finden immer mehr Zulauf.

Oskar Kokoschka hat sich da bereits nach Berlin geschleppt, wo Cassirer gerade seine Bilder ausstellt. Revolutionsbegeisterte Künstler tragen ihm ihre »Novembergruppe« an. Doch dem Österreicher ist die Gruppe zu linksradikal. Rasch flieht

Kokoschka nach Dresden zurück, möchte auch in der Revolutionspresse nicht weiter erwähnt werden. Nicht, dass er sich am Entwurf einer neuen Gesellschaft nicht beteiligen will: In Dresden wird er Mitglied eines Künstlerrates zur Reformierung des Kunstlebens. Doch der noch immer mit seinen schweren Verwundungen ringende Maler befindet sich in einem seelischen Ausnahmezustand – es verlangt ihn nicht nach Revolution, sondern nach Schönheit, Farbe, Zärtlichkeit.

Ersatzweise schmiegt er sich an eine überlebensgroße Stoffpuppe, die Alma Mahler ähnlich sieht ...

Am 9. November 1918 dankt in der Reichshauptstadt der Kaiser ab, wird in Bayern die Republik proklamiert. Am Tag darauf ruft im Dresdner Zirkus Sarrasani der Vereinigte Arbeiter- und Soldatenrat das Ende der bisherigen Regierung aus und gleich noch das Ende der Monarchie.

Mit dem Satz »Macht euern Dreck alleene!« reist Seine Majestät der König aus Dresden ab. Von Schloss Gutenborn aus verfasst der gestürzte Monarch seine Thronverzichtserklärung – nicht eben schweren Herzens. Er entbindet Offiziere, Beamte, Geistliche und Lehrer von dem ihm geleisteten Treueeid und bittet sie, im Interesse des Vaterlandes auch unter veränderten Verhältnissen ihren Dienst weiterzuversehen.

Den sächsischen Umsturz von 1918 könnte man fast eine friedliche Revolution nennen: Die Sozis, politisch endlich chancenreich, erwägen noch, den im Volk überaus beliebten König zum ersten sächsischen Staatspräsidenten der neuen Republik zu wählen. Doch spült eine Welle von Radikalität den versöhnlerischen Geist rasch davon – und so gibt es schließlich doch noch ein paar Tote.

Verabschiedet sich die ersehnte Demokratie schon zu Beginn?

Zwei Welten prallen aufeinander – die altbekannte und eine neue, mit radikalen Parolen. Verbissen werden weltanschauliche Kämpfe ausgetragen. An die Macht gelangte »Kameraden und Genossen« torpedieren schon nach wenigen Tagen die Versammlungs- und Meinungsfreiheit der anderen.

Weltkrieg und Novemberrevolution begraben das 19. Jahrhundert. Die Zäsur ist gewaltig. Doch was kommt jetzt? Keiner weiß es so genau ...

3. Kunst

Anfang 1919 ist die Welt aus den Fugen: Menschen beginnen, wie wild zu feiern. Oder sie sterben still vor sich hin. In Lazaretten flößen Schwestern zerschossenen Gesichtern karge Nahrung ein, während den ersten Neureichen schon die erlesensten Speisen munden. Alles steht nebeneinander: hungrige Kriegskrüppel und aus den Nähten platzende Cafés, endlose Einkaufsschlangen und überfüllte Tanzsäle ... Getanzt wird exzessiv, taumelnd auf der Naht von Untergang und Zukunftsverheißung.

Die Welt von 1919 ist paradox, und stürmischer als in anderen Städten verläuft in der Kunstmetropole Dresden die Nachkriegszeit. Endzeitstimmung und Aufbruchsfieber überlappen einander, und all die kleinen politischen Schlachten werden mit tiefer Leidenschaft geschlagen.

Wirtschaftlich sieht es eher schlecht aus: Der Lebensstandard der Dresdner Bevölkerung ist in nur wenigen Monaten um ein Drittel heruntergesackt; die Schokoladenbranche leidet unter Rohstoffmangel, die Zigarettenindustrie verlagert sich bereits von Dresden nach Hamburg.

Schadet das alles der Kunst? Im Gegenteil – die Themen liegen auf der Straße.

Im Februar 1919 trifft auch Kriegsheimkehrer Otto Dix, der in Hunderten von Zeichnungen und Gouachen seine Kameraden und sich selbst im vierjährigen Wahnsinn festgehalten hat, in Dresden ein.

Er wird an der berühmten Kunstakademie auf der Brühlschen Terrasse aufgenommen und bald schon Meisterschüler. An gleicher Stelle erkennt man nun dem noch längst nicht genesenen Oskar Kokoschka eine Professur zu.

Dix und Kokoschka werden zu Seismographen der Umbruchzeit, ein jeder auf seine Weise.

Dix ist von Weltumsturzplänen durchdrungen, von Lebensgier und einem ungestillten Hunger nach künstlerischem Erleben. Doch ist er keineswegs der einzige Stürmer und Dränger: 1919 schließt sich eine ganze Reihe junger Maler und Bildhauer zur »Dresdener Sezession, Gruppe 1919« zusammen, darunter Conrad Felixmüller, Walter Jacob, Peter August Böckstiegel und der russische Jude Lasar Segall.

Vor ihren Augen stürzen Weltanschauungen, rutschen bürgerliche Werte weg – und sie stecken mittendrin. Die Kriminalität in der Stadt schnellt ebenso hoch wie das Bedürfnis nach Kunst. Hier nun ist Expressionismus angesagt statt des zartfühlenden Impressionismus der Vorkriegszeit.

Ein wildes Malen hebt an, voller Ekstase, voller Radikalität:

Die Neureichen wollen in »Avantgarde« anlegen ... die aber muss erst kreiert werden!

Bald schon schleudert Otto Dix tätowierte Weiber und Pieschener Hafenmatrosen auf die Leinwand, Artisten und Prostituierte, Kriegskrüppel, seinen Urologen und immer wieder – zwischen Riesenbrüsten und Holzbeinen – sich selbst.

Dix provoziert, er will berühmt werden oder berüchtigt ... und ist schon bald beides. Als bekennender Sexist hält er sich – so er nicht in seinem Atelier oder in einer Elblandschaft zu finden ist – bevorzugt an der Front der großen Brüste auf.

Seelisch ist der junge Maler noch immer vom Krieg gezeichnet. Seine Gefühls- und Gedankenwelt mit ihrer überwuchernden Phantasie und dem deutlichen Hang zum Sadomasochismus gleicht 1919 der Gefühls- und Gedankenwelt eines Hieronymus Bosch. Dix' Kopf ist ein Schlachtfeld.

Ganz anders Oskar Kokoschka, der noch immer in Nähe des Sanatoriums logiert, in der Pension Felsenburg, zusammen mit befreundeten Schauspielern wie Heinrich George. Dem Maler aus Wien gelingt es, seine tiefe innere Verwundung zu überwinden, er durchlebt 1919 eine Phase der seelischen Gesundung.

Der Weg führt durch die Malerei. Mit leuchtenden Farben und überbordender Bildphantasie malt Kokoschka zunächst gegen Mutlosigkeit und Depression an. Tapfer spachtelt er Farbe ... und spürt zunehmend das Dunkel von seiner Seele weichen.

Zum Sinnbild dieses großen persönlichen Umbruchs wird »Die Macht der Musik« - ein Gemälde in einer tiefen, glühenden Buntheit. Fast zwei Jahre lang malt Kokoschka daran, er experimentiert, verwirft, übermalt.

Dargestellt in bisher nie dagewesenen leuchtenden Primärfarben wird eine Posaune blasende Gestalt, die wie ein Engel der Verkündigung in der Linken eine Malve hält. Ein eben noch am Boden zusammengekauerter Knabe wird vom Schall der Posaune geweckt und zuinnerst getroffen. Mit aufgerissenen Augen und fast in Abwehr erhobenen Armen versucht er, aus dem Bild zu fliehen. Der Schrecken aber weicht noch im Aufspringen dem Staunen und Ergriffensein. Ein Tier läuft davon - im Hintergrund, in eine von Wolken verschattete, stellenweise vom Licht erhellte Landschaft ... In einer ganzen Reihe ähnlich farbenprächtiger Bilder lockt der fast zu Tode verwundete Maler durch leuchtende Komplementärkontraste aus der Farbe Hitze und Kälte heraus. Farbe ist es auch, die in seinen Elblandschaften triumphiert.

Als Professor an der Kunstakademie erfreut sich Oskar Kokoschka außerordentlicher Beliebtheit. Betritt er die Ateliers seiner Schüler, trägt er meist einen grauen Anzug und schöne Schuhe. Doch nähert er sich ihnen als Freund, mit dem Grundsatz: »Ich bin kein Professor, sondern der Assistent von dem da oben.« Großzügig bessert er die Reisekasse der Schüler auf, aus eigener Tasche. »Kokoschka wusste Liebe in die Herzen der Menschen zu pflanzen, die um ihn waren«, werden sie sich später erinnern.

4. Bathseba

Deutschland kommt nicht zur Ruhe. 1920 wird die junge Republik vom Kapp-Putsch erschüttert - nicht mehr im Schützengraben finden sich jetzt viele Männer wieder, sondern im Straßengraben und auf der Barrikade. Ostern 1920 wird auch Dresden vom Putsch heimgesucht: Freiwilligenverbände und Einwohnerwehren unterstützen ihn, dazu Teile der Reichswehr. Auf der anderen Seite bilden sich Arbeiterräte und Aktionsausschüsse, die den Widerstand gegen die Putschisten organisieren. Gewerkschaften rufen zum Generalstreik auf, Linksradikale zum bewaffneten Kampf ...

In der Stadt herrschen schon bald bürgerkriegsähnliche Zustände. Geschossen wird im Zwinger, am Theaterplatz, unter der Brühlschen Terrasse. Als die Kämpfe abgeflaut sind, bleiben 59 Tote und 200 Verwundete zurück.

Auch die Kunst kommt nicht ungeschoren davon: Im Zwinger hat eine verirrte Kugel das Fenster der Gemäldegalerie durchschlagen und sich Rubens' »Bathseba im Bade« in den Kopf gebohrt!

Oskar Kokoschka ist fassungslos. Wutschnaubend läuft der sonst so sanfte Professor am darauf folgenden Tag durch die Gänge der Akademie. Er verfasst ein Plakat, das er zusammen mit studentischen Anhängern druckt. Darin wendet er sich, bezugnehmend auf die durchbohrte »Bathseba«,

»an alle, die hier in Zukunft vorhaben, ihre politischen Theorien, gleichviel ob links-, rechts- oder mittelradikale, mit dem Schießprügel zu argumentieren, die flehendlichste Bitte, solche geplanten kriegerischen Übungen nicht mehr vor der Gemäldegalerie des

Zwingers, sondern etwa auf den Schießplätzen der Heide abhalten zu wollen, wo menschliche Kultur nicht in Gefahr kommt.«

Noch in der Nacht kann man Oskar Kokoschka und seine Studenten in der Stadt Plakate kleben sehen.

Doch jetzt kommt die Sache erst richtig in Fahrt:

Im Hof der Akademie starren Tage später die Linksradikalen unter den Studenten auf einen Zeitungsartikel. Es ist der Plakattext von Professor Kokoschka, er wurde in allen Dresdner Zeitungen abgedruckt! Kokoschka? Für sie von nun an ein Reaktionär!

Geradezu bösartig reagieren die Berliner Kollegen. In einem Gegenartikel giften Georg Grosz und John Heartfield:

»Wir begrüßen mit Freude, daß die Kugeln in Galerien und Paläste, in die Meisterbilder der Rubens sausen, statt in die Häuser der Armen in den Arbeitervierteln! [...] Wir fordern alle auf, Stellung zu nehmen gegen die masochistische Ehrfurcht vor historischen Werten, gegen Kunst und Kultur!«

Sie erklären den sensiblen Kollegen aus Wien zum »Kunstlump«, zur »Kunsthure«.

Und noch einmal erhitzt Bathseba die Gemüter auf der Brühlschen Terrasse: Die nunmehr politischen Gegner Kokoschkas kleben für Passanten gut sichtbar die vergrößerte Polemik von Georg Grosz und John Heartfield an die Türen der Kunstakademie.

Oskar Kokoschka ist tief verletzt. Deutschland beginnt, ihm misszubehagen, es drängt ihn hinaus aus diesem Land.

Anfang der Zwanzigerjahre läuft sich die Wildheit tot, scheint auch der Expressionismus ausgereizt. Über abgeflaute Sturm-und-Drang-Gefühle breiten sich Wirtschaftskrise und Inflation.

Kokoschka wechselt peu à peu nach Wien, bald bricht er die Zelte in Dresden ganz ab und begibt sich auf Weltreise. Seine letzten Professorengehälter spendet er der Kunstakademie für Studienzwecke.

1927 wird Otto Dix zum Professor an der Dresdner Kunstakademie berufen, und auch er wird ein äußerst beliebter Lehrer. Er malt sein großes Triptychon »Der Krieg«, das heute zu den erschütterndsten Zeugnissen des Ersten Weltkriegs zählt. Er wünscht sich Oskar Kokoschka zurück.

Ende der Zwanzigerjahre möchte die Akademie Oskar Kokoschka offiziell als Lehrer wiedergewinnen. Der lässt eine Entscheidung offen, beteiligt sich aber 1932 bereits wieder an einer Dresdner Ausstellung.

Ein Jahr später stellt sich die Frage nicht mehr - die Nationalsozialisten sind an die Macht gekommen! Professor Dix ist einer der ersten, die aus dem Amt gejagt werden. Er zieht sich an den Bodensee zurück, geht in die innere Emigration. Oskar Kokoschka weicht ins englische Exil aus.

Beide Maler gelten von 1937 an offiziell als »entartete Künstler«. Ihre Werke werden beschlagnahmt, aus Galerien und Museen entfernt - von Kokoschka mehr als 400, von Dix etwa 260. Durch die Straßen Dresdens marschieren nun, wie durch ganz Deutschland, braune Horden ...

Fred Kurer

H. G. Adler – Eine Erinnerung

Gibt es Zufälle?

Eines Mittags, kurz nach Erscheinen des *Panorama* (1968), rief mich der Leiter des Walter Verlags an: Er betreue einen bislang zu Unrecht unbekannten Autor deutscher Sprache und Prager Herkunft, der aber in London wohne; der sei zur Zeit gerade hier; ob ich eine Möglichkeit sähe für eine Lesung in St. Gallen. Den Roman von H. G. Adler samt Lesereise-Plan würde er mir unverzüglich zukommen lassen. Das klang vielversprechend, und ohne Wenn und Aber sagte ich sofort zu.

Als Programmleiter der Kellerbühne war für mich selbstverständlich, dass Adler dort sein Buch vorstellen würde. Oder doch nicht? Die revolutionären Rufe und Gesänge der Sechzigerjahre klebten noch an den rauen, nassen Wänden und am schäbigen Bühnenvorhang; da lag es näher, den offenbar verdienstvollen älteren Herrn in den Vortragssaal des damals noch noblen Hotels Hecht zu bitten.

Adler kam. Mit dem Zug, wie es sich gehörte. Freund Carlo Caratsch und ich hatten uns zur gegebenen Zeit am Treffpunkt des Hauptbahnhofs postiert – und warteten vergeblich auf den Angekündigten. Ziemlich verzweifelt machten wir uns

H. G. Adler

auf den Weg ins Hecht, in der Hoffnung ... Und da saß er, tatsächlich, an einem Vierertisch, ein Glas Mineral vor sich, *Robinson Crusoe* lesend. Was wir zu hören kriegten, war nicht eben schmeichelhaft. Erstens hätten wir am falschen Ausgang des Hauptbahnhofs auf ihn gewartet, zweitens – unsere etwas zweifelnden Blicke aufs Buch deutend – sei *Robinson Crusoe* einer der bedeutendsten Romane der Weltliteratur, hoch über allem, was wir bisher wohl gelesen hätten.

Das Donnerwetter verzog sich schnell, als unser Gast erfuhr, dass nicht nur die zwei hier Anwesenden, nein, auch unser Freund Gian Nogler sowie meine Frau sein *Panorama* nicht nur mit Interesse, vielmehr mit Begeisterung gelesen hätten. (Noch immer ist *Panorama* der Lieblingsroman aller Genannten, übertroffen vielleicht noch durch den ganz anders einzureihenden, unter dem Titel *Eine Reise* erschienenen, in welchem der Autor, weitgehend autobiographisch, sein Entkommen aus Nazi-Europa und sein Fußfassen in England schildert).

Am selben Platz, am selben Tisch im Hotel Hecht fand etwas später ein Treffen zwischen H. G. und dem 1934 geborenen Schriftsteller und Filmemacher Manfred Bieler statt. Es war ein langes intensives Gespräch zwischen den beiden auf Tschechisch – Bieler war bekanntlich 1967 nach Prag ausgewandert –, von dem ich so gut wie nichts mitbekam außer hin und wieder Namen wie Masaryk, Beneš, Neurath, Heydrich. Offensichtlich verstanden sich die beiden Ex-Prager (Bieler war nach dem Einmarsch der Warschau-Pakt-Truppen ja bereits wieder in den Westen geflohen) ausgezeichnet; H. G. hat sich auch Jahre danach lobend über seinen Kollegen geäußert.

Die erste Lesung in der Ostschweiz ließ sich so gut an, dass ihr bald weitere folgten: im St. Galler Kellertheater, bei Lyrikveranstaltungen in der näheren Umgebung mit Abstechern in den Thurgau und nach Heiden im Appenzellerland, dem letzten Wohnort von Henry Dunant (was für H. G. von Bedeutung war), und eine, besonders wichtig für H. G., an der HSG, heute Universität St. Gallen, wo sich Gelegenheit bot, seine wissenschaftlichen Arbeiten vorzustellen und zu diskutieren: *Der verwaltete Mensch, Theresienstadt, Auschwitz.* Erinnerungen werden wach ... Beim ersten Besuch des Dichters herrschte unwirtlich kalt-nasses Winterwetter, für das der Schriftsteller mit Sommerschuhen, elegantem Anzug und weißem Nylonhemd schlecht ausgestattet war. Ich vergesse nicht, wie gerührt er war, als die Wirtin des Goldenen Schäfli darauf bestand, dem Frierenden trotz Sperrstunde heißen Tee zu kochen, und als aufmerksame Menschen sich nicht scheuten, ihm Pullover, eine warme Jacke, ja sogar Wollsocken anzubieten. Unvergessen bleibt mir sein Staunen über den großartigen Innenraum der Barockkathedrale, sein doppeltes Staunen angesichts seltener Handschriften in der Stiftsbibliothek – ihr Leiter, Dr. Johannes Duft, hatte sich Zeit genommen für eine Spezialführung für den Gast aus London – und sein Erschrecken, sein Entsetzen angesichts des Faszesbündels im Wappen am St. Galler Regierungsgebäude: »Um Gottes willen, was soll der Faschismus mit dem Beil hier?«

Das Quartier im Hecht gab H. G. bei seinen folgenden Besuchen in der Ostschweiz gern zugunsten eines persönlicheren bei uns zu Hause auf. (Auf eine Erklärung seines enigmatischen Ausrufs »Dass ihr ausgerechnet an der Heinestraße wohnen müsst?!« haben wir vergeblich gewartet.) In meinem Büro, das jeweils zu seinem Wohnschlafzimmer umgekrempelt wurde, bereitete er sich auf seine Lesungen vor. Als er merkte, dass ich neben meiner Arbeit als Lehrer auch literarisch tätig war, nahm er sich sofort all meiner Sachen an, las meinen gerade eben erschienenen Kurzroman *Abschied von ...* in einem Zug und teilte meiner Frau Annemarie mit, dieser sei »ganz außergewöhnlich und sehr beachtlich« – was immer das heißen mochte, mich aber selbstverständlich mit Stolz erfüllte. Auf eine spezifische Diskussion mit mir wollte er sich aber nicht einlassen.

Anlässlich seines dritten Aufenthalts bei uns fiel sein Blick auf die Gesamtausgabe Ulrich Bräkers im obersten Regal eines Büchergestells: die wollte er gleich an sich nehmen, um darin zu lesen – und schon am nächsten Tag bat er mich, ihn zum Haus des »Armen Mannes aus dem Toggenburg« zu fahren. Als Landsmann Bräkers, dazu noch im Toggenburg aufgewachsen, müsste ich doch eigentlich, meinte H. G., weit besser vertraut sein mit dem Werk dieses bedeutenden Mannes. Auf jeden Fall erhielt ich auf dem Weg nach Lichtensteig und von dort zurück manch liebevolle, aber ernsthafte Belehrung und, wieder zu Hause - im Beisein auch meiner Freunde Carlo und Gian -, eine eigentliche Abendvorlesung zum Thema »Ältere Schweizer Literatur«.

Wenig bis überhaupt kein Interesse hingegen konnte H. G. auf Fahrten entlang dem Bodensee für Wohnsitze und Gedenkorte so mancher Dichter und Denker aufbringen: »Wie? Hesse und ... wer sagst du noch? Die waren auch mal da? So. Aha.«

Fast unbegreiflich - und rührend - war Vater H. G.s uneingeschränkte Kinderliebe. Seine große Aufmerksamkeit galt meinen Töchtern; jede noch so kleine Veränderung, jeder noch so winzige Fortschritt wurde über Jahre konstatiert und kommentiert. Kein Brief, in dem er sich nicht nach den Kindern erkundigte. Auch Geburtstage wurden nicht vergessen - und besonders herzlich gerieten die Wünsche und Grüße, wenn seine Frau Bettina dazu noch eigens für sie gemalte Bildchen und Karten beisteuerte.

St. Gallen. Des Öfteren meinte H. G., wie seltsam der Zufall es manchmal meine. In der Ostschweizer Metropole habe er so etwas wie einen Ankerplatz. Kam doch dazu, dass in den Siebzigerjahren auch Alfons Fleischli seinen Wohnsitz hier aufgeschlagen hatte, Fleischli, der über den mit H. G. eng befreundeten Prager Schriftsteller Franz Baermann Steiner promoviert hatte und der sich seinerseits befleißigte, H. G. in der Schweiz bekannt zu machen, und zu diesem Zweck Lesungen organisierte, an Orten, die unser Schriftsteller nur vom Hörensagen, von Postkarten, allenfalls aus der Literatur kannte, vom Glarner Land über die Innerschweiz bis hinauf nach Zermatt. Und St. Gallen, meinte H. G. einmal listig, sei der Hauptumschlagsplatz für seine »schwierigen« Bücher, wenigstens gemessen an der Einwohnerzahl der Stadt. Hier sei die Rekordmenge von immerhin sieben Exemplaren von seinem *Der verwaltete Mensch* verkauft worden. (Das war 1974.)

H. G. war ein außerordentlich beständiger, anhänglicher Mensch, der gern immer wieder dieselben Orte mit denselben ihm lieb gewordenen Menschen aufsuchte. So erging zu Beginn jeden Sommers die Nachricht an das Dreigespann Carlo Caratsch, Gian Nogler und mich, H. G. mit Frau Bettina würden wieder zum Urlaub herfahren in die Schweiz. Das Wo war für uns klar, wir kannten die Ferienadresse auswendig: »Bei Fankhauser-Rubi, Beim Faulensee, 3818 Grindelwald.« Dort, im Haus der einfachen Bauernfamilie, fühlten sich die Adlers wohl; dort verfügten sie auch über die Möglichkeit, Dinge und Kleider zu lagern, die sie jedes Jahr brauchen würden - und dorthin führte uns jeweils die »Pilgerreise«, wie wir sie nannten. Eine weitere wichtige Absteige über viele Jahre, fast schon ein Zuhause, fanden die Adlers an der Riedtlistraße 15 in Zürich bei Dr. Carlo Caratsch, der ihnen - H. G. konnte es kaum fassen - wie selbstverständlich sofort einen Schlüssel zu seiner Wohnung überreichte; sie möchten diesen bitte behalten und in Zukunft bei Bedarf auch gebrauchen.

Mit Dr. Nogler, Biologe, diskutierte H. G. gern über Naturwissenschaftliches, leidenschaftlich aber - beide waren sie große Kenner - über Musik, besonders über neuere und neueste Musik, über die sich der Autor hauptsächlich über die BBC auf dem Laufenden hielt. Letzteres gelegentlich mit Nogler gemeinsam, denn die Zürcher Kontakte weiteten sich bald nach England aus. Die drei Schweizer

Freunde wurden heimisch im Haus 47 Wetherby Mansions am Earls Court Square in London in der für unsere Begriffe riesigen Wohnung, wo immer ein Gästebett bereit stand. Dr. Caratsch, mehrere Semester in der medizinischen Forschung an der London University tätig, wohnte gelegentlich sogar dort. Er war - mit den Worten Bettinas - »wie ein zweiter Sohn«. H. G. selbst hegte große Bewunderung für ihn, und er glaubte an ihn als Arzt und Mediziner bis an sein Lebensende.

»Es ist ein Ergebnis meines Lebens, dass ich wohl ein Zuhause habe, aber keine Heimat, dies ein deutsches Wort, dessen Inhalt sich kaum in einer fremden Sprache mit einem anderen Wort ausdrücken lässt«, schreibt Adler in den *Autobiographischen Schriften*. Wir haben uns über diesen Satz oft unterhalten, fast gestritten. Auch meine Frau, die ihre ersten zwanzig Jahre in Holland verlebt hatte, mischte sich da ein. Sie vertrat gegenüber H. G. die Meinung, dieser habe sehr wohl eine Heimat: eine liebe Frau, die mit ihm alles teile, einen lieben, hochbegabten Sohn, mit dem ihn so vieles verbinde, ein friedliches Heim, Freunde, auf die Verlass sei, eine Umgebung, die kulturell inspirierend und bereichernd wirke, Englisch, eine Sprache, die er lesen und in der er sich mühelos verständigen könne ...

Adler winkte ab. Unwirsch, nachdem man ihn darauf hingewiesen hatte, dass er, wie er selbst ja betone, lediglich die ersten zehn Jahre in Prag verbracht habe, darauf ein Jahr »in der Fremde« - nachzulesen im *Panorama* -, zwei Jahre dann in Dresden-Striesen, seinem »ersten Konzentrationslager«, danach zwei Jahre in Mährisch-Trübau. Volle fünf Jahre, die entscheidenden Jahre seiner Kindheit, habe er also nicht in seiner »Heimat« ... Das würden wir nicht verstehen, meinte er mit der ihm eigenen Unerbittlichkeit.

»Stur« nannten wir Zürcher Freunde seine Haltung unter uns gelegentlich. Zu Recht? Ich erinnere mich, wie ich H. G. während eines Londoner Aufenthaltes zum Besuch einer Vorstellung von *Peer Gynt* im National Theatre einlud. Zu Bettinas Erstaunen - H. G. litt unter Klaustrophobie und betrat ungern dunkle geschlossene Räume - sagte H. G. zu. Als ich vorschlug, wir könnten den letzten Teil des Weges zum Theater über die Waterloo Footbridge zurücklegen, schon der wundervollen Aussicht wegen, erwiderte er, das sei leider nicht möglich, denn so eine Fußbrücke existiere nicht in London. Ich überredete ihn, mindestens den Versuch meiner vor-geschlagenen Themseüberquerung zu wagen. Zu dritt erreichten wir die South Bank tatsächlich, ich leicht triumphierend, H. G. aufrechten Hauptes, wie immer, aber etwas in ihm, da war ich sicher, rebellierte. (»Na ja. Aber bis vor kurzem stand hier noch keine Brücke.«)

Der Abend war trotzdem ein großes Erlebnis. H. G. gestand, das sei sein erster Theaterbesuch seit Menschengedenken gewesen - und was Kinos und ähnliches betreffe, habe er solche Anstalten in London nie anders als von außen gesehen.

Selbstverständlich gab es bei Adlers auch keinen Fernseher. (Schon das Wort selbst sei irreführend, meinte H. G.; er nannte TV auf Deutsch »Sehfunk«, analog dem »Hörfunk«.) Es gab Bücher, Tausende von Büchern, es gab Bilder, und es gab Gespräche. Davon lebte (und widerhallte) die Wohnung im Earls Court, insbeson-dere natürlich sein Arbeitszimmer - und abends die Küche.

H. G.s riesiges, trotzdem außerordentlich gemütliches, auf allen Seiten von Bü-chern umstandenes, von Manuskripten überschwappendes Arbeitszimmer betrat man nicht einfach so. Man wurde dorthin geladen, in der Regel zur Teezeit, zu der Bettina immer einen Trolley mit allerlei Köstlichkeiten, Sandwiches und Gebäck befrachtet hatte, den sie mit Bedacht an den Tisch rollte, an dem der Gelehrte, vom Schreibtisch jetzt halb abgekehrt, im Halblehnstuhl saß, dezent gekleidet, weißes Hemd, Krawatte, englisches Jackett. Man gab sich die Ehre. Dann wurde erzählt, erörtert, debattiert, kritisiert, erwogen, gewitzelt und gelacht. Ich habe in meinem Leben keinen Haushalt erlebt, in dem es je so witzig, so lustig zugegangen wäre. Und wir, die wir uns gelegentlich heimlich leicht mokierten über die Teerunde - »Dr. Adler hält Hof« -, haben uns immer wieder gewundert über den überquellenden Humor bei Adlers: Wie kann ein Mann wie H. G., wie kann seine Frau Bettina, wie kann ein Ehepaar, das doch so viel Schlimmes, Grausames, Fürchterliches erleiden musste, so viel Heiterkeit verströmen?

H. G. war ein Meister des Wort- und Sprachwitzes. Wenn er in Stimmung geriet, war kein Wort davor sicher, nicht blitzschnell ab- oder umgewandelt, ins Gegenteil verkehrt zu werden. Das konnte beginnen beim Text einer Speisekarte im Anzeigenteil der Tageszeitung und erbarmungslos ausklingen bei einem hochhehren klassischen Gedicht. Zur Vorstellung meiner Person (in St. Gallen) verstieg er sich einmal zu einem irrsinnigen lateinischen Palaver, das allerdings mein Sprachverständnis und meinen kleinen Verstand überforderte, der sich nie mit dem des modernen Renaissance-Gelehrten messen konnte.

Denn das war H. G.: ein Hiesiger und Heutiger mit dem Wissen eines Menschen der Renaissance, zu Hause in Geschichte, Philosophie, Geisteswissenschaften und vielen Sprachen. Ein Denker, ausgestattet mit ungeheurer Einbildungskraft und Phantasie. Ein »schwieriger« Autor. Das mag ein Hauptgrund sein dafür, dass die meisten seiner Bücher zum Teil bis heute auf den Erfolg warten, den sie verdienen. Das Schweizer Gestirn Caratsch-Nogler-Kurer stand oft mit völligem Unverständnis vor Büchern - auch einzelnen Gedichten - von H. G. Adler und gestand das unserem Freund auch. (Ja: wir durften Günther unseren Freund nennen!) Das spiele überhaupt keine Rolle, tat er uns nicht in überheblichem Ton, aber mit dem ihm eigenen Selbstwertgefühl kund. Über Gehalt und Sinn mancher seiner Texte werde vielleicht erst in hundert Jahren entschieden. Man denke in diesem Zusammenhang zum Beispiel an Goethe, der das Manuskript von *Faust II* nach dessen Fertigstellung verschnürt habe zum Gebrauch späterer Generationen.

Das war Trost für unsere Tumbheit angesichts etwa von Gedichten in *Stimme und Zuruf* (1980) oder seiner *Vorschule für eine Experimentaltheologie* (1987).

Adler war - und bleibt für mich - ein Mensch mit vielen Geheimnissen. Einmal - ich erinnere mich: wir waren zusammen aus seiner Wohnung in den nahegelegenen Park gegangen, um den *Guardian* zu lesen - sprach ich ihn auf Englisch an: »Günther, that's the way your wife Bettina calls you. We all call you H. G. What does H. G. really stand for?« Er legte die Zeitung weg: »Das hab ich dir wirklich nie erzählt? Hans Günther, so hieß doch Adolf Eichmanns Vertreter für das Protektorat Böhmen und Mähren. Hättest du je erwartet, dass ich so einen Namen in meinem Namen weiterführe?«

H. G. Adler, *an enigmatic person.* Jahrelang habe ich zwar nicht gebohrt, aber immer wieder darum gebeten, Günther möge das Geheimnis lüften, weshalb die zwei größten ehemaligen Prager Schriftsteller im Londoner Exil, Adler und Canetti, sich voneinander entfernt und gänzlich entzweit hätten. Adler: »Das werde ich dir später alles mal erzählen. Es ist mir unangenehm. Es ist jetzt noch zu früh. Für die Sache bräuchten wir eh viel Zeit.«

Wie man aus der Literaturgeschichte weiß, war das Verhältnis Adler-Canetti immer ein sehr enges, freundschaftliches gewesen. H. G. hat denn auch nie ein einziges böses Wort über den literarisch erfolgreichen Freund geäußert. Dasselbe gilt für Canetti, wie Barbara Traber, zeitweilig dessen Sekretärin, bestätigt: Habe er den Namen Adler gehört, sei er nur verstummt. H. G. starb 1988, Canetti 1994. Die Geschichte einer - offenbar tragisch zerbrochenen - Freundschaft blieb für mich ungeklärt.

Ich glaube, niemand kann sich Adler in London ohne seine Frau Bettina vorstellen. Für ihn war sie da, für ihn lebte sie, für ihn gab sie alles auf und verzichtete auf fast alles, unter anderem auf eine mögliche Karriere als Künstlerin.

Und da war natürlich Jeremy, der innig geliebte Sohn der beiden, hochbegabt.

Ich selbst habe Jeremy stets bewundert. Als Sohn eines ganz großen Vaters begann er seine Karriere mit eigenständiger konkreter Poesie und gründete mit Freunden den Verlag Alphabox Press, der bis heute seinesgleichen sucht. In der von ihm geschaffenen Nische fanden neben englischen konkreten Poeten auch Dichter der deutschen Moderne Platz - nach Vater H. G. unter anderen Franz Wurm. (Jener Franz Wurm, dem ich erstmals beim zweiten Treffpunkt im Adler'schen Haushalt begegnen durfte: am großen Abendtisch in der Küche der Londoner Wohnung.) Mit seiner Dissertation über *Goethes Wahlverwandtschaften und die Chemie seiner Zeit* schwang sich der junge Adler wie selbstverständlich auf die Geisteshöhe seines Vaters. Dafür, dass er sich unermüdlich für dessen Werk einsetzt - nicht wegzudenken etwa das Begleitbuch zur Ausstellung im Schiller-Museum in Marbach (1998) -, gebührt ihm großer Dank.

Ich schließe meine Erinnerungen mit einem frohen Ausblick: Im Sommer 2011 besuchte uns (Nogler, Kurer, Caratsch) Dr. Peter Filkins vom Brad College at Simon's Rock, der Werke von Adler ins Englische übersetzt hat, in der Zürcher Wohnung von Carlo Caratsch, um von uns Näheres, eventuell ganz Neues über H. G. zu erfahren. Er arbeite an einer umfassenden Adler-Biographie.

Wenn das keine gute Nachricht ist?

Doris Liebermann

Jürgen Fuchs – »ANNA ACHMATOWA, WAS / Soll ich tun«

»ANNA ACHMATOWA, WAS / Soll ich tun« heißt eines der bekanntesten Gedichte von Jürgen Fuchs, geschrieben 1981 in West-Berlin, vier Jahre nach der Ausbürgerung aus der DDR.[1] Fassungslos über eine neuerliche Verherrlichung Stalins in der Sowjetunion wendet er sich an die große russische Dichterin, deren erster Mann, der Lyriker Nikolaj Gumiljow, 1921 als »Konterrevolutionär« erschossen wurde, deren zweiter Mann Nikolaj Punin 1949 verhaftet und deren Sohn Lew Gumiljow gleich zweimal – 1938 und 1949 – in ein Lager gesperrt wurde:

Wieder
Fangen sie an
Den Mörder zu verherrlichen
Ihre Zeitungen drucken lange Artikel
Sie nennen ihn einen ›Staatsmann‹
Einen ›führenden Funktionär‹
Gestern sah ich
Seine herrischen Augen auf einem Plakat
Laut
Und belehrend
Sprechen sie von ›Frieden‹ und ›Sozialismus‹
Als ob nichts geschehen wäre

Ossip Mandelštam, Jewgenija Ginsburg
Isaak Babel
Was soll ich nur tun

Jürgen Fuchs

Bei der Gedenkveranstaltung für den viel zu früh verstorbenen Freund im Juni 1999 in der Berliner Akademie der Künste hat der rumäniendeutsche Autor Helmuth Frauendorfer dem Gedicht einen weiteren Vers hinzugefügt: »JÜRGEN FUCHS, WAS / soll ich nur tun.«

Von West-Berlin aus, über die Grenze hinweg, das östliche Europa in die Gedankenwelt einzubeziehen – zu einer Zeit, als es für viele im Westen nicht zu existieren schien –, die russischen Dichter Achmatowa, Mandelštam und Babel als Gleichgesinnte und Verbündete um Hilfe anzurufen, war nicht nur eine zwangsläufige Folge seiner DDR-Sozialisation. Jürgen Fuchs hatte schon früh begriffen, dass es einen Zusammenhang zwischen der Verhaftung Ossip Mandelštams 1934 und »Zensur,

---

1   Jürgen Fuchs: *Pappkameraden. Gedichte*, Reinbek bei Hamburg: Rowohlt, 1981, S. 82.

Militarismus und diktatorischer Angstmache« in der DDR gab. Diesen Zusammenhang verlor er nie aus den Augen. Im Gegenteil, die »traute Nähe«[2] zwischen Ost-
Berlin, Bukarest und Peking war ihm bewusst.

Jürgen Fuchs wurde 1950 in Reichenbach geboren, einer kleinen Stadt im Vogtland, die nicht weit von der tschechischen (damals tschechoslowakischen) Grenze
entfernt liegt. Er machte das Abitur und eine Lehre bei der Reichsbahn und studierte
nach dem Armeedienst Sozialpsychologie in Jena. Schon in der Schulzeit schrieb er
erste Texte. In kurzen, realitätstreuen Momentaufnahmen, in Gedächtnisprotokollen
und parabelhaften Versen notierte er, was ihn bewegte, worüber er nachdachte, was
er an Konflikten in seiner Umgebung wahrnahm. Fuchs beschäftigten die Unterdrü-
ckungsmechanismen der DDR-Gesellschaft, ihn interessierte die Wirklichkeit, die
sich nackt und ungeschminkt hinter »Präambeln, Phrasen und gehobenen Worten«
verbarg, in »Gefängnissen, Irrenhäusern, Schulen und Kasernen«. Im Arbeiter- und
Bauern-Staat konnte er nur zwanzig Gedichte veröffentlichen. Bald interessierte sich
das Ministerium für Staatssicherheit (MfS) für ihn.

Die Tschechoslowakei war ihm durch die Lage seiner Heimatstadt geographisch
nahe, mehr noch wurde sie es durch die Literatur. Als junger Dichter entdeckte
er die tschechische Lyrik für sich, dank Reiner Kunze, den er Ende der 1960er
Jahre kennenlernte. Kunze lebte nicht weit von Reichenbach entfernt, im nahen
Greiz. Er übertrug zusammen mit seiner tschechischen Frau Elisabeth Gedichte
von Jan Skácel, Ludvík Kundera und Jaroslav Seifert ins Deutsche, Dichter, die für
Fuchs Vorbilder wurden. Es war auch ein tschechischer Dichter, den er später in der
Stasi-Untersuchungshaft in Berlin-Hohenschönhausen rezitierte, um sich Mut zu
machen: Vladimír Holan, »Parkspaziergang 1939«:

> Es gibt Parks. Es gibt Schwarzes. Das Schwarze bläht sich.
> Es gibt Schilder: Verboten ist –
> Macht nichts. Die Erde dreht sich.
> Die Nacht verfließt.

Als Siebzehnjähriger hatte er diese Verse in der von Ludvík Kundera und Franz
Fühmann herausgegebenen Anthologie *Die Glasträne*[3] gefunden und an die Wand
seines Zimmers gehängt: es war im Jahr des »brüderlichen« Einmarsches.

In Reichenbach sah der Siebzehnjährige im August 1968 russische und auch
einige DDR-Panzer Richtung Grenze rollen:

> Die Panzer
> Fuhren durch unser Viertel
> Ich stand am Annenplatz und habe sie gesehen

heißt es in dem Gedicht »Die Fassade«.[4]

---

2   Doris Liebermann/Jürgen Fuchs/Vlasta Wallat (Hrsg.): *Dissidenten, Präsidenten und
    Gemüsehändler. Tschechische und ostdeutsche Dissidenten 1968-1998*, Essen: Klartext, 1998,
    S. 11.
3   Ludvík Kundera/Franz Fühmann (Hrsg.): *Die Glasträne. Tschechische Gedichte des 20.
    Jahrhunderts*, Berlin (Ost): Verlag Volk und Welt, 1966.
4   Jürgen Fuchs: a.a.O., S. 29 f.

»Jetzt sind die Tschechen dran«, hörte er einen älteren Mann sagen, »in zwei, drei Tagen, ohne Blutvergießen geht das heutzutage ... die Technik.«[5] Im Frühjahr 1968 hörte er die deutschen Sendungen von Radio Prag, und er vergaß nie die verzweifelten Hilferufe gegen die Intervention, die der Tschechoslowakische Staatsrundfunk Pilsen im August 1968 in den Äther schickte. Diesen Aufruf fand er später im Westen auf der Schallplatte *Lieder gegen Panzer* wieder, mit Liedern von Karel Kryl und Marta Kubišová.

Fuchs erlebte Reaktionen des Staates auf den Prager Frühling in seinem privaten Umfeld mit: sein Deutschlehrer, Gerhard Hieke, wurde 1968 vom Schuldienst suspendiert und musste sich bei schwerer körperlicher Arbeit »bewähren«[6], sein Nachbar Bernd Seidel wurde verhaftet.[7]

Ähnlich wie für viele seiner Altersgenossen in der DDR war der »Prager Frühling« und mehr noch dessen Niederschlagung für Jürgen Fuchs die Initialzündung politischen Denkens:

»Mit Pinsel und grüner Tinte schrieb ich auf die Tapete über meinem Bett, die Eltern sahen es nicht gern: ›Sozialismus = Solidarität, Widerstand, Zweifel an allem Hergekommenen, Selbstvertrauen, Entschlossenheit, die Verhältnisse zu ändern.‹ ... Das war Munition, hier wurde gezündelt und Renitenz vorbereitet.«[8]

Im zweiten Text der *Gedächtnisprotokolle* mit dem Titel »Die Anklage« schildert Fuchs eine Vorladung vor Parteifunktionäre der Universität Jena. Dem Angeklagten wird vorgeworfen, an einer Veranstaltung teilgenommen zu haben, die »negative Tendenzen« zum Ausdruck bringe:

»T.: 1. Du begibst dich auf die Position des Kritikers am Sozialismus, am real existierenden, und begünstigst damit die ideologische Diversion des Gegners, arbeitest ihr in die Hände. 2. Du forderst ›Freiheit der Kritik‹, kritisches Engagieren, du stehst damit auf der Position der ›2 000 Worte‹ in der ČSSR von 1968 ...
Die ich nicht einmal kenne ...
T.: Das spielt keine Rolle. Damit hilfst du mit, die Konterrevolution in der DDR vorzubereiten, milde gesagt ist das die Position des Pluralismus.«[9]

Es spielte auch keine Rolle, ob man Solschenizyns *Archipel Gulag* gelesen hatte, wenn an der Universität Jena Unterschriften gegen den sowjetischen Literaturnobelpreisträger gesammelt wurden. Solschenizyn war 1974 verhaftet und aus der Sowjetunion ausgebürgert worden, nachdem er den *Archipel Gulag* zur Veröffentlichung im Westen freigegeben hatte. Jürgen Fuchs unterschrieb nicht. Er protestierte gegen Solscheni-

---

5   Jürgen Fuchs: »Wo ist diese Verbundenheit geblieben?«, in: Doris Liebermann/Jürgen Fuchs/Vlasta Wallat (Hrsg.): a.a.O., S. 12.

6   Udo Scheer: *Jürgen Fuchs. Ein literarischer Weg in die Opposition*, Berlin: Jaron, 2007, S. 27. Dass Hieke später auch Zuträgerdienste für das MfS geleistet hatte, brachten nach 1989 die Stasi-Akten ans Licht.

7   Vgl. Doris Liebermann/Jürgen Fuchs/Vlasta Wallat (Hrsg.): a.a.O., S. 11.

8   Jürgen Fuchs: »Und nicht auf verlorenem Posten ... Jürgen Fuchs über Robert Havemann. Briefe, Anmerkungen, Diskussionen«, in: *Frankfurter Rundschau*, 28. April 1982.

9   Jürgen Fuchs: *Gedächtnisprotokolle. Vernehmungsprotokolle. November '76 bis September '77*, Reinbek bei Hamburg: Rowohlt, 1990, S. 11.

zyns Ausbürgerung. Ein Jahr später wurde er von der Jenaer Universität relegiert, und im Herbst 1976 nach der Ausbürgerung Wolf Biermanns wegen staatsfeindlicher Hetze und Gruppenbildung verhaftet – aus dem Auto des DDR-Dissidenten Robert Havemann heraus. Fuchs drohten drei bis zehn Jahre Haft. Ihm wurde vorgeworfen, er habe den »real existierenden Sozialismus« zugunsten eines »demokratischen Sozialismus« abschaffen wollen, anders gesagt, er habe in der DDR den »Prager Frühling« verwirklichen wollen. »Ihr seid die Dubčeks von 1968, das muss vor den Baum gehen«[10], hatte ihm ein Parteigenosse an der Universität Jena vorgeworfen. »Man hat doch gesehen, wohin es führt, ČSSR 1968, dann kommen eben die Panzer und es ist noch schlimmer als vorher. Und allein, allein kann man doch nichts machen ...«[11], zitiert der Schriftsteller eine Wissenschaftlerin der Universität. Die Angst vor dem »Prager Frühling« saß den Herrschenden der DDR auch 1976/77 noch tief in den Knochen, sie zitterten so um ihre Macht, dass sie gegen jede noch so leise Form des Protestes drakonische Strafen verhängten.

Der »Prager Frühling« spielte bei den Stasi-Verhören in Hohenschönhausen folglich eine zentrale Rolle. Immer wieder wurde Jürgen Fuchs bei den Verhören das kurze Prosastück über den verhafteten Bernd Seidel vorgehalten. Diesen Text hatte er Anfang der 1970er Jahre nur Freunden in Jenaer Wohnungen vorgelesen. Dennoch beharrte die Stasi darauf, dass sich hinter dieser Prosa die »Konterrevolution« verberge. Fuchs sollte »Hintermänner« nennen und »›Helfershelfer wie Kunze‹, den sie gerade aus dem Ländle ekelten mit ihren ›Zersetzungsmaßnahmen‹«.[12] In diesem Zusammenhang erfuhr Fuchs bei einem Verhör von der Gründung der »Charta 77« in Prag. »Es war phantastisch, die enorme Nervosität des allmächtig tuenden ›Organs‹ mitzuerleben als politischer Häftling«[13], schreibt er. Zeitlebens fühlte er sich den Charta-Unterzeichnern verbunden.

Nach neun Monaten Untersuchungshaft wurde er ohne Prozess aus dem Stasi-Gefängnis Berlin-Hohenschönhausen nach West-Berlin abgeschoben. In der Bundesrepublik hatte der Verband deutscher Schriftsteller die Patenschaft über ihn übernommen und das West-Berliner »Schutzkomitee Freiheit und Sozialismus« für ihn und andere Verhaftete in der DDR – die Leipziger Liedermacher Christian Kunert und Gerulf Pannach und acht nach der Biermann-Ausbürgerung inhaftierte junge Jenaer – internationale Protestaktionen organisiert, für die es viele Prominente gewinnen konnte. Zu ihnen gehörten Heinrich Böll, Max Frisch, Romy Schneider, Yves Montand, Klaus Staeck, Alice Schwarzer und Helmut Gollwitzer.

Nach der »Entlassung aus der Staatsbürgerschaft der DDR«, wie es im DDR-Amtsdeutsch hieß, hatte Fuchs Einreiseverbot in den Arbeiter- und Bauern-Staat. Die Einreisesperre war von Anfang an bis Dezember 1999 festgelegt worden, wie er später in den Stasi-Akten nachlesen konnte. Einreisesperre in die DDR bedeutete auch ein Verbot, die Transitstrecken in die sogenannten Drittländer Polen und Tschechoslowakei zu benutzen. Im Mai 1982 wurde außerdem ein Haftbefehl wegen

---

10 Ebd., S. 89.
11 Ebd., S. 93.
12 Doris Liebermann / Jürgen Fuchs / Vlasta Wallat (Hrsg.): a.a.O., S. 12.
13 Ebd., S. 12.

»landesverräterischer Nachrichtenübermittlung« und »staatsfeindlicher Hetze« sowie ein »Fahndungsersuchen Festnahme« gegen ihn ausgestellt. Letzteres war vom Minister für Staatssicherheit Erich Mielke höchstpersönlich unterzeichnet. Beides galt für alle Grenzübergänge der DDR und für alle sozialistischen Staaten. Fuchs fand die Schriftstücke Anfang der Neunzigerjahre in den drei nicht vernichteten Stasi-Aktenbänden (von fünfundzwanzig) der »operativen Bearbeitung« aus West-Berliner Zeit. Hätte er auch nur ein einziges Mal die Transitstrecken ins Bundesgebiet benutzt, hätte er nur eine Reise ins östliche Europa unternommen, wäre er sofort wieder verhaftet worden.

Nach dem extremen Druck, dem Fuchs in der Stasi-U-Haft Berlin-Hohenschönhausen ausgesetzt gewesen war, wusste er, dass das Betreten von DDR-Gebiet gefährlich für ihn war. Aber auch West-Berlin war für ihn nicht sicher, auch hier blieb er im Visier der Staatssicherheit und war zahlreichen bedrohlichen Angriffen und »Zersetzungsmaßnahmen« ausgesetzt. Vierzig auf ihn angesetzte inoffizielle Mitarbeiter zählte er nach dem Fall der Mauer allein in den drei erhaltenen Stasi-Aktenbänden über die West-Berliner Zeit. Wenn er in die Bundesrepublik reiste, nahm er das Flugzeug.

Osteuropa war nah, und doch unerreichbar. Aber nah in Gedanken. Denn die östliche Hemisphäre gehörte wie selbstverständlich zur geistigen Welt des Schriftstellers Jürgen Fuchs dazu, in Form von Romanen, Gedichten, Liedern und Filmen. Jürgen Serke, der in seinem Buch *Die verbannten Dichter* auch Jürgen Fuchs ein Kapitel gewidmet hat[14], sah Anfang der Achtzigerjahre von dessen Bücherregalen im West-Berliner Arbeitszimmer »wie Positionslichter« die Werke von Nadeshda Mandelštam, Witold Gombrowicz, Bruno Bettelheim und Manès Sperber leuchten. Die Bücher standen mit der Titelseite in Blickrichtung des Betrachters. Serke erkannte in den Büchern das »geistige Bezugsfeld« des Dichters: »Verfolgte dieses Jahrhunderts, Menschen, die ihre Menschlichkeit bewahrt haben.« Leuchttürme im geistigen Kosmos von Jürgen Fuchs waren auch Jan Patočka, Jossif Brodskij, Václav Havel, Eduard Goldstücker, Ludvík Vaculik, Warlam Schalamow, Bulat Okudschawa, Lew Kopelew, Milan Kundera, György Konrád, Johannes Bobrowski, Karel Kryl, Jiří Gruša, Eva Kantůrková, Adam Michnik, Jacek Kuroń, Ryszard Krynicki, Andrzej Wajda, Isaac B. Singer ... Und viele andere.

Die unmittelbaren Kontakte, die Jürgen Fuchs in West-Berlin zu Freunden aus dem östlichen Europa hatte, waren auf wenige Menschen reduziert, auf Durchreisende, kurz Verweilende wie den ungarischen Schriftsteller Miklós Haraszti, dessen aus dem Westen eingeschmuggeltes Buch *Stücklohn* schon in der Jenaer Szene aufmerksam gelesen worden war. Haraszti kehrte von einem West-Aufenthalt via West-Berlin nach Budapest zurück und besuchte zuvor den ausgebürgerten Schriftsteller in seiner Wohnung am Tempelhofer Damm. Der Name Jürgen Fuchs war den osteuropäischen Emigranten im Westen bekannt, sie suchten seinen Rat: der sanfte Prager Liedermacher Jaroslav Hutka zum Beispiel, der in der ČSSR wegen »Wirtschaftsvergehen« kriminalisiert werden sollte, 1978 ins Exil getrieben wurde und sich später in

---

14 Jürgen Serke: *Die verbannten Dichter. Berichte und Bilder von einer neuen Vertreibung*, Hamburg: Knaus, 1982.

Holland niederließ. In West-Berlin lebten einige tschechoslowakische 68er Exilanten, die zu Fuchs' großem Freundes- und Bekanntenkreis gehörten: die Sozialarbeiterin und Übersetzerin Ivana Šustrová, die das »Sozialistische Osteuropa-Komitee« mitbegründet hatte, die Slawistin Veronika Ambros, der Osteuropa-Historiker Michal Reiman und seine Frau Tamara Reiman, der Bildhauer Rudolf Valenta, die ehemalige Prager Journalistin Ruth Kotík und der Maler Jan Kotík.

Durch Rudi Dutsche lernte Jürgen Fuchs auch den tschechoslowakischen 68er Exilanten und Frankfurter Mitbegründer der Grünen, Milan Horáček, kennen. Nächtelang diskutierten beide in seiner Wohnung am Tempelhofer Damm. Als Horáček 1978 in Frankfurt/Main eine Veranstaltung zu »Zehn Jahre Prager Frühling« organisierte, nahm Fuchs daran teil. Er lernte die tschechischen Exilanten Tomáš Kosta, Jiří Kosta, Jiří Pelikan und die *Listy*-Leute kennen. Jiří Pelikan, während des »Prager Frühlings« Chef des tschechoslowakischen Fernsehens, hatte die Zeitschrift *Listy* 1971 in Rom gegründet. Sie verstand sich als Fortsetzung der 1969 in der Tschechoslowakei verbotenen Zeitschrift *Literarní noviny*, die eine Plattform für jene Schriftsteller und Intellektuelle gewesen war, die den »Prager Frühling« maßgeblich mitgestaltet hatten.

Jürgen Fuchs hatte intensive Beziehungen zu den Schriftstellern Adam Zagajewski, György Dalos, Herta Müller, Richard Wagner, Helmuth Frauendorfer. Und Ivan Kyncl, nach London emigrierter tschechischer Fotograf und Charta-77-Unterzeichner, der Anfang 1982 seine beklemmenden Fotos von tschechoslowakischen Gefängnissen, Verhaftungen und Überwachungen in West-Berlin ausstellte, fotografierte auch den ausgebürgerten DDR-Schriftsteller.

Jürgen Fuchs ließ sich durch die Stasi nicht einschüchtern, er ließ sich auch durch die Anhänger eines falschen Friedens im Westen nicht einschüchtern. Immer wieder mahnte er eine größere Beachtung der Menschenrechtsverletzungen im östlichen Europa an. Es kam darüber zum heftigen Konflikt mit dem Verband deutscher Schriftsteller, den er 1980 aus Protest verließ. Es war die Zeit der Solidarność. In der DDR streute die Stasi Witze gegen die »Polacken«, im Westen sahen prokommunistische Intellektuelle in der unabhängigen polnischen Gewerkschaftsbewegung eine konterrevolutionäre Bewegung. Jürgen Fuchs' Essay »Der strenge Tourist aus Hamburg oder Ein Kolumnist rettet Polen«[15], 1982 als Replik auf die Zeitschrift *Konkret* geschrieben, schildert das Klima dieser Zeit und die Heftigkeit der Auseinandersetzungen.

Obwohl der Eiserne Vorhang unüberwindbar schien, gelangten seine Texte von West-Berlin aus nach Warschau und Prag. Die *Gedächtnis- und Vernehmungsprotokolle* erschienen in der Übersetzung von Małgorzata Łukasiewicz in den Achtzigerjahren in Polens unabhängigem Verlagswesen, dem »Zweiten Umlauf«, in Prag sang der mit Auftrittsverbot belegte Rockmusiker Mikoláš Chadima seine Gedichte – auf Deutsch.

Es war Ende der Achtzigerjahre, die Grenze war noch geschlossen, als Jürgen Fuchs mich anrief. Ein Prager Journalist sei bei ihm zu Besuch, er habe O-Töne aus

---

15 In: Jürgen Fuchs: *Einmischung in eigene Angelegenheiten*, Reinbek bei Hamburg: Rowohlt, 1984, S. 129 ff.

dem tschechoslowakischen Underground mitgebracht, ob ich nicht im Radio etwas unterbringen könne? So lernte ich Josef Rauvolf kennen. Er hatte ein Interview mit Mikoláš Chadima nach West-Berlin mitgebracht. Die Kassette enthielt auch Musik von Chadimas Band, in einem Prager Studio heimlich aufgenommener schwarzer, lauter Rock, dazu deutsch gesungene Texte von Jürgen Fuchs. Mikoláš Chadima hatte die Gedicht »Gorleben«, »Leicht« und »Nein« in einer Untergrundzeitung gelesen. Er fand in den Texten Erfahrungen wieder, die er selbst mit der Diktatur in der Tschechoslowakei machte, und er sang auf Deutsch, um daran zu erinnern, dass Prag einmal eine mehrsprachige Stadt gewesen war, in der außer Tschechen auch meist deutschsprechende Juden und Deutsche gelebt hatten. Chadima spielte die Lieder auf verbotenen Konzerten in der Tschechoslowakei, und er wollte dem Verfasser der Gedichte eine Kassette mit den vertonten Liedern zukommen lassen.

Der Überbringer, Josef Rauvolf, kam danach ungefähr einmal im Jahr nach West-Berlin und brachte stets Bücher und Kassetten aus Prag mit. Jürgen Fuchs schenkte ihm seine Bücher, und Rauvolf übersetzte Texte daraus ins Tschechische. Eine Auswahl davon sollte 1989 in der von dem Schriftsteller Jáchym Topol mitbegründeten legendären Prager Untergrundzeitschrift *RevolverRevue* erscheinen, in der letzten Nummer vor dem November der »samtenen Revolution«. Doch die tschechoslowakische Geheimpolizei steckte das Einfamilienhaus, in dem die Zeitschrift hergestellt wurde, in Brand. Die Texte wurden dann in der ersten legalen Nummer der *RevolverRevue* im Mai 1990 veröffentlicht.

Obwohl Fuchs bereits schwer krank war und fieberhaft an seinem Lebensroman *Magdalena* schrieb, arbeitete er auch an einer Anthologie zu tschechoslowakischen und deutschen Oppositionellen mit, die wir 1998 gemeinsam herausgaben: *Dissidenten, Präsidenten und Gemüsehändler*. Der Titel stammt von Jürgen Fuchs, er spielt auf Václav Havels »Gemüsehändler« in dessen Essay »Versuch in der Wahrheit zu leben« an, der zu sozialistischen Zeiten im Schaufenster des Gemüseladens zwischen Zwiebeln und Möhren in vorauseilendem Gehorsam das mitgelieferte Spruchband »Proletarier aller Länder, vereinigt euch!« plaziert hatte. Eine Figur, die als Synonym für die schweigende, angepasste Mehrheit steht.

Die Idee für die Anthologie entstand bei einem Treffen von tschechischen und deutschen Bürgerrechtlern, die der damalige Bundespräsident Roman Herzog am 7. November 1996 ins Schloss Bellevue eingeladen hatte. Es war die Zeit, als zwischen Deutschland und Tschechien noch mühsam um die sogenannte »Versöhnungserklärung« verhandelt wurde. Václav Havel hatte sich 1990 als schon amtierender Präsident seines Landes für die Vertreibung der Deutschen aus der Tschechoslowakei entschuldigt, die Sudetendeutsche Landsmannschaft hatte daraus ein Junktim abgeleitet: keine deutsche Entschädigung der tschechischen Nazi-Opfer ohne tschechische Entschädigung der aus der Tschechoslowakei vertriebenen Sudetendeutschen. In Deutschland wurde von diesem Konflikt wenig bemerkt, in Tschechien kochten die Emotionen hoch.

Im Schloss Bellevue 1996 saß Jürgen Fuchs mit Jiří Gruša, Ladislav Hejdánek, Marianne Birthler, Petr Uhl und Václav Maly auf dem Podium. Es ging bei diesem Treffen darum, an Gemeinsamkeiten zu erinnern, die Oppositionelle beider Länder verbanden, gegen die unseligen Stimmungen und Stimmen in der damals aktuel-

len deutsch-tschechischen Politik. Der »Prager Frühling« hatte in der DDR große
Hoffnungen ausgelöst, die Veröffentlichung der »Charta 77« hatte Oppositionelle in
der DDR ermutigt, die DDR-Friedensgruppen wiederum hatten für tschechoslowakische Dissidenten Unterstützung bedeutet. »Wo ist diese Verbundenheit geblieben«,
fragte Jürgen Fuchs in einem Text, den er nach dieser Begegnung schrieb und der
in der erwähnten Anthologie veröffentlicht ist, »abgetaucht in die klagenden, tü-
ckischen Wasser des postkommunistischen Gemüts?«[16] Er glaubte das nicht, spürte
aber deutlich die psychischen Barrieren, die der Eiserne Vorhang zwischen Ost und
West hinterlassen hatte. Er war sehr daran interessiert, Widerstandsgeschichten, Haft-
geschichten, Lebensgeschichten osteuropäischer Dissidenten kennenzulernen und
diesen persönlich zu begegnen.

Als wir an dieser Anthologie arbeiteten, wurden wir beide 1997 zur Feier von »20
Jahren Charta 77« auf die Prager Burg eingeladen. Zweitausend festlich gekleidete
Charta-Signatare strömten auf den Hradschin, fielen sich in die Arme, freuten sich
über das Wiedersehen, standen in Gruppen herum und diskutierten. Der kranke
Václav Havel grüßte per Video von einer Leinwand, die legendäre Rockband »The
Plastic People of Universe« spielte in den prunkvollen Kaisersälen der Burg auf.
Auch Mikoláš Chadima war unter den Gästen.

Chadima und Fuchs hatten sich zum ersten Mal Ende November 1989 getroffen,
in West-Berlin, in meiner Wohnung. Der Eiserne Vorhang war durchlässig geworden,
Chadima hatte mit seiner MCH-Band ein erstes Konzert im Westen, in Dänemark,
gegeben. Auf der Rückreise war er einen Tag in Berlin geblieben. Er verfolgte aufmerksam die Nachrichten aus Prag, voller Euphorie über die »samtene Revolution«.

Im Jahr 2002 hat Mikoláš Chadima zum Gedenken an den verstorbenen Freund
in Prag die CD *Tagesnotizen* herausgegeben, benannt nach Fuchs' gleichnamigem
Gedichtband.[17] Außer den alten Untergrundaufnahmen enthält diese CD auch neu
vertonte, von Chadima ebenfalls deutsch gesungene Fuchs-Gedichte. Der Lyriker
Ivan Wernisch, zu sozialistischen Zeiten Nachtwächter auf der Prager Burg, hat die
Gedichte für das Booklet ins Tschechische übertragen: aus alter Verbundenheit mit
Jürgen Fuchs, die aus totalitären Zeiten herrührt. Persönlich begegneten sich die
beiden Dichter nie. Auch dies ist ein wunderbares Zeichen für Nähe trotz Eisernen
Vorhangs.

Ein anderes Gedicht veröffentlichte im Mai 2007 die polnische Wochenzeitung
Tygodnik powszechny. Sie hatte eine Beilage zur Aufarbeitung der SED-Diktatur in
Deutschland veröffentlicht. Jürgen Fuchs wird darin als »ein Symbol der DDR-
Opposition« gewürdigt, fast eine ganze Seite ist ihm und seinen Gedichten gewid-
met. Ins Polnische übersetzt hat sie der in Krakau lebende Dichter Ryszard Krynicki.

»Bevor ich Jürgen Fuchs persönlich kennenlernte, traf ich im Spätherbst 1979 in einer
West-Berliner Buchhandlung auf seinen Gedichtband *Tagesnotizen*. Er wurde kurz darauf
von den Zöllnern der PRL (Polnische Volksrepublik) in Rzepin beschlagnahmt, zusammen mit *Sensible Wege* von Reiner Kunze und vielen anderen Büchern, unter denen sich

---

16   Jürgen Fuchs: »Wo ist diese Verbundenheit geblieben?«, in: a.a.O., S. 12.
17   Jürgen Fuchs: *Tagesnotizen. Gedichte*. Reinbek bei Hamburg: Rowohlt, 1979.

sogar ein polnisch-deutsches Wörterbuch befand. Ich habe sie niemals zurückbekommen. [...]

Erst im Juni 1985 schmuggelten Freunde ein anderes Exemplar nach Polen, und ich fing an, Gedichte von Jürgen zu übersetzen. Sie wurden in Untergrund- und Emigrationszeitschriften gedruckt. [...] Jahrelang schaffte ich es nicht, sie ihm zu zeigen.

Ich sah ihn selten, ein paar Mal in meinem Leben, meist zufällig. Ich hatte den Eindruck, dass er sein Privatleben schützte, und respektierte dies, obwohl er mir seine private Telefonnummer gab, und ich wusste, wie viel das bedeutete. Er schenkte mir einige seiner Bücher, eins erhielt ich von Wiktor Woroszylski.«

Ryszard Krynicki sah Fuchs das letzte Mal im März 1998 auf der Leipziger Buchmesse. Dass er todkrank war, wusste er nicht: »Wir sprachen längere Zeit miteinander, hauptsächlich über das Schreiben von Gedichten.«[18]

Mikoláš Chadima, der Prager Rockmusiker, reagierte unmittelbar auf diese Seite in der polnischen Wochenzeitung: »Es scheint, dass Jürgen für den ›Osten‹ interessanter als für den ›Westen‹ ist. Das macht mir Freude. Das ist keine Überraschung!«, schrieb er mir in einer E-Mail. »Nur wenige ›Westleute‹ können ihn verstehen. Ihnen fehlen unsere Erfahrungen mit dem Leben in der kommunistischen Diktatur.«

Dem ist nichts hinzuzufügen. Um Jürgen Fuchs und sein literarisches Werk ist es still geworden. Doch dass er in den Dimensionen eines vereinten, freien Europas dachte, als dies völlig unrealisierbar schien, wissen seine Freunde in der östlichen Hälfte des Kontinents noch heute zu schätzen.

---

18 *Tygodnik powszechny*, 6. Mai 2007.

Marko Martin

Ilana Shmueli – Im Schnittpunkt der Zeiten

Noch immer also …

»Herr Winkler?«, hört er sich fragen, und die Frau, die vor vierzig Jahren – ein Jahr vor seiner Geburt – Paul Celans letzte Geliebte gewesen war, richtet sich trotz Rückenschmerzen in ihrem Sessel auf, das Licht eines Jerusalemer Sommermittags fällt in zitternden Linien durch die Fensterlamellen, wird gebrochen und gedämpft. Sie aber lächelt. »Ach, Sie meinen Manfred? Oh, er macht weiter Skulpturen, diese gebrannten Formationen mit zwei oder drei tanzenden Personen, dazu schreibt er Gedichte. Er hat den Verlust seines Häuschens, kannten Sie es?, ganz gut überwunden, manchmal sehen wir uns. Natürlich wird auch er nicht jünger, über Mitte achtzig wie ich. Noch ein Tässchen Kaffee?« Ilana Shmueli ruft nach der Filipina, die sich in der Küche des kleinen Apartments zu schaffen macht und dankt überschwänglich. »*Nescafé*, junger Freund!«

Ilana Shmueli

Noch immer also, denkt er erneut. *Junger Freund* … Und Herr Winkler lebt also auch noch. Und er selbst? Kommt und geht, hört und sieht, liest und notiert, ein Vampir nicht ohne Empathie – und nach wie vor so hilflos vor dem Mirakel Zeit.

»Ich will Ihnen etwas sagen«, sagt sie, und trotz der Altersflecken hält ihre Hand grazil die Kaffeetasse. »Seit seinem Besuch hier in Jerusalem war Paul wie verwandelt. Ich hatte ihn ja schon als junges Mädchen gekannt, in unserer selbsternannten Dichter-Oase Czernowitz, wo wir gemeinsam Baudelaire gelesen hatten und bei verbotenen Spaziergängen im Volkspark unsere gelben Sterne tief in die Manteltasche gruben … Und so, wie ich von Rose Ausländer Englisch lernte, lehrte er mich Französisch, obwohl wir nach den Lektüren doch immer auf Jiddisch *czernowitzelten*, gegen unsere Todesangst ankämpften. Doch erst über zwanzig Jahre später – nach der Shoah, nach unserer Flucht – traf ich Paul wieder, der inzwischen in Paris lebte. Und dachte, meine neue Heimat Jerusalem könnte vielleicht auch ihn retten. So habe ich ihn hierhergebracht … Als er dann im Jahr darauf in seinem anderen

Nicht-Zuhause in die Seine ging, um zu sterben, war ich erschüttert, aber doch nicht wirklich überrascht.«

Und er? Kennt die damals geschriebenen Gedichte, immerhin.

ES STAND
Jerusalem um uns,

es stand
der Hellkiefernduft,

ich stand
in dir.

Er fragt nach den Gefühlen des anderen Mannes, nach Ilana Shmuelis Gatten.

»Natürlich hat diese Nähe ihn, hat *uns* das belastet, wo denken Sie hin? Es war ja nicht irgendeine Affäre, sondern fast ein Eins-Sein zweier Seelen, die wieder zueinander gefunden hatten, wenigstens auf Zeit. *Eins mit dir bin ich, / uns zu erbeuten.* Zum Glück war mein guter Ehemann nie ein Heiliger gewesen, das hat manches erleichtert. Vielleicht sogar diese Balance hergestellt, die unsere Ehe gerettet hat. Danach, nach Pauls Selbstmord in Paris.«

Er verschluckt sich beinahe am Kaffee und vergisst, weiter zu notieren. Als er aufschaut, sieht er wieder in Ilanas Lächeln, wissend, resignativ und heiter, eine bewegliche Runzellandschaft in einem noch immer schönen Gesicht. »Also bitte! Nun tun Sie doch nicht so naiv ...«

Am Abend – zuerst bei der wie stets lausigen Transvestitenshow in der Shushan Street unterhalb der zum Jaffa-Tor führenden Straße, später dann bei seinen Wanderungen im Independence Park hinter dem Zion's Square – hört er erneut das Wort. *Kumi.* Hört es inmitten von Gelächter und Gläserklirren oder auch Flüstern und leisem Stöhnen, hört und *riecht* es im Schatten der Kiefern und Koniferen des mitternächtlichen Parks. *Kumi,* auf Deutsch *Erhebe dich* ... In einem der Gedichte, die Celan während seines Jerusalem-Besuchs für die Seelenfreundin aus der Bukowina geschrieben hatte, sind dies die letzten Verse, in hebräischen Lettern. *Kumi, ori. Erhebe dich, leuchte.* Er denkt: Das Transzendentale des Mechanischen, wundersam, doch was wäre es gegen das fortgesetzte Mysterium von *Zeit*, von den vierundzwanzig Stunden eines Tages in Jerusalem, Aufschein so vieler Leben?

Als er nach Tel Aviv zurückkehrt, nimmt er – wie letztes Jahr – wieder Quartier in einem kleinen heruntergekommenen Hotel, oberhalb des nächtlichen Katzengeschreis auf der Nahalat Binyamin, wo tagsüber die Besitzer altmodischer Stoffläden um Kunden werben und schöne Frauen in Stöckelschuhen vorbeiwehen, mitunter auch Alte mit Kippot im Schatten der lädierten Bauhaus-Balkone sitzen und über die Hitze klagen, nicht zu vergessen die Soldaten mit ihren hoch ins gekräuselte Haar gesteckten Sonnenbrillen. Wegen der von den Zeitungen als *aktuell* bezeichneten, in Wirklichkeit seit biblischer Zeit andauernden Gaza-Krise ist er wieder einmal der einzige ausländische Übernachtungsgast.

Als er der spindeldürren, grell geschminkten Frau an der Rezeption unter dem knarrenden Deckenventilator zu erklären versucht, dass er nicht fünf Stunden, sondern fünf Nächte zu bleiben gedenke, stiehlt sich erst dann eine Grimasse des Verstehens in ihr zerfurchtes Rouge-Gesicht, als er, nun zunehmend hilflos, vom

Englischen, Französischen und Russischen endlich ins Deutsche gewechselt war. »Oj, fünfe zum Blejben! Ja, gut und schejn.« Sie nimmt die Schekel entgegen und erzählt ihm beim raschelnden Konsistenz-Prüfen der Hunderter-Scheine auf Jiddisch, woher sie ursprünglich komme. Bukowina, früher Rumänien, heute Ukraine, ganz früher einmal im Besitz des Kaisers aus Wien. Ob er von der Gegend schon einmal gehört habe? Ihre Eltern seien der Ceauscescu-Hölle erst in den Sechzigern entkommen, eigentlich viel zu spät. Ob er im Hotel eventuell noch andere Dienste in Anspruch nehmen wolle? Er hört sich lachend verneinen und denkt an Ilana Shmuelis wach gebliebene Augen.

Am frühen Abend, wenn er heimkommt vom Strand, sitzt auf dem Vorplatz des Carmel-Marktes der Messias. Goldbärtig und in Purpur gehüllt wie einst Jesus in Zefirellis Film, hockt er im aufrechten Schneidersitz auf einem abgeschabten Teppich und erbettelt von den vorbeiströmenden Passanten Bagels und Mineralwasser. Dankt huldvoll oder zeiht die Umstehenden des Unglaubens, die darauf hinwiederum ihn beschimpfen: »Du bist nicht der Messias, bist du nicht!« Weil aber *ihm* für derlei der Sinn fehlt, bleibt er immer nur kurz stehen und geht lieber – auf der Allenby Street bahnen sich hupende Sammeltaxis und röchelnde Busse ihren Weg in die Vororte – unter Trottoirbäumen mit herabhängenden Luftwurzeln die Straße in Richtung Rothschild-Boulevard hoch, vorbei an billigen Pizza- und CD-Shops und gerade schließenden Antiquariatsbüdchen mit uralten deutschen Büchern (Arthur Holitschers Palästina-Reise von 1926 bei S. Fischer). Geleitet von herumstreunenden Katzen, findet er den Weg hinüber ins Paradise, ins Techno-gekämmte Club-Areal neuer Geschichten. Der Stadt und Land liebende Vampir, denkt er, während er wieder einmal die Klingel im *sous-sol* drückt. Der nachgeborene Profiteur ganz in seinem Element, mitten im Schnittpunkt der Zeiten – gerade noch.

Am nächsten Tag fährt er in den Norden. Dämmert (zu wenig Schlaf in der letzten Nacht) so vor sich hin im klimatisierten Überlandbus zwischen jungen Soldaten mit iPod-Stöpseln in den Ohren und alten Mütterchen mit Handtaschen, und wacht erst wieder auf, als er an einer Kreuzung draußen im gleißenden Licht den Namen Megiddo sieht, Ort der biblischen Apokalypse, des finalen Endes. Er aber will weiter nach Afula, in einen Kibbuz außerhalb der Stadt. Oleander, Bougainvillea, eine sonnige Wiese unter dem glitzernden Tropfennebel einer Sprinkleranlage, das Gebäude des ehemals gemeinsamen Speisesaals, Blumenrabatten und dahinter Reihen einstöckiger Bungalowhäuschen. Er denkt an Herrn Winklers Bude in Jerusalem, doch er trifft Herrn Rübner. *Die Zeit fand bei ihm Maß / die Schönheit Gestalt aus Licht und Abgrund.*

Und so sprechen sie über Poesie und das verfluchte 20. Jahrhundert, über Pressburg alias Bratislava, wo Tuvia Rübner 1924 geboren wurde, ehe er über Constanta und das Schwarze Meer, über Istanbul und Beirut hierher entkam, als Einziger seiner Familie. Noch weiß der Besucher nicht, wie derlei zu beschreiben sein könnte, doch der hochgewachsene alte Mann, der in der Vormittagshitze ein arabisches Gewand aus leichtem hellblauem Stoff trägt, hilft ihm weiter. Verse gegen das Unzulängliche des Schicksals:

> Wenn die Vollkommenheit dir in den Rücken fällt
> und lispelt: Sei wie ein Engel!

Was weißt du von Engeln, du Vollkommene!
Es gibt Engel, die Flügel verloren
Engel durstig wie Vögel im Wüstenwind.
Was weißt du schon, Unnahbare,
du in dir selbst Verschlossene!

Sie reden. Sitzen auf Korbsesseln im kühlen Inneren des Häuschens, trinken Orangensaft, und als er - inzwischen gereift? - gerade denkt, es gebe sehr wohl Größeres, Schrecklicheres als das Verrinnen der Zeit, da diese, welch Privileg, ja allein von den Lebenden, den Nicht-Gemetzelten, wahrgenommen werde, trifft ihn mit einem Mal ein merkwürdig abschätzender Blick. Er erinnert ihn an das sekundenlang Katzenhafte in den Augen Herrn Winklers, in seinem Jerusalemer Häuschen vor vier Jahren, vor der Nacht, den Nächten mit Ori. Und so ist er dankbar, dass der alte Dichter gleich darauf die Stille (das Ticken der Standuhr neben dem Tisch mit dem Apple-Computer als einziges Geräusch) unterbricht und mit unerwartet klarer Stimme wieder zu rezitieren beginnt. »Hören Sie!

Was rasend macht, kochend vor Wut, ist
die Verleugnung des Endes, der Vergleich mit der Natur
die Jahr für Jahr Knospen und Blätter hervortreibt
in den Jahreszeiten sich wohltut und leere Versprechungen
flüstert. Ende ist Ende - sagt es. Deines.«

Droht ihm der Alte etwa? Aber nein, er ist doch ein sanfter Dichter und nur wütend aus gutem Grund, er antizipiert sein Ende, universell und ohne Kleinlichkeit. (Doch was ist mit ihm, dem Besucher? Welche von ihm noch immer nicht in Metaphern gebändigte Angst vor dem Altern macht es, dass er auch Herrn Rübners Verse wieder automatisch auf sich bezieht, ein furchtsamer Egomane, der gleichzeitig verstohlen auf die Uhr schaut - noch sechs Stunden bis zum Einbruch der Abenddämmerung in Tel Aviv und dem Defilee der Körper?)

Dann sprechen sie über den verschollenen Sohn, dessen Bild an der Wand hängt: Er hatte es bereits beim Eintreten in die Wohnung entdeckt, das Foto eines wuschelköpfigen jungen Gottes, der ausschaut wie Cat Stevens. Reisesüchtig wie so viele Israelis, war Tuvia Rübners Sohn 1983, nach dem Trauma des ersten Libanonkriegs, nach Südamerika aufgebrochen, wo sich in einem Nationalpark in Ecuador jede Spur von ihm verlor. (Er denkt an die Nächte von Quito und daran, dass er jetzt besser schweigen, sein bisher geradezu unverschämtes Glück nicht zeigen sollte.)

Herr Rübner aber atmet ruhig unter dem Ticken der Standuhr und streift mit den adrigen Händen den Kaftan zurecht. Zeit verrinnt, bündelt oder zieht sich, und plötzlich glaubt sein Gast zu träumen: Im hellen Sonnenlichtrechteck der Gartentür steht der verschollene Sohn. Das Lockenhaar, der Blick aus dunklen Pupillen ...

»Darf ich vorstellen? Mein Enkel aus Island. Meine Tochter hatte nämlich dahin geheiratet, und nun ist er hierhergekommen, um Hebräisch zu lernen.«

»*Shalom, manischma*«, sagt also Cat Stevens, eine Gartenschere in der Hand, während der Gast in diesem Moment am liebsten aufgesprungen wäre, um sie beide zu umarmen, den Großvater und den Enkel, aber vielleicht ja den Großvater noch stärker; schließlich war *er* es gewesen, der bereits alles zu einem Gedicht gemacht hatte:

> Ein Mann, in die Jahre gekommen – sein Aug
> sieht zugleich nach außen und innen –
> sieht in allem verborgen das Namenlose
>
> Halt, Alter, beeile dich nicht. Klau
> den Tag, stiehl,
> diesen Frühlingstag lang wie ein Wimpernschlag!

Am Abend ist er wieder zurück, an seinem Tischchen im zweiten Stock des Hotel Nordau. Und während er bei offenem Fenster schreibt und seine Hand den Kugelschreiber über das Papier führt, das sich in einem aufkommenden Windhauch unmerklich wellt, denkt er erneut an ganz andere Begegnungen und Bewegungen – in ein oder zwei Stunden, gleich hier um die Ecke, in jenem Haus in der Allenby Street. Und beamt sich dennoch, Einspruch der Poesie (die klüger ist als er), nach Hongkong. Hongkong!

Dort, gleich zu Anfang des Jahres, hatte er sich zu seiner Verblüffung in der *noveau roman*-Welt eines Alain Robbe-Grillet wieder gefunden, in einer phantastisch erscheinenden Raum- und Zeit-Box. Vom Menschengewühl des U-Bahn-Ausgangs D 1 der Station Central quer über die Queens Road mit ihren bimmelnden Doppeldecker-Straßenbahnen, dann die Wyndham Street hinauf (Was für schöne Namen das waren!), ehe er die schmalen, an Montmartre erinnernden Stufen zum Foreign Correspondents' Club erklimmt. Das bedeutet: *Sie* erklimmen die Straßen, denn Herr Leung Ping-Kwan, der ältere Dichter mit dem Schal und der dunkelblauen Baskenmütze, sagt: »Ich habe seine frühen Sachen übersetzt. Leider war *La maison de rendez-vous* nicht mit dabei, diese atemberaubende Sammlung ironisch kriminalartiger, dabei strenger Traumsequenzen, die genau hier spielen, im Stadtteil Lan Kwai Fong der Treppen, zwielichtigen Bars, trickreichen Antiquitätenhändler und chinesischen Miniaturgeschäfte, aus denen heraus es nach gebratenem Hühnerfleisch, Gewürzen und frischem oder verfaulendem Gemüse riecht. Falls ich mich recht entsinne«, hatte der agile kleine Mann hinzugefügt, den das Treppensteigen offensichtlich nicht außer Atem gebracht hatte und der beim Sprechen ganz natürlich vom Englischen ins Französische und wieder retour wechselte, »hieß Robbe-Grillets Roman in deutscher Übersetzung nicht ganz unzutreffend *Die blaue Villa in Hongkong*.«

Auch hier also spricht er über Gedichte! Hört zu, fragt nach, da oben in einem einfachen, ja schmucklosen Café des Fringe Clubs, Hongkongs alternativem Ort für Kunst und Poesie. Er sieht den Dichter vergnügt blinzeln und in regelmäßigen Abständen in dieses ambivalente chinesische Hahaha ausbrechen – während er selbst mitunter diskret auf die Uhr blickt, denn selbstverständlich gibt es auch hier *andere* Orte. Wohnungen, Wohnwaben, die mit auf den Boden gestellten Spiegeln größer und weiter gemacht werden, somit (trotz des ähnlichen Effekts) nicht aus Worten bestehen, und wo ihn – als wär' auch das ein Stück von Robbe-Grillet – ein gerade aus New York zurückgekehrter junger Maler namens Reno Lam erwartet, der die gleiche schwarzgerahmte Elvis-Costello-Brille trägt wie ein Oberschichtstudent aus San Salvador am anderen Ende der Welt (in einer Geschichte, die er gerade in seinem Hotel in Kowloon beendet hat).

Doch auch hier: Das wirkliche – gut: das *zusätzliche* – Privileg ist anderer Art. Herr Ping-Kwan nämlich sagt irgendwann ganz leise: »Selbstverständlich weiß ich, dass solche Souveränität, ich spreche von einem nicht gänzlich ironiefreien Schreiben, nur in Hongkong möglich ist, in einer trotz allem freien Stadt. Und dann auch nur für den, der das Glück hatte, nie in einem chinesischen Straflager jahrelang gequält worden zu sein oder dort seine Liebsten verloren zu haben. Das Nichterzählbare aber zählt ungleich mehr.«

Dann reicht er einen ins Englische übersetzten Gedichtband über den Tisch, und in Versen, die wie von Ginsberg und Prévert inspiriert scheinen (der Besucher weiß, der freundliche Poet mit der Baskenmütze hat die beiden ins Chinesische übertragen), liest er plötzlich von den wilden Sechzigern und der Jugend dieses so unscheinbaren, ja fast ein wenig unansehnlichen Menschen mit der Nickelbrille und dem Dreitageschnurrbärtchen. Ein Café-Abend in Hongkong, und die Druckzeilen vor ihm sind plötzlich voll der Beatles und der Stones, gefüllt mit Schlaghosen und Drogen und nächtlichen Abenteuern, von Frauen in schweißnassen Polyester-Shirts und bunten Woodstock-Gewändern - randvoll von einer Zeit, in der Herr Leung jung gewesen war.

Gleichzeitig (er checkt alles) wird er vom Nebentisch her von zwei *posh* gekleideten Studenten, einem großgewachsenen Hongkong-Chinesen in seidig glänzendem, wie pomadisiertem Haar, und einem offenbar Indischstämmigen mit massiv silbernem Armband nicht nur ununterbrochen beobachtet, sondern, während sie miteinander in gedämpftem Englisch sprechen, mit Blicken geradezu geröntgt. Das Langgedicht aber schwelgt weiterhin in der Erinnerung an Abbey Road und Penny Lane, an Leonard Cohen und Cat Stevens' *Peace Train*, an Miss Robinson und die frühe Marianne Faithfull, wobei der Dichter vergnügt einen weiteren Schluck des bitter schmeckenden, belebenden Pu Erh-Tees zu sich nimmt.

»Gefällt es Ihnen?«

»O ja!«, antwortet er und sieht in die entrückten Augen des über zwanzig Jahre Älteren. Schaut dann hinüber zu den beiden um zwei Jahrzehnte Jüngeren, versenkt sich wieder in die freien Rhythmen über die Sixties, fühlt die Zeiten gleiten. Fühlt, zur eigenen Überraschung nun beinahe vierzig Jahre alt, an diesem Abend erneut - doch wie lange noch? - eine *Mitte*, einen Schnittpunkt. Dazu die Herausforderung, von nun an ein unabweisbarer Gast vor der Tür: Und was würde *er* aus *seiner* Zeit machen? Aus diesem Abend in Hongkong, aus Frauen wie Ilana Shmueli und aus Dichtern wie den Herren Rübner und Winkler, was aus seinen Begegnungen im Paradise, was aus der kommenden Nacht mit dem Maler Reno Lam, was - die Wahrscheinlichkeit war hoch - aus einem Wiedertreffen mit den beiden ihn gerade observierenden Studenten, diesmal jedoch in den schlauchartigen Gängen des Elevator Clubs, der sich in der zweiten Etage eines Seven-Eleven-Ladenhauses unterhalb des Treppen- und Rolltreppenlabyrinths der steil ansteigenden Cochrane Street befand und wo im Dämmerlicht vor und hinter Schiebetüren zu Matratzengevierten jene Chinesen auftauchten, die nicht ihresgleichen, sondern die *gweilos*, die fremden Geister, also die Westler und sogenannten Weißen bevorzugten, dabei jedoch noch den heftigsten Windungen ihrer beweglichen Alabasterkörper eine sanfte, vielleicht ja sogar ein klein wenig verächtliche Distanz einzufügen verstanden, die ihn immer an Marguerite Duras' Schilderungen des Liebesspiels mit ihrem Liebhaber in Saigon denken ließ - würde er sich also all den Verzweigungen (nicht zu vergessen die Duras-

Tätowierung über der Pulsader jenes Südvietnamesen am Pool in Bangkok) ebenso gewachsen zeigen wie Herr Leung in seinem seitenlang tragenden, nein: flirrenden Poem? Und wenn *es* – nämlich das ihm heute noch so dauerhaft Scheinende seiner bis über die gängige Lebensmitte hinaus geweiteten Abenteuerexistenz – irgendwann doch zum Ende käme, hätte dann auch er die Kraft der Rübners und Winklers, hätte er Frau Ilanas tapferes Lächeln? *Nun tun Sie doch nicht so naiv!*

Vielleicht ist ihm ja nun doch ein bisschen bange. Noch aber ist er vor Spannung wie elektrisiert – und fühlt sich sogar geborgen, da er doch ahnt, wie vielen zahllosen gedemütigten Menschen gerade sein jetziges Augenblicksglück, friedvolle Besinnung auf das Wesentliche endlicher Existenz, unter Armut, Elend und Angstmachen auf immer entzogen bleibt. Kein Wunder, denkt er – an diesem Abend im Fringe Club, an seinem Tischchen oberhalb der Nahalat Binyamin –, dass ihm die beiden Städte immer wieder etwas schenkten, das er fast ein Zuhause nennen würde: Heimat und Freiheit. Hongkong, sagt er leise, beinahe beschwörend, sagt, Dankbarkeit in der Stimme: Tel Aviv.

Am 11. November 2011 ist Ilana Shmueli im Alter von siebenundachtzig Jahren in Jerusalem verstorben.

Gert Niers

Hans Sahl – Eine Freundschaft mit Hindernissen

Zum ersten Mal begegnete ich ihm im Frühjahr 1977 auf einer literarischen Veranstaltung auf der Westseite Manhattans, und zwar beim sogenannten »Authors Afternoon«, zu welchem die Social Scientific Society for Intercultural Relations eingeladen hatte. Die Leitung dieser 1870 von Carl Schurz und dem mit ihm befreundeten Arzt Dr. Abraham Jacobi gegründeten Organisation lag zu meiner New Yorker Zeit in den Händen von Theodora Lindt, Witwe des Autors Peter M. Lindt. Außer Hans Sahl, der aus seinem zu dem Zeitpunkt gerade bei Goverts (Frankfurt am Main) neuaufgelegten Roman *Die Wenigen und die Vielen* sowie aus dem ein Jahr zuvor bei Lambert Schneider (Heidelberg) veröffentlichten Lyrikband *Wir sind die Letzten* lesen ließ, kamen an diesem bunten Literaturnachmittag Friedrich Bergammer, Mimi Grossberg, Margarete Kollisch, Vera Lachmann und - als einzige Nachkriegseinwanderin - Margot Scharpenberg zu Wort. Ich brachte einen kleinen Artikel über die Veranstaltung in der *New Yorker Staats-Zeitung* (Ausgabe vom 9./10. April 1977).

Hans Sahl

Hier schnell ein Wort über diese älteste deutschsprachige Zeitung New Yorks, die heute gar nicht mehr im Big Apple, sondern in Florida produziert wird. Gegründet wurde sie 1834 in Downtown Manhattan. Der Name *Staats-Zeitung* wurde gewählt, um anzuzeigen, dass es sich um eine Zeitung handelt, die sich mit Staatsangelegenheiten, d.h. mit Politik, befasst. Ich habe mir sagen lassen, dass dort sogar von Karl Marx ein Artikel erschienen sei, und zwar durch Vermittlung einer Agentur. Viel, viel später gehörten auch deutschjüdische Emigranten der NS-Zeit zu den festangestellten Redakteuren und freien Mitarbeitern. Während meiner Tätigkeit bei diesem Blatt (1973-78), dessen Redaktionsstube sich zu jener Zeit in Astoria (Queens) befand, stieß ich eines Tages beim Öffnen eines Aktenschranks auf Rezensionsexemplare von Büchern deutschsprachiger Autoren, vorwiegend Emigranten, die ich alle nicht kannte, aber bald kennenlernen würde. Zwei Wochen später brachte ich eine - mit einer Kollegin verfasste - kurze Rezension der beiden oben genannten Bände Hans Sahls (mit Foto des Autors): mehr Lesehinweis als literarische Kritik, aber mein Interesse an diesem Autor war geweckt.

Bereits ein Jahr später fand ich mich mit Hans Sahl, Friedrich Bergammer, Maria Berl-Lee, Margarete Kollisch und Vera Lachmann auf dem Programm des Autorennachmittags derselben Gesellschaft, und am 30. März 1980 übernahm ich - diesmal im Deutschen Haus der Columbia University - die Lesung für Hans Sahl, der zwar zugegen war, aber wegen zunehmender Sehbehinderung nicht mehr selbst vortrug.

Zu dem Zeitpunkt arbeitete ich beim New Yorker *Aufbau*, weil mir diese deutschjüdische Wochenzeitung, ihre Mitarbeiter und ihre Leser wichtiger erschienen. Bei der *Staats-Zeitung* konnte ich ohnehin nichts mehr lernen. Hans Steinitz war damals Chefredakteur des *Aufbau*, Hans Sahl so etwas wie ein Hausheiliger, der zwar keine Artikel beisteuerte, dessen literarische Laufbahn jedoch mit Anteilnahme beziehungsweise mit Rezensionen verfolgt wurde. Außer Hans Sahl (wie ich in Dresden geboren) und den bereits erwähnten Exilautoren machte ich die Bekanntschaft von Frederick Brainin, Otto Fürth, Robert Breuer, Ludwig Wronkow, Guy Stern, Claude Hill, Tino von Eckardt, Richard Plant, Gertrude Urzidil, Peter M. Lindt, Will Schaber, John F. Oppenheimer, Fred B. Stern und anderen. Wronkow und Schaber schlugen mich 1979 zur Aufnahme in das PEN-Zentrum deutschsprachiger Autoren im Ausland vor.

Irgendwie und irgendwann fand ich mich dann auch im Apartment von Hans Sahl (800 West End Avenue) wieder, wo oft jüngere Leute - darunter Angehörige der deutschen Nachkriegsgeneration - zu Gast waren. Als Übersetzer führender amerikanischer Dramatiker hielt Sahl engen Kontakt zum New Yorker Theatergeschehen, und als promovierter Kunsthistoriker hatte er oft auch Künstler zu Gast. Auf einer seiner Partys stellte er mich seinen Gästen als den »Schabbesdiener des Aufbaus« vor: eine ironische Charakterisierung, die ich mir gefallen ließ, denn oft war es so, dass an den hohen jüdischen Feiertagen nur die nichtjüdischen Mitarbeiter in der Redaktion erschienen, und als Chef vom Dienst trug ich die Verantwortung dafür, dass die Setzerei mit Manuskripten versorgt wurde, Seiten umbrochen wurden, Korrektur gelesen wurde etc., damit wir mit der Produktion nicht in Verzug gerieten und womöglich die termingerechte Auslieferung der Zeitung gefährdeten. Ab 1985 teilte ich die Chefredaktion mit Henry Marx, einem Angehörigen der Emigrantengeneration und jahrelang Redakteur bei der oben genannten *Staats-Zeitung*.

Die frühen 1980er Jahre waren beruflich keine leichte Zeit für Hans Sahl. Zwar nagte er in New York nicht am Hungertuch, aber die Querelen um die Veröffentlichung seiner Arbeiten machten ihm doch zu schaffen. Er klagte einmal, dass die deutschen Verleger mit seinen Manuskripten Fußball spielten. Bei Amman in Zürich erschienen dann - in sehr guter Aufmachung - einige seiner Werke, aber keine Gesamtausgabe. Später legte Luchterhand (an wechselnden Standorten) alle größeren Werke von Hans Sahl auf. Zu dem Zeitpunkt ging es dann bergauf, und die deutschen Medien entdeckten Hans Sahl Ende der Achtziger-, Anfang der Neunzigerjahre.

Als 1988 eine österreichische Fernsehreporterin namens Birgit Kienzle in New York auftauchte, um einen Dokumentarfilm über den *Aufbau* und seine Leserschaft zu drehen, schlug ich vor, auch Hans Sahl zu Wort kommen zu lassen. Somit landeten wir beide in der TV-Reportage *Leben als Nachlass*, die vom Südwestfunk ausgestrahlt wurde. Die Regisseurin benutzte auch – sehr wirksam – zum Ausklang des Films Hans Sahls Gedicht »Exil« aus *Die hellen Nächte*, von ihm selbst vorgetragen.

Trotzdem waren für Sahl auch die 1980er Jahre weitgehend noch Teil einer langen Periode fortgesetzten Wartens auf den Durchbruch als ernstzunehmender Vertreter der deutschen Nachkriegsliteratur (nicht nur der Exilliteratur). Immerhin waren *Die Wenigen und die Vielen* im selben Jahr erschienen wie *Die Blechtrommel* von Grass und Bölls *Billard um halb zehn* und brauchten den Vergleich mit diesen beiden bundesdeutschen Romanen nicht zu scheuen. Das war 1959. Wahrscheinlich wirkte sich die räumliche Distanz negativ auf Kommunikation und Rezeption aus. Man muss als Autor wohl in der Literaturszene eines Landes präsent sein, mitreden und im Gespräch bleiben. All das dürfte für einen Autor, der sich an den deutschen Buchmarkt wenden wollte, von Amerika aus nicht leicht gewesen sein.

Ein anderes Erschwernis war Sahls anhaltendes Augenproblem, das es ihm praktisch unmöglich machte, selbst etwas zu Papier zu bringen – sei es in handschriftlicher Fassung, sei es auf der Schreibmaschine. Er sprach deshalb seine Texte auf Tonband und ließ diese Tonbandaufnahmen abtippen. Natürlich ist es in New York nicht so einfach, jemanden zur druckreifen Transkription deutschsprachiger Diktate zu finden.

Als Autor setzte Hans Sahl auf eine spätere Generation und fühlte sich schließlich bestätigt, ihr etwas mitteilen zu können. In der Tat traten denn auch häufiger jüngere Besucher zu einem Interview an ihn heran, meistens freie Mitarbeiter von Zeitungen oder vom Rundfunk. Er glaubte auch, dass, nachdem die Sowjetunion mitsamt ihrer Ideologie zusammengebrochen war, der Wandel des Zeitgeistes seinem Werk günstig sei. Sahl hatte dem Kommunismus Stalinscher Prägung bereits lange vorher den Rücken gekehrt. Mit der Regierung Reagan schien auch für Hans Sahl zwar kein goldenes, aber doch ein neues Zeitalter angebrochen zu sein.

Etwa Mitte der Siebzigerjahre, noch bevor ich ihn persönlich kennenlernte, hatte ich von Hans Sahl in einem anderen Zusammenhang gehört. Ein Germanistikprofessor der Rutgers University in New Brunswick, New Jersey, bezeichnete ihn mir gegenüber als »*minor author*« – als kleinen, unbedeutenden Schriftsteller. Der Professor war Claude Hill, selber Emigrant, allerdings Nichtjude. Da ich zu dem Zeitpunkt von Sahl weder etwas gehört noch gelesen hatte, maß ich dieser Bemerkung wenig Bedeutung bei, denn wer in Amerika auf Deutsch schreibt, hat ohnehin kaum Aussichten, als Autor groß herauszukommen.

Claude Hill war zu dem Zeitpunkt Graduate Director der Germanistikabteilung seiner Universität, an der ich später promovierte (allerdings nicht bei ihm). Ich unterhielt jedoch, auch nach meinem Studienabschluss, ein freundschaftliches Verhältnis zu Hill (der übrigens in Jena promoviert hatte). Eines Tages erfuhr ich von ihm, woher seine Abneigung gegen Hans Sahl rührte: Während der schlimmen McCarthy-Ära habe Hans Sahl auf einem Empfang oder bei einer Zusammenkunft in New York für die Umstehenden laut hörbar gefragt, ob Claude Hill immer noch Kommunist sei. Eine solche Unterstellung hätte während dieser Zeit der Hetzjagd auf Kommunisten den beruflichen Ruin bedeuten können. Hill war zutiefst empört und verunsichert.

Sahl hatte Hill persönlich gekannt. In *Das Exil im Exil* kann man nachlesen, dass Hans Sahl, Claude Hill und Louis Coser am selben Tisch saßen, um für die U.S. Air Force deutsche Konstruktionsunterlagen zu übersetzen. Im selben Band kann man auch nachlesen, dass sich Sahl der Umtriebe McCarthys und des House Committee on Un-American Activities wohl bewusst war.

Ich hatte lange gezögert, Sahl auf diese Geschichte eines Denunziationsversuchs anzusprechen. Man kann ja nie genau wissen, was an solchen Erzählungen stimmt, was hinzuerfunden oder weggelassen wurde. Bis mir eines Tages bei einem Besuch in seinem Apartment der Wein die Zunge löste. *In vino veritas.* Als ich ihn fragte, was es mit der Affäre Hill auf sich habe und warum er einem anderen Emigranten in den Rücken gefallen sei, reagierte Hans Sahl keineswegs defensiv oder dementierend. Er erzählte in ruhigem, jovialem Ton, dass man mit den Kommunisten nichts mehr hätte zu tun haben wollen und sich folglich auch von Hill zu trennen wünschte. Es ging dann alles sehr schnell, auch mit meiner Geduld, ein Wort gab das andere, und Hans Sahl forderte mich auf zu gehen. Ich sagte noch trotzig, dass mir das nur recht sein könne, und stapfte davon, zu der U-Bahn-Haltestelle, die mich zur Pennsylvania Station brachte, von wo ich die Rückfahrt nach New Jersey antrat.

Am nächsten Vormittag rief ich meinen Gastgeber bangen Herzens an und bat ihn, mir zu rekonstruieren, was am letzten Nachmittag so total schiefgelaufen sei. Aber Hans Sahl war nicht nachtragend. Er riet mir nur, dem Alkohol zu entsagen. Ich versuchte, Abbitte zu leisten, indem ich zu seinem 86. Geburtstag den längsten Artikel schrieb, der je über ihn im *Aufbau* erschien: »Hans Sahl - Exildichter, Dichter des Exils« (20. Mai 1988). Dem Alkohol habe ich nicht den Rücken gekehrt. Claude Hill, mein Mentor im amerikanischen Universitätsbetrieb, starb 1991 nach jahrelanger ärztlicher Fehlbehandlung. Auch ein Emigrantenschicksal.

Als schließlich im Frühjahr 1989 im Circle in the Square Theatre in New York Joshua Sobols umstrittenes Theaterstück *Ghetto* über die Bühne ging, protestierte Hans Sahl in einem Leserbrief an die *New York Times* (14. Mai 1989). Ich rezensierte die Aufführung für den *Aufbau* (2. Mai 1989). Auf einer Veranstaltung des Goethe House sagte mir Hans Sahl, er hätte seinen Brief nicht an die *New York Times* geschickt, wenn er zuvor meine Rezension gelesen hätte. Ein höheres Lob hätte mir schwerlich widerfahren können. Ich berichtete im *Aufbau* (12. August 1988) auch über die Neu- beziehungsweise Jubiläumsaufführung des Chorwerks *Jemand* in Zürich, zu dem Hans Sahl den Text geschrieben hatte (Musik: Tibor Kasics alias Viktor Halder, Bühnenbild: Frans Masereel, Uraufführung: 1938).

Noch während seiner New Yorker Zeit heiratete Sahl eine erheblich jüngere Frau aus Tübingen: Ute Velthusen, nichtjüdischer Herkunft. Ich erhielt eine Einladung zum Hochzeitsempfang, der am 3. Juni 1989 stattfand. Allerdings konnte ich nicht teilnehmen. Im selben Jahr ging der Exilautor mit seiner neuen Frau nach Deutschland zurück (es war nicht der erste Rückkehrversuch nach 1945 und auch nicht Sahls erste Ehe). Die Adresse lautete nun Primus-Truber-Straße 42, D-7400 Tübingen. Im Herbst 1989 nahm ich einen Lehrauftrag für Französisch am Ocean County College in New Jersey an, rezensierte aber weiterhin Exilliteratur und deutsche, später auch französische Gegenwartsliteratur. Meine Besprechung von Sahls *Exil im Exil* erschien in der Zeitschrift *American Jewish Archives* (Nr. 1, 1991).

Zu diesem Zeitpunkt war Hans Sahl auch literarisch in Deutschland angekommen - der letzte *homme de lettres* einer bewegten Epoche. Der Zusammenschluss der beiden deutschen Nachkriegsstaaten hatte stattgefunden, und der heimgekehrte Emigrant, der als 1902 geborener Zeitzeuge wie kaum ein anderer das zu Ende gehende Jahrhundert überschauen konnte, wurde von den deutschen Medien geradezu hofiert. Recht so - er hatte lange genug gewartet. Wir tauschten noch einige Briefe, und dann erhielt ich im Frühjahr 1993 das schwarz umrandete Kuvert mit der Nachricht seines Ablebens. Seine Witwe erlag bald danach einem Krebsleiden.

Susanna Piontek

Heinrich Eduard Jacob – Biograph, Sachbuchautor, Romancier

Absender: Susanna Piontek
Empfänger: Stefanie Golisch
Betreff: Heinrich Eduard Jacob

Liebe Stefanie,

ein herzlicher Gruß zu Dir hinüber nach Monza. Bei unserem letzten Telefonat sprachen wir über unsere Lieblingsschriftsteller, erinnerst Du Dich? Ich erwähnte Heinrich Eduard Jacob und war nicht erstaunt, dass Dir dieser Name nichts sagte – leider ist er ziemlich in Vergessenheit geraten. Heute will ich Dir einiges über ihn schreiben und hoffe, dass es Dich neugierig macht, selbst etwas von ihm zu lesen.

Heinrich Eduard Jacob

Wahrscheinlich hätte auch ich nie von ihm gehört, wenn mir nicht vor etwa zwanzig Jahren in der Bochumer Bahnhofsbuchhandlung ein Remittendenexemplar aufgefallen wäre, dessen Cover mich gleich ansprach: Eine aparte junge Dame zieht ihren mit Pelz besetzten Mantel eng um sich, ihr Hut ist tief in die Stirn gezogen, erlaubt aber doch einen Blick auf eine Bubikopffrisur, kirschrote Lippen und geheimnisvolle Augen. Die Gestalt ist von einer mehrfarbigen Aura umgeben, im Hintergrund sieht man verblasste Berliner Monumente. Titel: *Jacqueline und die Japaner*. Autor: Heinrich Eduard Jacob. Auf der Rückseite dieses dünnen rororo-Bändchens ein Zitat von Bruno Frank:

> »Ich las dieses Buch von Heinrich Eduard Jacob auf einer Schlafwagenfahrt zwischen Wien und Berlin, und ich hätte mir den Bettpreis sparen können. Denn als es in Prag zu Ende war, fing ich in meinem Entzücken wieder von vorne an.«

Von Bruno Frank kannte ich die Boulevard-Komödie *Sturm im Wasserglas*. Wenn *der* entzückt war, würde ich es wahrscheinlich ebenfalls sein. Auch ich las das Buch in einem Zug, allerdings im übertragenen Sinne ☺. Dieses kleine Büchlein, das von einem jungen Künstlerehepaar und dessen Bekanntschaft mit einem japanischen Professor im inflationsgeschüttelten Berlin handelt, zog mich wegen der Schönheit und Originalität seiner Ausdrucksweise sofort in seinen Bann – etwas, das mir später in anderen Romanen dieses Autors ebenfalls auffallen sollte.

Mit einem Bleistift unterstrich ich Sätze wie diese:

»Man war ein morsches und mürbes Holzbrett jenes todgeweihten Berlin, über das die Ausländer und die raubenden Inländer schritten Wir raschelten alle in Papiergeld wie in einem Laubhaufen, der das letzte Streichholz erwartet.«

Wie wunderbar seine Metaphern:

»Das Merkwürdigste waren seine Hände. Sie gestikulierten keineswegs. Sie waren nicht – wie bei Orientalen so manchmal – die Pedale der Rede. Sie nahmen nie an der Ausdrucksstellung eines einzelnen Wortes teil, wohl aber an der Grundschwebung des Satzes. Sie lagen passiv auf der schwingenden Luft, wie Seerosen auf einem Teichwasser. Sie waren von unglaublicher Zartheit – aber durchaus keine Kinderhände. Es war, als träte das Weltleiden zuallererst die Intelligenz dieser japanischen Finger an, als flösse es von hier durch den Körper und bewege die Rede im Munde.«

Jeder seiner Romane – und ich habe die meisten gelesen – sind angefüllt mit solchen Bildern, solchen detailreichen phantasievollen Beschreibungen, die – und hier komme ich wieder auf das Wort Bruno Franks zurück – Entzücken auslösen.

Die Informationen über den Autor in diesem Büchlein waren eher dürftig, aber nichtsdestotrotz geeignet, einen ersten Eindruck zu vermitteln:

»Heinrich Eduard Jacob wurde 1889 in Berlin geboren. Als 1933 seine Bücher verbrannt wurden, floh er nach Wien. 1938 wurde er verhaftet und ins KZ gebracht, kam jedoch 1939 auf Intervention der Amerikaner wieder frei und emigrierte über England in die USA. Er starb am 25. Oktober 1967 in Salzburg.«

Als ich *Jacqueline und die Japaner* entdeckte, gab es zwar schon Computer, aber sie waren noch nicht sehr verbreitet. Ich jedenfalls besaß noch keinen, und Recherche über eine Suchmaschine war noch Zukunftsmusik.

Ich freute mich also über die Entdeckung dieses Autors, war mit Frank »entzückt« und hielt die Augen offen, ob ich auf ein weiteres Buch von Jacob stoßen würde. In der Tat – nun, da meine Wahrnehmung für diesen Schriftsteller geschärft war, kam es ab und zu vor, dass ich etwas von ihm fand. Ich hatte es mir zur Gewohnheit gemacht, in jeder deutschen Stadt, die ich zum ersten Mal bereiste, Antiquariate aufzusuchen und nach Büchern von Jacob zu fragen, manchmal mit Erfolg. So kamen im Laufe der Jahre einige Bände zusammen: *Die Magd von Aachen*, *Ein Staatsmann strauchelt*, *Blut und Zelluloid*, *Estrangeiro*.

Die größte Überraschung erlebte ich 1992 nach meinem Umzug nach Saarbrücken: Ich betrat ein Antiquariat in einem wunderschönen Fachwerkhaus und fand auf einen Schlag vier Bücher von Jacob, nämlich seine Musikerbiographien über Mozart, Haydn, Strauss und Mendelssohn Bartholdy – herrliche Werke mit Kunstdrucktafeln und vielen Notenbeispielen im Text. Kein Wunder, dass auch hier sein Interesse lag, hatte er doch in Berlin nicht nur Literaturgeschichte, sondern auch

Musikgeschichte studiert und war schon vor dem Ersten Weltkrieg einer der führenden Theater- und Musikkritiker seiner Zeit gewesen. Ich konnte mein Glück kaum fassen. Mit dem Antiquar bin ich übrigens bis heute befreundet.

1996 ging es mir gesundheitlich sehr schlecht, ich verlor rapide an Gewicht und musste für einige Zeit ins Krankenhaus. Welch freudige Überraschung, als mir ein Kollege von der Uni, der von meiner Begeisterung für Jacob wusste, zusammen mit seiner Buchhändlerfreundin und heutigen Ehefrau zum Geburtstag eine Erstausgabe des Buches *Liebe in Üsküb* mit Glück- und Genesungswünschen zuschickte.

Mittlerweile hatte ich auch entdeckt, dass Jacob sich als »Begründer des modernen Sachbuches« bezeichnete. Mit wie viel Vergnügen und Staunen habe ich z. B. *Sage und Siegeszug des Kaffees* gelesen! Darin findet man keine trockenen Fakten (ich erinnere mich an eine Rezension für den Saarländischen Rundfunk über ein dickes Sachbuch zum Thema »Schokolade« – das Beste, was ich darüber sagen konnte, war, dass es informativ war). Wie ganz anders und spannend man ein Sachbuch gestalten kann, sah ich nun an diesem gut recherchierten Werk, das die brillante Darstellungskunst von Jacob zeigt. Mal abgesehen davon, dass Kaffee im 17. Jahrhundert in England den Ruf hatte, Männer impotent zu machen und bei Frauen zu schlaffen Brüsten zu führen, schrieb 1929 der Toxikologe Louis Lewin: »Mehrere Tassen Kaffee führen offenbar besonders beim weiblichen Geschlecht zu leichter Euphorie mit Rededrang.« Das, liebe Stefanie, werden wir bei unserem nächsten Wiedersehen während eines Kaffeeklatsches ausführlich erörtern, einverstanden?

Seine erste Buchveröffentlichung im amerikanischen Exil war das kulturhistorische Sachbuch *6 000 Jahre Brot*: ein fünfhundert Seiten starkes Standardwerk, das gleich nach seinem Erscheinen in Amerika 1944 zum »*Must Book*« für Universitäten und Schulen erklärt wurde. Wusstest Du, dass der amerikanische Bürgerkrieg mit Brot als Waffe gewonnen wurde, weil die Südstaaten hungerten und die Nordstaaten Getreide hatten? Stefan Zweig kommentierte damals: »Was für ein Wagnis, die Geschichte der religiösen, technischen und politischen Entwicklung des Brotes zu erzählen.«

Dieses Buch, zehn Jahre später in Hamburg von Rowohlt veröffentlicht, gab übrigens den Anstoß zur Gründung des ersten Brotmuseums der Welt in Ulm.

Um noch einmal auf Stefan Zweig zurückzukommen, ein weiterer Schriftsteller, den ich sehr schätze:

Auf dem XI. Kongress des Internationalen PEN-Clubs in Ragusa, dem heutigen Dubrovnik, kam es im Mai 1933 zu einem Eklat: Die Vollversammlung des PEN unter Leitung von H. G. Wells machte keine Anstalten, die Untaten der Nationalsozialisten zu verurteilen. Ein Teil der deutschen Delegation verließ nach unerwarteten Angriffen von österreichischer Seite den Kongress, und es kam zu einer Spaltung des österreichischen PEN-Clubs, denn das Auftreten der offiziellen österreichischen Delegation wurde scharf missbilligt. In der sog. Kreutz-Resolution (nach dem österreichischen Schriftsteller Rudolf Jeremias Kreutz) einen Monat später erklärten Mitglieder des österreichischen PEN, unter anderem Jacob, Frischauer, Fontana und Csokor all jenen, deren Freiheit in Deutschland physisch und geistig unterdrückt wird, ihre Solidarität und erhoben im Namen des PEN-Clubs scharfen Einspruch gegen diese Unterdrückung.

Zum Unmut von Jacob weigerte sich Stefan Zweig, damals einer der meistgelesenen österreichischen Autoren, die Resolution zu unterzeichnen. Obwohl dies auf sein völliges Unverständnis stieß, war Jacob anscheinend nicht nachtragend, denn nach seiner Rückkehr aus dem Exil gehörte er zu den Mitbegründern der Stefan Zweig Gesellschaft in Wien.

Als ich mich weiter mit Jacobs Schicksal befasste, erschütterte es mich, zu erfahren, dass er im April 1938, nach dem »Anschluss« Österreichs, von den Nationalsozialisten in Wien verhaftet und zusammen mit etwa hundertfünfzig anderen prominenten Gegnern des Nationalsozialismus ins KZ Dachau gebracht wurde. Zuvor war sein Hab und Gut beschlagnahmt worden, darunter eine riesige Bibliothek und umfangreiche Privatkorrespondenz mit verschiedenen Geistesgrößen. In Dachau zog er sich, bedingt durch die schwere Lagerarbeit, zwei schwere Leistenbrüche zu. Außerdem schlugen ihm die SS-Leute die meisten Zähne im Oberkiefer aus. Im September schließlich wurde er nach Buchenwald verbracht und durfte etwas leichtere Arbeit verrichten. Er tauschte Geschichten gegen Nahrungsmittel, ist das nicht unglaublich? Aber so konnte er sich trotz größter gesundheitlicher Schäden am Leben halten, obwohl er dem Tod oft sehr nahe war.

Seine Rettung verdankte er übrigens in erster Linie seiner Verlobten, der Wiener Schauspielerin Dora Angel-Soyka, die sich unermüdlich für ihn einsetzte. Die Schwester des Schriftstellers Ernst Angel war in erster Ehe mit dem österreichischen Schriftsteller Otto Soyka verheiratet gewesen. Mit Hilfe eines amerikanischen Onkels von Jacob gelang es ihr und Jacobs Mutter, alle für eine Entlassung aus dem KZ erforderlichen Papiere zusammenzutragen, das wichtigste Dokument darunter war ein Affidavit und eine Aufforderung des amerikanischen Generalkonsulats, zwecks geplanter Emigration umgehend persönlich im Konsulat zu erscheinen. Jacob wurde am 10. Februar 1939 aus der sogenannten Schutzhaft entlassen. Seine Verlobte erkannte ihn kaum wieder, so gezeichnet war er von den Lageraufenthalten. Eine Woche später heirateten sie, Mitte April machten sie sich auf den Weg nach London und von England aus im Juli schließlich weiter Richtung Amerika.

Nach seiner Entlassung litt Jacob - wie so viele andere, die die KZs überlebt hatten - an schweren psychischen Störungen, vor allem Schlaflosigkeit, Depressionen und Angstzuständen. Angina pectoris mit daraus resultierenden Herzanfällen und eine starke Rückgratverkrümmung sind nur zwei der körperlichen Lagerfolgen, die aus Jacob einen schwerkranken Mann machten. Obwohl er seine Tätigkeit als Schriftsteller wieder aufnahm, hat er sich von den körperlichen und seelischen Folgen der Internierung nie vollständig erholt, und sie beeinträchtigten ihn in seiner weiteren Tätigkeit als Journalist und Schriftsteller. Ist es nicht bewundernswert, dass er das Schreiben nach seiner Entlassung trotz dieser Qualen wieder aufnahm? Er war allerdings nicht in der Lage, wie andere Schriftsteller seine Lagererlebnisse literarisch zu verarbeiten.

In der ersten Zeit nach seiner Emigration lebte Jacob überwiegend von Unterstützung und dem Honorar von Beiträgen für den New Yorker *Aufbau* und andere deutschsprachige Exilzeitschriften. Auch während seiner amerikanischen Exiljahre war Jacob äußerst produktiv, nur brauchte er aufgrund seiner Schmerzen und seiner stark verminderten Konzentrationsfähigkeit nun sehr viel länger, um ein Projekt zu beenden. Eine unter dem Pseudonym Eric Jens Peterson veröffentlichte Erzählung nahm Ernest Hemingway in seine Anthologie *Men at War. The Best War Stories of All Time* (1942) auf.

Das Exil sollte vierzehn Jahre dauern. Dann kehrte das Ehepaar nach Europa zurück und zog bis zu Jacobs Tod ruhelos von einem Hotel ins nächste, verteilt über eine Vielzahl europäischer Städte. Seinen Versuchen, literarisch an frühere Erfolge aus der Weimarer Zeit anzuknüpfen, war nicht viel Erfolg beschieden. 1959 erschien sein letztes Buch, die Biographie über Mendelssohn Bartholdy. Danach reichten Jacobs Kräfte nicht mehr für größere Projekte, und es erschienen nur noch vereinzelte Essays von ihm.

Im Januar 2005 war ich mit Guy in Berlin und hatte Gelegenheit, seinen langjährigen Freund Manfred Schlösser und dessen Frau Monika kennenzulernen. Sie wohnten damals in einer riesigen Altbauwohnung, die von Büchern überquoll. So etwas hatte ich noch nie gesehen, Bücher bis unter die Decke (und die war hoch), kein Zentimeter vergeudet, um das bedruckte Papier unterzubringen. So musste es bei Kien in Canettis *Die Blendung* ausgesehen haben! Ich war allerschwerst beeindruckt. Manfred Schlössers Leidenschaft spiegelte sich auch beruflich wieder: Er ist Inhaber des Agora Verlages und hat zahlreiche Bücher herausgegeben. Natürlich sprachen wir über Literatur, und ich erwähnte meine Begeisterung für Jacob. Da springt der große schwere Mann mit einer erstaunlichen Behändigkeit auf, verschwindet in einem anderen Zimmer und kommt kurz darauf mit einem Buch in braunem Einband zurück: Der autobiographisch gefärbte erste Roman von Jacob, *Ein Mann von zwanzig Jahren*, erschienen im Agora Verlag. In diese Wiederauflage schrieben die Schlössers mir eine liebevolle Widmung. Ich war – was selten vorkommt – sprachlos.

Zum Schluss dieser Mail will ich noch einmal Jacob selbst in seiner unnachahmlichen Weise zu Wort kommen lassen, mit einem Zitat aus *Blut und Zelluloid*. Dieser Roman erschien Ende der Zwanzigerjahre und basiert auf der Geschichte des Berliner Filmkongresses drei Jahre zuvor. Ein Buch über Faschismus, Propaganda, Hetze und Filmindustrie. Das Buch landete übrigens auf der ersten »Schwarzen Liste«. Danach war es Jacob nicht mehr möglich, in Deutschland zu publizieren, er verlor seine Stellung beim *Berliner Tageblatt* und arbeitete von nun an als freier Schriftsteller in Wien. Noch einmal kommt hier Stefan Zweig ins Spiel, der dem Roman in der Wiener *Neuen Freien Presse* eine ausführliche Besprechung widmete und darauf hinwies, dass dieses Buch einen doppelten, sogar einen dreifachen Boden und vielleicht noch mehr habe. Welch ein Genuss:

> »Ihre Größe und ihre Geradheit erfüllten noch immer jeden Raum mit einer Erinnerung an Pflanzen. Sie war von jener Vorkriegs-Schlankheit, die nicht durch angstvolles Training erzeugt wird, sondern die etwas Geborenes war. Ihr blondes Haar war noch immer wie damals in einen fallenden Knoten gerollt. Das einzige, was ihr abgewelkt war, war tragischerweise ihr Gesicht. Ihr Antlitz war älter als ihr Körper. Über der lebensschönen Gestalt die Ruine dieses Gesichts zu sehen, war schmerzlich und unheimlich. Aus den Jahren des großen Schreckens waren nicht nur Kriegskrüppel: auch Zeitkrüppel waren hervorgegangen. Was nützte es, wenn ein Busen schön war, wenn zwei Handbreiten darüber der nichts mehr verschweigende Hals begann: ein mit den Eintragungen des Lebens wissend bedecktes Pergament.«

Toll, nicht wahr?

Bist Du neugierig geworden auf diesen unglaublich vielseitigen Schriftsteller? Dann hätte meine Mail ihren Zweck erfüllt.

Nächstes Jahr, liebe Stefanie, nicht in Jerusalem, aber in Monza oder Detroit!

Deine Susanna

Utz Rachowski

Jürgen Fuchs – Lieblingsfarbe eines Dichters

*Es kann nicht Sache des Dichters sein, die Menschheit dem Tode aus-
zuliefern. Mit Bestürzung wird er, der sich niemandem verschließt, die
wachsende Macht des Todes in Vielen erfahren. Selbst wenn es allen als
vergebliches Unterfangen erschiene, er wird daran rütteln und nie, unter
keinen Umständen, kapitulieren. Sein Stolz wird es sein, den Abgesandten
des Nichts, die in der Literatur immer zahlreicher werden, zu widerstehen
und sie mit anderen als ihren Mitteln zu bekämpfen. Er wird nach einem
Gesetz leben, das sein eigenes ist, aber nicht für ihn selber zugeschnitten,
es lautet:*
    *Daß man niemand ins Nichts verstößt, der gern dort wäre. Daß man
das Nichts nur aufsucht, um den Weg aus ihm zu finden, und den Weg
für jeden bezeichnet. Daß man in der Trauer wie in der Verzweiflung aus-
harrt, um zu lernen, wie man andere aus ihnen herausholt, aber nicht aus
Verachtung des Glücks, das den Geschöpfen gebührt, obwohl sie einander
entstellen und zerreißen.*

Elias Canetti, Der Beruf des Dichters

Ich weiß nicht, ob die Lieblingsfarbe von Jürgen Fuchs Orange war. Ich vergaß zu
fragen. Dreißig Jahre lang habe ich Jürgen nicht nach der Farbe befragt, die ihm die
liebste war. Die Liebste. »Am schönsten ist L., wenn sie zögert.«

> Wer in die Fremde will wandern,
> Der muß mit der Liebsten gehn;
> Es jubeln und lassen die andern
> Den Fremden alleine stehn.

Passt nicht so recht, das »Heimweh« von Eichendorff. »Was wisset ihr, dunkle Wipfel, / Von der alten, schönen Zeit?« Hier steht ein Fragezeichen bei dem Freiherrn,
und ich setze gleich noch eines dazu. »Ach, die Heimat hinter den Gipfeln, / Wie
liegt sie von hier so weit!« Und die letzte Zeile: »Grüß dich, Deutschland, aus
Herzensgrund!« Na, ja. Sagen wir lieber Reichenbach, die vogtländische Hügel-
landschaft. Das gibt dann die Gipfel, die Wipfel, die Jürgen Fuchs aber nicht so
richtig sehen konnte aus dem Fenster des Hauses, in dem er aufwuchs, unten in
der Altstadt, wie man heute noch sagt, unten. Aber das schmächtige, stinkende,
flinke Textilflüsschen, das er später und zugleich am Beginn seines Schriftstellertums
beschrieb, dann immer wieder:

Der Abwassergraben
Unter meinem Fenster wechselt seine Farbe
Grün, gelb, rot auch schwarz
Je nachdem
Was im Textilwerk Unterheinsdorf
Gefärbt wird
Wenn das Wasser klar ist
Baden wir
Und bauen Dämme
Der Raumbach
Die Göltzsch
Die Weiße Elster
Die Saale

Die Elbe?

Im Schulatlas
Kann ich Hamburg sehen
Die Nordsee
Den Atlantischen Ozean
Blau und nicht wirklich wahr

Warum habe ich Jürgen nie nach seiner Lieblingsfarbe gefragt, jetzt ist es Orange geworden, ich hatte keinen Einfluss auf die Farben, eines Tages stand es so da, Orange, meine Lieblingsfarbe ist es. Diese Farbe.

Das Blumengeschäft in der Unteren Dunkelgasse
Ist wirklich wahr
Die Blumengasse
Die Autowerkstatt Roth
Škoda Service
Die Entlüftungstürme
Von Hempels Fabrik
Der weiße warme Dampf am Mittag
Das Schild
Steine werfen verboten
Eltern haften für ihre Kinder
Zuwiderhandlungen werden bestraft

»Grün, gelb, rot, auch schwarz« hat er beschrieben, »Blau und nicht wirklich wahr«, wahr ist »der weiße Dampf am Mittag«, sagen wir, wenn er von der Schule kam, mittags an den Mauern der Fabrik entlanglief, heimwärts dem Mühlgraben zu, die Tür aufschloss am Haus Nummer 13, an dem der Salpeter hochkroch. Gelb doch wohl nicht, würde ich denken, wegen des Dampfes, der ihm die Sicht verdarb, und weiß auch nicht mehr. Und Blau, nicht wirklich wahr. Oder doch? Nur für eine kleine Zeit.

Ich habe sie gekannt, die mit dem silbernen Lachen, dem Metall in der Stimme, Goldschmiedstochter, in der Oberschule eine Klasse niedriger, dann ein paar Semester Medizin in Leipzig nach langem Warten auf den Studienplatz. Eva Blau hat er sie genannt im Roman, Schweigen ist Gold und nicht seine Sache, zu viel Silber die Stimme. Blau wurde nicht wahr und zog nicht mit in die Fremde. Kein Jubel, sie ließen einander schon zu Hause stehn. Blau zögert nicht.

Und Rot? Rot doch wohl auch nicht. Aber am Anfang vielleicht. Fuchsrot hätte ihn bestimmt gefreut, rot wie der Fuchs auf dem Gemälde von Eve Rub. »Vom Rot, das brennt« - Mensch Gerulf, du musst noch etwas warten, du darfst mir jetzt nicht dazwischenkommen in dieses Reichenbach, aber wie könnte ich dir die Stimme verbieten, die aus dem rauen Metall, Reibeisen, nicht Silber, jetzt, wo auch du tot bist - also: »Vom Rot, das brennt, mach ich Lieder für euch, vom Rot, das brennt, wünsch ich die Witze nicht bloß, vom Rot, das brennt, alles hier.« (Warte noch etwas, Gerulf, nicht lange mehr, Jürgen in Bad Köstritz, ich in Kreuzberg, in meiner Eiswohnung, immer hast du mir eine Zigarette mitgebracht, und immer - seltsam - war es die letzte, das lässt sich nicht erfinden.) Rot also bestimmt, für den Anfang. Ihr wolltet es retten, das verwaschene, ausgeblichene, über die Jahre verkommene Rot, das schon todesbleiche. Jürgen Fuchs:

> MIT ROTSTIFT
>
> Oder Kohle
>
> Auf Papier
> Oder Straßen
>
> Genannt
> Oder verschwiegen
>
> Solange
> Die Dunkelmänner
>
> Warnen:
>
> Vorsicht
> ROTE GEFAHR
>
> werde ich schreiben

Und zeitgleich:

> Sah gestern eine Fahne
> Und diese Fahne war rot
> Sie lag als Schaufensterfahne
> Unter dem Schild: Hundeverbot
> Das war ein zerbrechlicher Laden
> Sein Angebot Porzellan
> Und allerhand Tassen und Vasen
> Bedeckten die rote Fahn
>
> Und hinter sehr teuren Gläsern
> Las ich vom Sozialismus im Land
> Der war aber nur halb zu sehen
> Weil davor ein Rauchverzehrer stand

Und wenig später.

»Keiner wollte sie tragen. Wir blickten weg und taten geschäftig, führten intensive Gespräche mit dem, der gerade in der Nähe stand oder wechselten die Straßenseite. Niemand wollte den Dummen machen: Es wird sich schon einer finden. Vornweg marschieren und dann noch allein mit diesem Ding, da wirst du gesehen und verlacht, das kennt man, ich werde wohl aus freien Stücken die Fahne schleppen. [...] Als Fahnenträger kannst du nicht in die erstbeste Seitenstraße entweichen, da mußt du in Reih und Glied bleiben bis zuletzt: Wenn sich die anderen schon nach Eis oder Bockwürsten anstellen, stehst du noch als Demonstrant auf der Straße, weithin sichtbar und verzweifelt eine Ablage suchend. [...] Irgendeine Lautsprecherstimme verkündete kreischend große Erfolge, und wir standen als bestellte Demonstranten in Nebenstraßen und warteten, bis sich einer fand, der die Fahne mitnahm, die am Zaun lehnte. Und es war die rote Fahne.«

Nicht berühren, sagt er da, eigentlich. Nicht dieses Rot, das einen bleichen Leichnam verhüllt, aber er sagt es mit Schmerz. Rot also nicht mehr. Das Schaufenster-Rot in der »Kahlaischen Str. zu Jena«.

Da kommt mir plötzlich Blond dazwischen, kommt aus dem »zerbrechlichen Laden«, in meiner Farbenlehre, aber das Blond ist aus Reichenbach – oder ist es ein bloßes Gelb? –, das anfängt zu flattern, wenn es in Jena in der Sonne über die Straße springt, ein verquirltes Gelb, denke ich. Zwei Klassen niedriger diesmal, an der Oberschule, kommt nach Eva Blau, nur ein Sprung über den Weg, will in Jena studieren und Philosophie, aber darf nicht, da fährt die Mutter von Reichenbach nach Jena und geht mit dem Professor zu Bett, die Jenischen Berge kreißen und gebären einen Studienplatz für Blond mit Drei Quellen und Bestandteilen. Es wird aber eine Verfolgung vorgetäuscht, Herren würden sie vorladen und vernehmen, klagt Blond, mit Briefen kämen ihre Einladungen, Blond ist so schon toll und will noch etwas interessanter werden, auch ein bisschen verfolgt sein, Jürgen schlägt einfach die Tür zu hinter der Lüge und geht seines Wegs. Blond hat nichts zu tun mit dem Gelb am Mühlgraben 13. Und nichts mit *une petite blonde*, das er später in Paris bestellt, aber ich denke, da hat er sich lieber einen trockenen Roten kommen lassen, wenn er noch etwas Zeit hatte, bevor er zu Manès Sperber hochging. Aber Blond ist hartnäckig, und Blond zögert nicht. 1993, nach seiner ersten Vorlesung in Jena, »Poesie und Zersetzung«, springt sie ihm an den Hals, wie er mir erzählt, und alle Freunde umher staunen: die, wieso die. Poesie und Zersetzung. Abgewaschen von allen Wassern, Quellen und Drei Bestandteilen. Blond passt nicht in meine Farbenlehre.

Von den Farben aber ist Orange meine Lieblingsfarbe. Auf einmal stand es da. Früher, in meiner Kindheit, war es mein kleines Italien gewesen, der Palazzo meiner Träume, die Ferne ja, die Fremde nicht, dorthin konnte man allein gehen und zu Fuß, mein Arkadien. Auch ich bin dort gewesen. Verwartete dort manchen sonnigen Mittag auf den Treppen sitzend während der Schließzeit der Läden. Ich würde auf die Oberschule kommen und dann Chemie studieren, dessen war ich mir sicher. An diesen Mittagen in der Sonne, am Fuße meines Palazzo, meines kleinen Verona, kaufte ich dann, wenn die Läden öffneten, bei »Bandagen-Oltzscher«, immer das Zubehör für meine chemischen Experimente, schwer schmelzbare Reagenzgläser, Erlenmeyerkolben, Flaschen mit Glasschliffstöpsel, Pipetten, Justus-von-Liebig-Kühler, Schläuche, Schlauchklemmen und Lackmuspapier. Es fällt mit ziemlicher Sicherheit in diese Zeit, und vielleicht war es an einem dieser Mittage, als ich Jürgen Fuchs zum ersten Mal sah.

Oder war es der andere? Denn es gab zwei in der Stadt, die mit langen schwarzen Feincordhosen herumliefen, beide mit auffallendem längerem Haar, das tiefschwarz war, ungewöhnlich, ich erinnere es genau, der schwarze Glanz dieser Haare und ungewöhnlich für die Kleinstadt sowieso die Länge, über die Ohren, aber nicht ganz, in die Stirn fallend, »aber nicht zu sehr«. Ich saß auf den Treppen meines Palazzo und staunte. War es der eine, oder war es der andere? Ging da einer zur Schule, am Nachmittag zum Volleyballtraining, oder hatte ein anderer Mittagspause und war Dachdecker, vielleicht Zimmermann. Manchmal sah ich bei einem eine »Schmiege« oder vogtländisch: »Schmiesch« aus der Seitentasche der schwarzen Cordhose ragen, einen Zollstock, dann wieder, war es ein anderer?, nichts davon … Schwarz, aber Schwarz ist vielleicht die Farbe, nach der ich suche. *Paint it black.* Rolling Stones, das war seine Lieblingsgruppe.

Erst als ich Monate später, im September 1968, auf die Oberschule kam und dort gleich am ersten Tag den einen sah, beim Fahnenappell, als Mitglied des Fanfarenzuges mit Trompete und Blauhemd in Reih und Glied, wusste ich sofort, das war nicht der Dachdecker und Zimmermann. Zollstock, »Schmiege«, »Schmiesch«, schmiegsam, das schien nicht sein Metier zu sein, nicht sein Maß, er stand, seine linke Hand in der Hüfte abgestützt, stieß in die Fanfare gen Himmel und trug bei zu einem ohrenbetäubenden Ritual, das ich nicht kannte, das es an unserer Schule nicht gegeben hatte. Ein paar Wochen später ergab sich zufällig ein erstes Gespräch. In der Turnhalle. Die Klasse 12B3, in die Jürgen ging, hatte 9B3 gerade mit drei zu zwei Sätzen beim Volleyballturnier der Goethe-Oberschule geschlagen, und ich war stinksauer, ich war der Mannschaftskapitän der Verlierer. Ich setzte mich auf eine der längs am Spielfeld stehenden Holzbänke der Turnhalle und senkte den Kopf. »Na, Sexer (abgeleitet von Sextaner, von Sexta), willst du nicht eine rauchen gehen auf's Klo?«, sagte eine Stimme neben mir. Ich sah auf und erkannte den 12er neben mir auf der Bank, der mich vorige Woche in der Großen Pause auf der Toilette aufgestöbert und beim Rauchen erwischt hatte. Ich kannte ihn schon vom Stadtbild her und wusste jetzt, wie er hieß.

»Der Fuchs verpfeift dich nicht, da brauchst du keine Angst zu haben«, sagte ein Klassenkamerad zu mir, der ihn von der gemeinsamen Grundschule her kannte. Er sollte recht behalten, »der Fuchs« verpfiff mich nicht. »Im August habe ich dich gesehen«, sagte Jürgen jetzt grinsend auf der Bank, »du hast eine tschechische Fahne in den Speichen deines Vorderrades gehabt, das hätte schiefgehen können, mit deinem schönen neuen DIAMANT-Rad.« Wieder lachte er. Auch er hatte mich offenbar schon in der Stadt wahrgenommen. »Hab ich von meiner Oma gekriegt«, sagte ich, »als ich auf die Oberschule durfte.« »Und die Fahne?«, fragte er. »Aus einer Girlande gerissen, beim Sommerfest.« »Und wie kamst du drauf?« »Mein Bruder«, sagte ich, »hat mir alles erzählt, seit meine Eltern geschieden sind, warum dann die Panzer kamen, auch vorher schon, Rudi Dutschke, was im Mai in Frankreich los war.« »Hat dein Bruder noch den alten Direktor gehabt?« »Ja«, sagte ich, »noch Buchta.« »Du musst aufpassen«, sagte er, »Übel, der Neue, ist gefährlich, Kadettenschüler, Major der Reserve, hat gleich Ordnungsgruppen gebildet und rote Armbinden ausgegeben. Lehrer wie Kießling, Rammler, Werlich, weißt du, von wem die freundschaftlichen Besuch kriegen, im ersten Stock, in dem verriegelten Zimmer, jede Woche?« »Wirklich, von denen?« »Du musst aufpassen, ich habe die Autonummern«, sagte er.

Alles schon da, die Farben seines Lebens, abgesteckt die Themen, nach diesem Sommer 1968, als die Panzer der Armeen des Warschauer Paktes tagelang auch durch unsere kleine Stadt gerollt waren, eine nicht enden wollende Schlange aus Metall, ein Geschehnis, das die Atmosphäre dieser Kleinstadt wie eine Naturkatastrophe verändert hatte. Ein Naturereignis. Als ich an die Schule kam, zitterte die Stadt noch vom Sommer.

Einige Monate später, auf einem Schultanzabend im Gasthaus Stadt Dresden mit angeschlossenem Saal, Jürgen war erst weit nach Beginn der Veranstaltung mit Eva Blau hereingekommen, redeten wir den ganzen Rest des Abends zusammen. Sofort über Dubček, er fragte, ob ich Brecht kennen würde. Ja. Was? Dostojewski? Nein. Er zählte Titel auf. Nietzsche? Ja, aber nur den *Antichrist*. Ich fragte ihn nach Hesse. Während Eva Blau wegging und ein bisschen im Saal herumsilberte, erzählte er mir erstmals von seinem Lehrer Hieke, der von der Schule, von unserer Schule, geflogen war, ohne dass ich ihn vorher kennenlernen konnte, weil er sich geweigert hatte, einen Grußappell zum Einmarsch in die ČSSR zu unterschreiben. Jetzt würde er draußen auf dem Güterboden Kisten schleppen, der Altphilologe, mit gestärkten weißen Hemden Ölfässer und Garnkisten umladen. Einer aus Jürgens Haus, so alt wie er, hätte an den Sockel der Mylauer Kirche »Hoch Dubček« geschrieben, der blaue Fleck der Übermalung sei noch gut zu sehen, ich müsse nur hinlaufen, in die kleine Nachbarstadt mit der Burg Karl des IV. Bernd Seidel, Arbeiter, im Knast, wahrscheinlich Zwickau, und immer noch kein Urteil jetzt im Dezember. Der Abend ging zu Ende, wir verabredeten uns, ich solle ihn besuchen.

Wir hatten in dieser Zeit, in unserem gemeinsamen einen Schuljahr keineswegs regelmäßigen Umgang, das kam erst später, als Jürgen die Schule verlassen hatte und zur Armee musste. Jetzt, in diesen Monaten sprachen wir eher nur zufällig zusammen, Jürgen stand im Abitur, wir begegneten uns auf den Sportfesten, ich sah, wie er beim Hundert-Meter-Lauf Schulrekord lief, elfkommasechs Sekunden, das weiß ich noch heute. Erst als ich, noch in der neunten Klasse, einen Schulaufsatz schrieb, der vom Parteisekretär sofort herausgefischt, »an die große Glocke gehängt« und, was ich nicht wusste, dem Staatssicherheitsdienst übergeben wurde, wuchs das Interesse von Jürgen an einer gemeinsamen Begegnung wieder. Seine Deutschlehrerin, die nach dem Rausschmiss Hiekes in Jürgens Klasse unterrichtete, hatte meinen Aufsatz unter dem Aspekt kritischer Auseinandersetzung im Unterricht verlesen und dabei durchblicken lassen, dass ihr der Text sehr gefiel.

Diese Frau Dr. Hochmuth empfing auch nach der Schule interessierte Schüler und sprach mit ihnen über Literatur; Hölderlin, Thomas Mann, Hermann Hesse waren ihre Lieblingsautoren, die sie an ihre Schüler weitergab. Jürgen hat auch später immer wieder von ihr gesprochen, auch mit Distanz, sie bediente das Bildungsbürgertum und dessen Nachwuchs in der Stadt, hielt sich an kritischen Punkten, bei kritischen Autoren zurück. Sie stand wohl auch unter der missgünstigen Kontrolle der linientreuen Schulleitung, die, vom Fall Hieke alarmiert, nur auf einen Fehler von Frau Dr. Hochmuth wartete. Diese Zeit, die Atmosphäre an der Schule, auch die Umstände beim Weggang seines geliebten Lehrers Hieke, hat Jürgen Fuchs später in einem Aufsatz beschrieben, der seine Begegnung mit dem Buch *LTI* von Victor Klemperer zum Thema hat:

»In den Wochen nach der *LTI*-Lektüre begann ich zu schreiben. Das waren nicht mehr, wie zuvor, versuchte Nachempfindungen Bobrowskischer Landschaften, die ich nicht kannte. Ich wagte mich vor zur Wirklichkeit, zur eigenen, zu der, die mich umgab. ›Beobachte, präge dir ein, was geschieht.‹ Ich steckte alles weg, wenn ich das Zimmer verließ. Keiner wußte, was ich tat. Aber ein Weg war gefunden: Geschichte, Geographie, Staatsbürgerkunde. Ramsch wird immer ganz rot, vom Hals her, wenn wir Fragen stellen, die er nicht beantworten kann. Ramsch mit den großen Reden in der ersten Stunde: Ich bin ein strikter Gegner der Phraseologie. Da saßen wir ganz still auf unseren Plätzen und dachten sonstwas, aber was er war, wußten wir bald. Ordnungsgruppen werden gebildet, Armbinden verteilt. Blaue und blau-rote, ›LvD‹ heißt der Lehrer vom Dienst. Montags Fahnenappell. Der Direktor wünscht eine militärische Meldung. Mit Hackenzusammenschlagen. Manchmal trägt er Uniform. Er hat graue Haare und ist Major der Reserve. Er verbreitet Angst. Es sind seine Augen, sein Durchschauerblick ... Wenn ich im Glied stehe, muß ich lachen. Warum? ... Viele haben Schwierigkeiten, das Wort Sozialismus richtig auszusprechen. Die meisten verschlucken die Endung, auch der Direktor, wollen dieses Wort schnell hinter sich haben ... Lenin ist der liebe Gott. Ich muß lesen, was er schrieb. 40 Bände will einer abgeben. Er mußte sie kaufen auf Beschluß seiner Parteigruppe. Jetzt liegen sie auf dem Boden, in einer Kiste. Die Mutter brachte fünf Stück mit in einem Einkaufsnetz. Er ist ihr Kollege, es soll geheim bleiben ... S. und Z. wurden vorgeladen. Das geht so: Die Sekretärin kommt und sagt: ›Bitte zum Direktor dann und dann.‹ Am Sekretariat klingeln, der Summton, ›Hier herein, bitte.‹ Zwei Herren sitzen da, der eine jünger, der andere älter. Zeigen ihren Ausweis vor, der sieht aus wie eine Fahrerlaubnis, klein, schmal, zum Aufklappen. ›Wir hätten uns gern mit Ihnen unterhalten.‹ Im Gespräch sagen sie *Du*. Es ging um H., er will die Schule verlassen. Ob welche Sympathien für ihn haben. H. sei ein Freund Dubčeks. Zum Schluß muß man einen Text aufschreiben mit Hand, ein Paragraph des Strafgesetzbuches kommt vor – Schweigepflicht! Weitere Gespräche werden verabredet oder in Aussicht gestellt ... Angst. Wie soll ich mich verhalten, wenn sie kommen? ... Von den Litfaßsäulen lächeln die Lügen ... immer wieder Aufrufe und neue Termine für Höhepunkte, immer muß *ein* Ziel da sein. ›Blaue Wimpel im Sommerwind. Du hast ja ein Ziel vor den Augen, damit du in der Welt dich nicht irrst‹ ... Auch ich habe eine doppelte Buchhaltung ... Alles ist zu früh. Bald kommt der Einberufungsbefehl. Die schwarzen Hefte besser verstecken: Wir haben's weggetan, sagte sie, wir haben's verbrannt. Wenn du so weitermachst, bringst du uns alle noch ins Unglück, ins Gefängnis, deinen Vater und mich, so was will ich nicht noch einmal sehen ... Die Panzer hinterließen helle Spuren auf den Pflastersteinen. Auf der Straße hörte ich einen sagen: ›Jetzt sind die Tschechen dran. In ein, zwei Tagen geht das heute. ... Die Technik ...‹ Darf eine sozialistische Armee andere Länder besetzen? Und ich werde Soldat. Alle reden von der ›Sicherung des Friedens‹ ...

Notizen, Fragen. Die überführte, festgehaltene Wirklichkeit verlor für die Zeit des Schreibens ihre Macht. Ich übte, ohne es zu wissen, eine Überlebenstechnik, die mir bei Armee und im Gefängnis von Nutzen sein sollte: die Zeitverschiebung. Ab in die Vergangenheit war das eine, die versuchte Vorwegnahme der Zukunft das andere. Heimlich, mit Hilfe von Sprache, sollten die Gefahren abgewendet werden. In der Not der Rückgriff auf's Magische. Das Aufschreiben war sehr wichtig und nicht nur ein Ventil. Und doch: Auch ich wurde ins Zimmer des Direktors gerufen. Und der Einberufungsbefehl kam pünktlich, ich war achtzehn. Und Jahre später verhafteten mich drei Herren von der Straße weg.

Und aus dem Gefängnis wurde ich über die Grenze gefahren. Trotzdem ich fast alles beschwörend vorweggenommen hatte in meinen Notizen [...]. Ich gestehe, daß ich der

Sprache, dem, was vielleicht Literatur genannt werden könnte, diese Ohnmacht, dieses Versagen vor den Häschern übelnahm. Daß sie mich, trotz meiner Hingabe an sie, zum Opfer werden ließ. Daß sie nicht allmächtig war, daß ich leiden mußte wie andere auch, das wollte ich lange nicht akzeptieren. Diese Kränkung saß tief.« (*Das Erschrecken über die eigene Sprache*, 1983.)

Ich klingelte an der Haustür mit der 13, der Blick seiner Mutter, eine Wand, ganz Ablehnung: Da kommt einer, langhaarig, mit Baskenmütze, Vietnam-Abzeichen an der Jacke, die ausgewaschen ist, und zerrissenen Volleyballschuhen, aus denen die Socken quellen, das passt alles nicht zusammen, das passt zusammen, der sieht aus wie der Sohn. Wie der Sohn aussah bis vor ein paar Wochen. Der Sohn macht schon die Tür auf, sagt kein Wort zur Mutter und zieht den Freund schnell in sein Zimmer. Schlägt die Tür zu. Musik. Im Zimmer ist Musik, ich weiß nicht, welche. Links in den hohen Regalen Reclam-Bändchen, ein Plattenspieler. Homers *Odyssee*, *Ilias*, Hegel, die *Vorlesungen über die Philosophie der Geschichte*, mehrbändig, weinrot, auch Feuerbach und Kant. Rechts, die Holztruhe dunkel, aufgeklebt *Guernica*, auf der Truhe eine Lampe, darüber hellroter Fahnenstoff, sorgfältig, an den Rändern handbreit, versengt, angekohlt, darüber, an der Wand, ein Zettel, Aufschrift: »Sie gruben die Helligkeit dieser Zeit in unsere Augen, die Zweifelnden, wie weit ver-brannt ist schon das Licht?« Von wem? Von mir, sagt Jürgen. Die Musik? *Vorspiel zum Nachmittag eines Fauns*, Debussy, später *Die Frühlingsweihe* von Strawinsky. Das Licht im Zimmer Dämmer, es ist schon November, das Fenster ein wenig geöffnet, draußen rauscht das flinke Bächlein. Jürgen sitzt in einem hohen alten Samtsessel, seine schwarzen Haare jetzt kurz, sein erster Besuch, sein »Urlaub«, jetzt ist er bei der Armee, Grenzbataillon in Plauen, Funker, nicht vorn am Streifen, nur am Draht, Kaserne Schöpsdreh am Stadtrand von Plauen. Jetzt sitzt er im Sessel, liest mir Gedichte vor, seine, die neuen. Aber erst später wird er aufschreiben, das, was mit ihm geschah, wie er wegging, aus dieser Stadt, denn etwas musste geschehen sein, bevor einer solche Gedichte schreibt.

»Ich gehe die Schulgasse hinauf mit dem Koffer, in dem ist, was vorgeschrieben wurde auf einem Blatt Papier: Socken, Rasierzeug, weiße Kragenbinden, Schuhcreme, Bürsten, Nähzeug, Handtücher, Unterwäsche und die schwarze Reisetasche, der *Reiselord*.
›Wohin gehst du?‹
›Ich gehe zur Armee.‹
›Ach‹, sagt sie und lächelt.
Ich weiß nicht, wohin ich gehe. Ich habe Geschichten gehört, die endeten immer: Auch das geht vorbei. Aber jetzt sollte es beginnen. Die Schulgasse hinauf mit dem Koffer. Da ist die Altstadtschule, über der Tür, halbrund, in großen Buchstaben: ›I. polytechnische, allgemeinbildende zehnklassige Oberschule‹. Schnell vorbei, den kleinen steilen Berg hinauf, Richtung Marktplatz, Richtung Bahnhof, Richtung Wehrkreiskom-mando, Richtung Friseur.
Coiffeur steht über der Tür, daneben die Eisdiele, geschlossen, es ist früh 9 Uhr und ein paar Minuten. Zwei Kugeln Vanille, eine Zitrone. Zu früh, kurz nach neun, dort ist die Uhr, kreisrund, Rat des Kreises, Rat der Stadt.«

Ich weiß nicht, ob Orange die Lieblingsfarbe von Jürgen Fuchs war. Ich habe ihn nie gefragt. Grau, damals war alles nur grau. Und noch einmal grau. Selbst dann noch ist das Gebäude auffallend schön, auch mächtig, wenn Mittag ist und man sich vorstellt, es sei ein friedlicher Palazzo in Italien, sagen wir Verona, bald kommt Mercutio zum Brunnen, Tybalt wird ihn erschlagen, Romeo muss nach Mantua fliehen. Es beginnt. Aber Jürgen geht am Brunnen vorbei, den ich mir träume, zum Friseurladen, zögert nicht, tritt in die Tür. Aber wo? Wo bleibt die Liebe, die gelebte, und die nicht, die andere, die nur von einer Seite vergebene, die vergebliche, auf dieser Welt? Wohin geht sie? Wo bleibt sie? Ich weiß es nicht. Ich weiß nicht, wo. Es bleiben die Brunnen, die Palazzi, die Bibliotheken. Und Jürgen geht am Brunnen vorbei, zögert jetzt nicht, geht durch die Tür, das Tor, liest nicht die Flammenschrift, liest nur *Coiffeur*.

»Dort hinein, den Koffer abstellen, keiner ist vor dir. Du kommst gleich an die Reihe. Eine junge Frau, ein Mädchen:
›Wie möchten Sie es haben?‹
Dann sieht sie in den Spiegel, lächelt, lächelt nicht mehr.
›Zur Armee gehst du ...‹
›Ja.‹
›Ach‹, sagt sie.
›Kurz, hinten kurz.‹
›Ja‹, sagt sie, ›ich weiß.‹
›Aber nicht zu sehr. Und an den Seiten, nicht zu sehr.‹
›Nein‹, sagt sie und beginnt zu schneiden.«

Was haben sie ihm getan, was haben sie ihm noch getan, danach? Sie haben ihm die Haare abgeschnitten, zuerst, jetzt sitzt er im Dämmer seines Zimmers, in einem alten Samtsessel, hat zwei Tage Urlaub, draußen rauscht das Bächlein vorm Fenster. »Wer in die Fremde will wandern ...« Was haben sie ihm getan? Was gibt es dort? Es muss etwas Schreckliches sein, was ihn so verändert hat, in wenigen Wochen.

»Bei den ersten Gedichten hatte ich noch Bobrowski als Vorlage, du wirst sehen, die Originale kennst du, dann lese ich die anderen«, sagt er.

Plötzlich war es orange.

Als die Sparren, Holzplatten, die grünen und blauen Plastikplanen gefallen waren, abgebaut die schmutzig-silbernen Gerüströhren, die Verschraubungen gelöst, unter dem schwarzschiefernen Dach, war das Gebäude orange. Die Bauleute und Architekten hatten ihm meine Lieblingsfarbe gegeben, dem Verona meiner Kindheit. Und zwei tiefblaue Plakate wurden gehisst wie Fahnen unter dem blassen Himmel dieser nordvogtländischen Stadt, auf denen stand: Hier entsteht für die Bürger von Reichenbach und Umgebung die Jürgen-Fuchs-Bibliothek. Ich stand vor den riesigen gläsernen Fensterbögen des mächtigen Gebäudes und begriff zum ersten Mal, nach langen Monaten vollständigster Verwirrung, dass Jürgen tot ist.

Was haben sie dir getan?, fragte ich. Er saß in seinem Sessel und sagte: Ich lese dir vor, ich habe nämlich etwas aufgeschrieben in den letzten Wochen:

Sprache (wegen Johannes Bobrowski)

Der pfiff
Lauter als das wort
Mit dem atem der tierwärter
Mit dem geschrei
Über der stille

Die augen
Unter dem fuß
Ihr brechender ruf
Lange im staub
Nicht für ewig

Sprache

Gehetzt
Von pfiffen verfolgt
Im endlosen kampf
Gegen das schweigen der menschen

(Jürgen Fuchs, 1969. Das bisher früheste bekannte Gedicht des Autors.)

Teresa Ruiz Rosas

Bertolt Brecht – »Ach, diese trügerische Nachwelt ...«

In memoriam Katharina Dudow

Das schlimmste Problem ist, wenn man ein
Versprechen nicht halten kann.

Roberto Bolaño

1.

Berlin, Mai 1999. Frau Dudow schlurfte
durch das Café, den Blick auf einen Ho-
rizont gerichtet. Sie sank auf einem Stuhl
zusammen, als warte sie auf Godot. An
ihrer hohen Stirn, der Stirn ihres Vaters,
hatte A. sie erkannt. Jetzt würde sie mit
ihrem Anliegen beginnen; dieser Fall
konnte nur einen Anwalt interessieren, der
die Grenzen der Widerspenstigkeit eines
berühmten Rebellen, eines zeitgenössi-
schen Klassikers, eines Meisters mit einem
Sack voller Jünger, eines Genies auf dem
Sockel, eines Mythos, einer verlegerischen
Goldmine, einer Quelle des Nationalstol-
zes, eines Exportartikels, Nationalpreis-
trägers und Dichters zu Ehren von Marx
und Lenin und Stalin bezweifeln könnte
– eines Bertolt Brecht.

Bertolt Brecht

2.

»Brecht hinterließ keine Klarheit in seinen Angelegenheiten, sein Vermögen befand
sich auf Banken verteilt«, sagte Frau Dudow. Ich beobachtete A., er hörte zu, als
sei er ihr Großvater. »Mir geht es um *Kuhle Wampe oder Wem gehört die Welt*, einiges
kann nur ich Ihnen erzählen.« Ich dachte an unseren Filmklub B&N in Arequipa, an
unser Festival »Klassische Filme«, 1974 so erfolgreich. Martín hatte *Kuhle Wampe* ein-
geführt, den großen Bertolt-Brecht-Film in der Regie eines bulgarischen Regisseurs,
Slatan Dudow, den ersten deutschen sozialistischen Spielfilm. Es wurde diskutiert,
wie ein Motiv ins andere greift. Die Feministinnen erwähnten die Emanzipation

der Frau, die Mutterschaft und die Liebe junger Menschen. »Als Brecht 1948 nach Berlin, in den Ostsektor kam, sein Kapital im Westen abgesichert, bekam er ein Theater mit staatlichen Geldern, das dem Staat Devisen einbringen würde: So ein künstlerisches Niveau wurde gefördert«, fuhr Frau Dudow fort.

»Ein hart ausgehandelter Dienste-Austausch«, sagte A. »Die Ideologie des gemeinsamen Eigentums hatte er ausgemustert«, sprach Frau Dudow weiter. Ihre urwüchsige Authentizität verblüffte mich. »Er war antifaschistisch, jedoch die linientreuen Zeiten, Karl Korsch, waren vorbei.« A. starrte Frau Dudow an, so wie Marcel Proust seinen Biographen zufolge ein ach so zartes Blümlein anzustarren pflegte. »Blieb nur der Rahmen für das Werk seiner Feder oder Unterschrift. Dudow hatte Brecht jahrelang nicht gesehen und an ältere Rechnungen nicht gedacht, er arbeitete an dem Drehbuch von *Unser täglich Brot*, damit würde er den Weg verfolgen, den er mit *Kuhle Wampe* eingeschlagen hatte – Konrad Wolf nannte ihn *den Unduldsamen*. Er hatte mit seinen Filmen dazu beigetragen, eine neue Ästhetik zu festigen, die seinen Idealen entsprach.« Eine einsame, verarmte Frau, die es wagte, sich einem Triebwerk der Macht zu widersetzen? »Er hat mit Helene Weigel über *Kuhle Wampe* nicht gesprochen, dem Workaholic Dudow war seine Arbeit heilig.« »Ein Workaholic des Arbeiter- und Bauern-Staates«, sagte ich, ich hatte ja in Ungarn gelebt. Sie lachte.

»Mit was für einem Pass ist Dudow emigriert?«, fragte ich. »Als Bulgare rettete er sich vor der Verhaftung, ein *wesensfremdes Element*, von dem der deutsche Film *gesäubert* werden sollte, hatte Goebbels verkündet. Dudow und Brecht waren mit *Kuhle Wampe* nach Moskau gefahren, dort war die Uraufführung. Eisenstein, Piscator, Kirsanow, Asja Lacis, Bernhard Reich, Tretjakow waren dabei.« »Was geschah, als er 1963 starb?«, fragte A. »Meine Mutter fing an zu fordern. Mich hält man für verrückt. So geht man auf meine Einsprüche nicht ein, seit Helene Weigels Zeiten. Ein Anwalt sagte mir: ›Ich greife Brecht nicht an.‹ Er hatte nur Gutes über Brecht gehört. Die Male, die er etwas hörte. Ich versprach meiner Mutter am Sterbebett, die Dinge zu korrigieren.« Ein Versprechen, dachte ich, ein Urteil, ein Kreuz. »Es geht um ein Kulturgut, eine Einstellung zur Kunst.« »Haben Sie Beweise für Ihre Klage?«, fragte A. »Schwarz auf weiß. *Kuhle Wampe* war der erfolgreichste Film von Brecht …« Sie wollte ihre Pilgerfahrt durch den Sumpf der Ungerechtigkeit darstellen. »Der erste und letzte deutsche sozialistische Film, bevor die Nazis die Macht ergriffen, so Kracauer«, ergänzte A. zuvorkommend.

»Es ist kein Film von Brecht!«, schrie sie, als seien wir mitschuldig. »Es ist ein Dudow-Film! Er taucht im Vorspann nur als Regisseur auf. Von wem stammt die Idee? Wer entwarf das Drehbuch, setzte es zusammen, lieferte das Exposé? Alles Dudow!« »Wer hat das Drehbuch verfasst?« Meine *B&N*-Frage. Jede Entmystifizierung gebiert Schmerz. »Dudow und Ottwalt, vierhändig, von Brecht stammen die hervorragenden Lieder.« »Wo steckt dieses Exposé?« Das war die Schlüsselfrage, hatte A. erkannt. Und das Exposé würde womöglich auf dem Mars stecken.

»Ottwalt, in der DDR und Sowjetunion zur *monströsen Person* erklärt, 1943 in einem Gulag gestorben?« Das wusste ich aus Budapest. »Er gehört zur verlorenen deutschen Generation, dieser Schriftsteller, zum Tode verurteilt und zum Schweigen der Nachwelt verdammt.« Den apodiktischen Satz über das »Schweigen der Nachwelt« kostete Frau Dudow aus. »Heute hat man Ottwalt vergessen, weil er Kommunist war. Wo Kommunismus herrschte, prädestinierten ihn seine Überzeugung und sein Engagement zum Opfer des Stalinismus. Sein Essay von 1932 *Wach auf Deutschland!* ist wegen der Seite 353 weltberühmt«, referierte A. »Nürnberg! Rudenko fundierte damit seine Anklage: Helle antifaschistische Köpfe hatten vorhergesagt, was kommen würde: Verfolgung und Vernichtung. Ein heller Kopf, den sie ermordet haben«, sagte sie.

»Weshalb arbeitete Ottwalt mit?«, fragte ich. »Er konnte perfekt Berlinerisch schreiben.« »Und Brecht?« »Er war mit der Hauptmann und Emil Burre nach Augsburg gefahren, weiter nach Lausanne, über Marseille bis Le Lavandou, wo Kurt Weill, Lotte Lenya und Bernard von Brentano ihren Urlaub verbrachten, das kann man nachlesen. Im Juni traf er sich mit der Familie am Ammersee. Er hatte vor, ein Landhaus zu kaufen, in Augsburg wollte er mit dem Vater sprechen. Erst im Herbst sind er und die Hauptmann nach Berlin zurückgekehrt. Die Dreharbeiten hatten im Juli angefangen.«

»Und Brechts Name im Vorspann?« »Dudow war Bulgare, ein Ausländer durfte die Politik des Landes nicht kritisieren. *Kuhle Wampe* war ein Aufruf zur Aktionseinheit der Arbeiterklasse gegen den heraufziehenden Faschismus, ein neuer Held sollte auf der Leinwand erscheinen, der fragende Arbeiter: *Wessen Straße ist die Straße, wessen Welt ist die Welt? Wer wird die Welt ändern? Die, denen sie nicht gefällt!* Man hätte ihn verhaftet.« A. zitierte aus dem Kopf: »Eine *Proklamierung des blutigen Aufstands, der Bildstreifen gefährdet die öffentliche Ordnung, Sicherheit* und *lebenswichtige Interessen des Staates,* urteilte die Filmprüfstelle.« Frau Dudow ergänzte: »Als er mit versteckter Kamera eine Zwangsräumung filmte und dagegen Großaufnahmen von Polizisten und Tschakos setzte, verbot die Zensur den Film *Wie der Berliner Arbeiter wohnt.*« »Ein Aufmacher«, sagte ich, »wie bei Wallraff.«

»Dass Brecht einen bulgarischen Regisseur ›auswählte‹, verlieh dem Regisseur Immunität. Die Produktionsfirma brauchte den Namen. Brecht hatte die hohe Aktualität des Stoffes erkannt. Prometheus meldete Konkurs an, als neunzig Prozent des Films abgedreht waren. Brecht gab zu Protokoll, dass, *als 19/20 des Films gedreht, beträchtliche Summen verbraucht waren, eine Firma erklärte,* sie *streiche lieber die kreditierten Gebühren, als ein Weiterarbeiten zu ermöglichen, der Film könne kein Geschäft werden, da der Kommunismus für Deutschland keine Gefahr mehr sei«,* zitierte Frau Dudow auswendig.

»In der *Geschichte des Schweizer Films* von Hervé Dumont steht, dass die Leute der Praesens-Film Interesse zeigten. Sie hatten mit Eisensteins erstem Dokumentarfilm riesige Einkünfte eingespielt«, sagte A. »Als die Dinge schlimmer wurden, bereute Brecht, seinen Namen hergegeben zu haben. Er machte sich mit Begleitung auf den Weg zur Siedlung Kuhle Wampe am Müggelsee, um die Dreharbeiten abzuschließen. An dem Tag wurden 4 000 Arbeitersportler für die Jugendspiele eingesetzt.« Während sie sprach, hatten ihre Augen für jeden einen Zelluloid-Millimeter-Platz in der Unendlichkeit der Nachwelt. »Umsonst zu arbeiten, bewegt von dem Wunsch, an einem ideologisch glasklaren Film mitzuwirken«, sagte ich. Sie nickte. »Eine Nacktbadeszene gestrichen?« »*Schamverletzend und entsittlichend.* Brechts Pech war, dass meine Mutter hinter ihm in der S-Bahn saß, Rücken an Rücken. Sie hörte, was er vorhatte. Dudow wäre fast aus den Latschen gekippt, aber es wurde nichts gestoppt. Das hat Brecht von seinem Geiz, sagte er später, wäre er mit seinem Steyr gefahren, hätten wir seine Absicht nicht mitgekriegt.«

»Und als er im Brief meines Vaters las, dass die Gestapo seine Papiere konfisziert hatte, was tat Brecht?« Wir sind im Knoten eines Dramas gelandet, dachte ich. »Er strich den Namen Dudows als Drehbuchautor. Ich weiß aus guter Quelle, dass die DDR mutmaßlich seit 1964 als alleiniger Eigentümer des Films aufgetreten ist. Kopien wurden gezogen und verkauft.« »Woher stammt die Kopie der DDR?«, fragte ich. »Dudow konnte sie nach Paris retten, sie blieb bei Henri Langlois bis 1956, wurde ihm von Langlois als sein Eigentum zurückgegeben, und er stellte sie der DDR zum Kinoeinsatz zur Verfügung, sie wurde im Filmarchiv gelagert. Keine Zahlungen.« »Rechtsgrundlage?« »Es war kein DDR-Film. Man hat bei den Verlagen behauptet, die Rechte lägen beim Filmarchiv.«

»Franz Jung«, lächelte A., »erzählt in *Der Weg nach unten*, dass er für die Geldgeber des Produzenten Ernst Aufricht als Strohmann vorgeschoben wurde. Durch Brechts *Dreigroschenoper* im Theater am Schiffbauerdamm wurde er bekannt, verlor dabei sein Vermögen, 1/2 Million Mark. Die Proben im Theater am Ku'damm zur Aufführung von *Mahagonny* waren *ein Hexensabbat*, Spannungen zwischen B. B. und Kurt Weill, den Schauspielern. Die Weigel: Man gewinne die Mitarbeit von Brecht, wenn man die Dramatisierung von Gorkis *Mutter* aufführe, Brecht liege viel daran.«

»Helli hat gesagt, dass Brecht erst bei den Proben zur *Mutter* die große Schauspielerin in ihr entdeckt hatte«, gab sich Frau Dudow feministisch. »Es hieß, Günther Weisenborn sei der Autor«, berichtete A. weiter. »Was geschah nach der Uraufführung, die Besprechungen in den Zeitungen? *Es entlud sich über des armen Jungs vernarbtem Kopf ein großer Krach. Wieso nur konnte* er *vergessen, den großen Bertolt Brecht als Mitautor des Stückes zu nennen?* Eine Nachricht an die Presse herausgeben, das Programmheft neu drucken lassen, die Plakate. Gegen Ende der Saison war Weisenborns Name verdunstet.«

3.

In Werner Hechts Buch las ich, dass Brecht *unter Mitarbeit von S. Dudow, H. Eisler und G. Weisenborn »Die Mutter« (nach dem Roman Gorkis) schreibt.*

4.

Weisenborn: *Im Verlauf langer Unterhaltungen über Deutschland mit Brecht erkannte ich, dass seine Theorie vom epischen Theater für bestimmte Zwecke kaum zu entbehren ist. Da ich in Gorkis Auftrag mit Günther Stark eine Dramatisierung des Romans »Die Mutter« vorgenommen hatte, lag der Gedanke nahe, diesen Stoff für das epische Theater einzurichten.* Das ›Rashomon‹-Prinzip, dachte ich, jede Aussage ist wahr.

5.

»Wer sollte die Tantiemen von *Kuhle Wampe* bekommen? Wer hat *de facto* kassiert?« Frau Dudow wie ein Psychiater, der seine Möglichkeiten erschöpft sieht. »Ich habe nichts Schriftliches, um es beurteilen zu können.« A. brannte darauf, den Inhalt ihrer Tasche zu sehen. »Der Vertrag ist für Sie neu.« Triumphierend zog sie die vergilbten Papiere heraus. »Originale.« A. wollte den Schatz mit der Nase berühren. »Sie möchten gegen die Brecht-Erben, Verlage, Produktionsfirmen, Fernsehanstalten klagen. Ein verzwickter Fall, ich nehme das mit.« »Nein! Die Unterlagen sind das Einzige, was ich besitze.« Sie verstaute sie in ihrer Tasche.

»Alles muss ins Brecht-Archiv, Pupperl, sagte Helli. Ich schwankte, nein, Helli, das ist der Nachlass Dudows, kein Teil von Brechts Nachlass.« »Wie kann ich wissen, worum es geht? Fotokopien reichen aus.« A. schien Außerirdischen das ABC der Beziehung Mandant-Anwalt zu erklären. »Ich habe es Ihnen erklärt.« Ionesco?

6.

Kuhle Wampe hatte 4 000 Besucher im Atrium. B. B. war berühmt, auch Eisler, Schüler Schönbergs. Herlinghaus: *Die Zensoren fürchteten, der Fall könne einen Zensurskandal heraufbeschwören, wie 1926 das Verbot des »Panzerkreuzer Potemkin«.*

In *Hansers Sozialgeschichte der deutschen Literatur* las ich, dass K. Maetzig Regie bei einem Film führte, der *den Erwartungen* der Partei entsprach, und dass *nur Dudow, ein Regisseur, der in den dreißiger Jahren Brechts »Kuhle Wampe« verfilmt hatte, eine Kritik an diesem Auftragsfilm wagte.* Alles, was ich gelesen hatte, könnte ebenso falsch sein wie dieser Nebensatz?

7.

Ich wollte die Zeugnisse des Vaters der Tochter, der unbeirrbaren, kennenlernen. Als verberge sich in ihrer Tragödie der Schlüssel zu meiner weiten Reise mit neunzehn aus Arequipa in die Stadt jenseits des Vorhanges.

8.

Die Geschichte des Umgangs der SED-Kulturbehörden mit der Witwe Dudows, ebenso kafkaesk wie ein zerfallenes System nach der Pleite. Mich fesselte der psychologische Aspekt der Beziehung Dudow/Brecht. Kollektive Arbeit, wieso kein kollektives Erbe? Erbe – eine Ursache krimineller Energie seit biblischen Zeiten?

9.

»Nicht nur *Kuhle Wampe*«, so Frau Dudow, »die Konkretisierung des Problems vom *Badener Lehrstück vom Einverständnis*, zu dem Paul Hindemith die Musik schrieb, unternahm Brecht mit dem Stück *Die Maßnahme*, bei dem Dudow und Eisler mitarbeiteten. In diesem hatte Brecht den kongenialen Komponisten gefunden, Hindemith wollte sich nicht mit der Arbeiterklasse solidarisieren. Damit begann die Zusammenarbeit Dudow-Brecht.« Ein Foto als Beleg: Eisler, stehend, blickt auf Anmerkungen an einer Tafel, B.B., auf einem niedrigen Stuhl, raucht eine Zigarre, er schaut Dudow an, der fast nur von hinten zu sehen ist, Papiere in der Hand - kein Bild von den Dreharbeiten zu *Kuhle Wampe*, wie es heißt. Dudow trägt eine Zeitung in der Jackentasche: *Wahlen*. 1931 gab's keine Wahlen, nur 1930 und 1932.

10.

Onkel Fernsehorakel: *Das [...] Stück Brechts, das die Strapazen der Zeit überleben wird, außer »Die Dreigroschenoper« und »Aufstieg und Fall der Stadt Mahagonny« [...] wegen der Musik Weills, ist »Die Maßnahme«, dieses Stück von Brechtscher Genialität.* Der Intendant: *Bestialisch unmenschlich.* Das Orakel: *Gegen das Grauen, für das Mitleid, ein immer wiederkehrendes Thema im Werk Brechts.* Frau Dudow zu mir: »Dudow, gerade aus Moskau zurück, begeistert vom innovativsten Theater, arbeitete mit B.B. an dem Stück.«

11.

Ruth Berlau schreibt, dass B.B., am Tag ihrer ersten Begegnung in Dänemark 1933, ihr die Namen seiner Mitarbeiter Dudow und Eisler gab. Berlaus Memoiren hatte ich gelesen, wusste Bescheid über Brechts *produktive* Beziehungen mit Liebhaberinnen: *kollektive Arbeitslust.* Nach dem Erscheinen der Brecht-Biographie von J. Fuegi wurden diese großartigen Frauen auf unglücklich verliebte Objekte reduziert. Fortschrittliche Frauen, so mein Artikel, mit Brecht teilten sie Ideale, sein Genie stimulierte sie womöglich, das Beste von sich zu fordern. Klar bewundert man ihn. Nachdem ich Frau Dudow erlebt hatte, dachte ich: B.B., ein Machtpol mit einem Harem literarischer und dramaturgischer Talente weiblichen Geschlechts und den begabtesten Künstlern seiner Zeit. Ich wollte den harten Kern der Persönlichkeit des Lyrikers B.B. erfassen, des Magiers, Politikers, gerissenen Geschäftsmannes, der für mich und Martín das wahre Sinnbild des linken Schriftstellers gewesen war.

12.

Die Nachwelt in unserer Konsumgesellschaft; *Orte der poetischen Inspiration: Häuser, Paläste, Schlösser, Türme, wo die Größen der deutschen Literatur residierten,* Hauptsache, sie fahren mit der Bahn - *das Brecht-Haus an der Chausseestraße in Berlin, mit seinen*

zwei Ausgängen: außerordentlich günstig geeignet für den flüchtenden Autor aus Augsburg [...]
angesichts der zahlreichen Frauen, zu denen er außereheliche Beziehungen unterhielt.

13.

Der Orakelkritiker: *Nicht mal über Goethe wissen wir so vieles aus seinem intimen Leben.*
Sieh mal an. Man müsse *scharrrf* unterscheiden, *wer waren die großen Lieben [...]. Ruth*
Berlau: im Banne dieser Liebe schreibt er die besten Gedichte. Dann sagte er plötzlich, *alle*
Berichte der *funktionellen Liebhaberinnen stimmten in einem Punkt überein*, ich fand es
abgeschmackt, auf diese Weise zu sprechen, verlor jeden Respekt vor dem Kritiker.
Kichern live aus Baden-Baden, vom Intendanten moderiert. Tiefschlag der Nachwelt,
so geneigt, sich an den Kleinigkeiten der Großen zu ergötzen, um die Schrecken
ihrer eigenen vielfarbigen Kleinheit zu übertünchen.

14.

»Frau Dudow weiß nicht«, sagte ich zu A., »wie B. B. ihren Vater in Paris sitzen ließ.
Der Schriftstellerkongress ging zu Ende, im Hotel wartete Dudow mehrere Stunden.
Er hatte mit viel Engagement einen Brecht-Zyklus für die Deutschen im Exil in Paris
organisiert, unter seiner Regie. Schauspielerin Weigel reiste aus Dänemark an. B. B.
verschwand aufs Zimmer, erzählt Berlau, *ohne Dudow zu grüßen*.« »Er war bei seiner
großen Liebe.« »Auch wenn er sich nie für sie entscheiden wollte. Sie hatte das in
New York erwartet, als sie schwanger war. Er blieb bei seiner Familie, trennte sich
aber nicht von der Berlau.« A. schwieg.
»Hatte B. B. ein schlechtes Gewissen? Er wusste, dass die Gestapo Dudows Papiere konfisziert hatte. Wusste Dudow, dass die Namen gestrichen wurden?«, beharrte
ich. »Ist ja irre. Frau Dudow hat uns die Vereinbarung der vier Leute zu *Kuhle Wampe*
gezeigt und Manuskriptseiten des Vaters. Erst war Dudow als Ausländer in den Hintergrund zu rücken, später Ottwalt aus politischen Motiven, im Osten in Ungnade
gefallen. Sie: eine private Anarchistin«, meinte A. »Sie kann B. B. nicht verzeihen«,
meinte ich, »dass er durch sein unersättliches Bedürfnis, der wahre Schöpfer zu sein,
die kommunistische Sache immer wieder verraten hat.«
»B. B. hasste es, sich öffentlich zu zeigen. Nicht mal nach den Aufführungen,
als das Publikum langen Beifall spendete, wollte er grüßen. Viel weniger mochte er
Vorträge halten, für ihn organisierte Veranstaltungen besuchen. Süchtig nach Inszenierung und seinem Theater war er.« Mir fiel der Kritiker ein: *Ich habe Brecht noch*
persönlich gekannt, er interessierte sich ausnahmslos für alle Menschen, die sich für ihn und
sein Theater interessierten, um so mehr, je mehr sie ihm von Nutzen sein konnten, Egozentrik
sondergleichen, aber gleichzeitig ohne Eitelkeit und Exhibitionismus.
A: »Frisch hat gesagt, dass, *wenn man Brecht versichert hätte, dass sein Theater das Pub-*
likum nicht erreichen werde, ihn das nicht tangiert hätte, er hätte weiter für sein Theater gelebt.
Ob Frau Dudow begreift, dass B. B. den Glauben an den Kommunismus verlor und
es ihm egal war, weil er den Glauben an sein Theater nie verlieren würde?« »Sie wirft

ihm im Nachhinein vor, dass die Theorie, die diese Ideologie stützte, Rahmen und Fundament seines Werkes, in seiner eigenen Praxis verschwand, als es darum ging, sie auf die Mitarbeiter anzuwenden: die Freunde, die am meisten an ihn geglaubt hatten.« Der TV-Star: Für Brecht sei *ein guter Teil dieser Theorie ganz instrumental* gewesen, *um der Welt zu hinterlassen, was er sich vorgenommen hatte, dieses Theater, ob alleine oder mit anderen geschrieben, jedoch neu.* Er hatte *gemerkt, dass er mit dem Expressionismus nicht weit kommt. In der Schule hatte er gelernt, dass Schiller, um seinem Werk ein Fundament zu verleihen, sich des kantianischen Idealismus bediente. Er würde sich des Marxismus bedienen.* »Schlau, der will B. B. und sich selbst vom Stalinismus reinigen«, belehrte mich A. Für Frau Dudow hatte die Überzeugung einer ideologischen Affinität ihren Vater bewegt, mit B. B. zu arbeiten: indem man eine Illusion teilt.

15.

Frau Dudow hatte A. nichts zugeschickt. »Sie schaut hier vorbei«, sagte mir der Antiquar in Berlin, »alles, was mit Dudow zu tun hat, sammelt sie blind.« Hatte sie Angst davor, dass ihr Opfer-Mythos verlischt? Wenn der die Daseinsberechtigung ist, erlischt man selbst, sobald er erlischt.

16.

Im Brecht-Archiv fragte ich nach dem Briefwechsel. »Praktisch alles ist veröffentlicht.« Die Bibliothekarin mit dem SED-Duktus im Tonfall wollte mir zeigen, dass ich die *GW* nicht kannte. Ihr würde es nicht passen, dass ich keine Anhängerin des Clans bin. »Die Briefe, die er bekam, sind unveröffentlicht«, wandte ich mich an den Direktor. Seine Brille verrutschte. »Die können Sie nur lesen.« Ich durfte nichts kopieren. »Man bedarf einer doppelten Genehmigung, vom Empfänger und vom Absender.« »Bei wem liegen die Rechte an Dudows Briefen?« »Das müssen Sie selbst rausfinden, Frau ...?« Ich nannte den Sender. »Archive sind Goldgruben«, hatte mich A. gewarnt, »wirf einen Blick auf die Statistiken.« B. B.: der am meisten übersetzte Autor, wie der Guru Hesse, in vierundfünfzig Sprachen. Gleich nach Benjamins *Berliner Kindheit um Neunzehnhundert* hatte Suhrkamp B. B.s *Versuche* veröffentlicht, 1963 eröffnete der Verleger die Reihe »edition suhrkamp« mit *Leben des Galilei*.

Der Kritiker: *Bevor er sich in der DDR etablierte,* hatte Brecht *einen Vertrag mit einem Verlag im Westen abgeschlossen, was sein Gesamtwerk betraf – Brecht hatte sich finanziell optimal abgesichert, wusste immer Bescheid,* lachte er.

In Budapest hatte ich günstige DDR-Ausgaben von Brecht gekauft, für mich, für Martín, er hatte in Szenen aus *Furcht und Elend des Dritten Reichs* mitgespielt, unsere Bewunderung für B. B. war uferlos.

17.

Hommage für Ernst Busch zum 100. Geburtstag. Am Mittwoch würde man *Kuhle Wampe* zeigen, Busch Hauptdarsteller, Einführung eines Experten. Der Antiquar: »Dort treffen Sie sie.« Ich kaufte bei ihm die Biographie Dudows und eine Dissertation, *Film bei Brecht*, von W. Gersch, 1975 in der DDR erschienen. »Die Verfälschungen, die Frau Dudow zu bekämpfen versucht. Ich gebe Ihnen das Geld zurück.« Sein Zeigefinger deutete auf Gerschs Buch. Ich behielt es. »Tun Sie etwas, ich habe Vertrauen in die Macht der Medien.« Glaubte er, unser Chefredakteur würde einen Bericht über Dudow genehmigen, in dem ein Aspekt von Meister B. B. in ungünstigem Licht erscheinen würde, und das noch von einer Mitarbeiterin aus der Dritten Welt?

18.

Dienstag mit meinem Aufnahmegerät ins B. B.-Archiv. Ich diktiere unauffällig die Briefe von Dudow an B. B.

19.

Am Abend die Hommage-Reihe im Brecht-Haus. (Acht Jahre zuvor war ich stolz in demselben Saal gewesen, um aus meiner Novelle zu lesen, man schoss Fotos, ich vor den großen B. B.-Porträts im Treppenhaus, im Profil, B. B., Helene Weigel anblickend.) Ich setzte mich hin, drehte mich um, und in diesem Augenblick schien mir meine Fahrt nach Berlin das Richtigste - bescheiden, still, hellwach, da saß sie, unbeirrbar in ihrer Unbefangenheit, ihrer Würde, ihrer Tragödie, Frau Dudow. Dieselben sandigen Dünen unter ihren Augen.

Verwirrungen werden in der Nachwelt zu Verfälschungen. Sie verließ den Saal. »Frau Dudow?!« »Sie sind Bulgarin?« »Peruanerin.« An A.'s Namen erinnerte sie sich: »Würde er gegen den Clan der Brechts, Produzenten in Deutschland, Fernsehprogramme, Verlage prozessieren, mich verteidigen? Obwohl, der Fall wäre der spektakulärste in der Geschichte des deutschen Films.«

20.

Am Mittwoch die Tochter des Regisseurs mit ihrer selbstgekauften Eintrittskarte. Dann geduldig Gerschs Theorien lauschen zu müssen: »*Kuhle Wampe‹, das große Filmwerk von Brecht, ist der einzige revolutionäre Film... [...] Brecht beauftragte mit der Regie einen jungen Filmemacher aus Bulgarien. Der große Meister warf selbstverständlich ständig ein Auge auf seine Arbeit [...]. ›Kuhle Wampe‹ war der einzige Film, an dem Brecht teilnehmen konnte, von Anfang bis Ende, in allen Phasen der Produktion. Sein unverwechselbarer dramaturgischer Stil wird deutlich in mehreren Szenen. Zum Beispiel in der ersten.«*

Frau Dudow hatte mir von der Genese des Filmes erzählt. Es war ein Projekt Dudows, auf der Basis von Dokumentarfilmen. Sobald der erste, *So lebt ein deutscher Arbeiter,* zustande kam, wurde er von der Zensur verboten. Anlass für die *Kuhle-Wampe*-Fabel war eine Zeitungsnachricht, der spektakuläre Suizid eines jungen Arbeitslosen angesichts des Drucks in der Familie, Arbeit zu finden. Aus dem experimentellen avantgardistischen Dokumentarfilm, der sich der sozialen Wahrheit zu nähern erlaubt hatte, entstand sein triumphales Filmdebüt. Er hatte bei Fritz Lang in Babelsberg gelernt, die Dreharbeiten von *Metropolis* miterlebt. Er konnte B.B. beibringen, wie man ein Drehbuch schreibt.

21.

Frau Dudows Aussage, »Brecht war nicht fähig, in filmischen Bildern zu denken, sagte Dudow«, wurde 2003 in *Brecht und die Schweiz* bestätigt. Der Dokumentarfilmer Walter Marti behauptet, dass B.B. *vom Film nichts verstand,* er soll *die Vorstellung* gehabt haben, *es ginge zunächst* darum, *ein Drehbuch zu schreiben - also die Voraussetzung war nicht das Bild, das man sieht, sondern die schon verarbeitete Realität durch den Schriftsteller - dann müsse man mit dem Produzenten diskutieren, [...] etc.* Zu DDR-Zeiten hat sich W. Staudte, den Brecht sich als Regisseur für die DEFA-Verfilmung von *Mutter Courage* gewünscht hatte, auch über Brechts *außerordentlich kompliziertes Verhältnis zum Film* geäußert, es als *Eifersuchtstragödie zwischen dem Wort und dem Bild* geschildert. Staudte fragte sich, wieso dieser *Mann des Wortes überhaupt seine Werke an die Filmproduzenten verkaufte, wenn sein dichterisches, einmaliges Genie seiner Auffassung nach keinen* »*bildnerischen Kommentar*« *verträgt oder verlangt.*

22.

Im Café Aufsturz hatte Frau Dudow eine Leinenmappe dabei: »Lose Blätter, von Dudow geschrieben.« Hatte sie etwas mit dem kolumbianischen Oberst gemeinsam, der niemanden hatte, der ihm schrieb? Ein Blatt vom 8.11.1929, Berlin. Zwei Monate aus Moskau zurück. Erst jetzt kam er dazu, B.B. einen Brief von Majakowski zu überreichen. Ihm waren die Gespräche mit seinem Lehrer Hermann prioritär gewesen - über das Theater als Gesamtkunstwerk. Mit der Zusammenarbeit so vieler genialer Kräfte, Dichter, Musiker, Tänzer, Choreographen, Regisseure und der Avantgarde der bildenden Kunst Russlands war die dramatische Kunst in der Moderne angekommen.

Nie hätte der junge Slatan sich träumen lassen, so zahlreiche Diskussionen miterleben zu dürfen, Theateraufführungen zu sehen: Meyerhold, Wachtangow, Stanislawski, das Bolschoi-Theater, das TRAM, das Kammertheater von Tairow mit seinen kubistischen Bühnenbildern, das Agitationstheater. Er war vom Geist einer neuen Ordnung geprägt, in der alle unermüdlich ihre Kunst durch Fleiß und Entwicklung zeigen. Nun: Brecht hatte sich über den Brief sehr gefreut.

Hier war der Kern für meinen Radio-Essay (mittlerweile war der Chefredakteur gestürzt, ich durfte ein Viertelstündchen füllen): die Zäsur, die Begegnung, der Introitus ins Heiligtum des großen B.B., des Dichters mit der *chronique scandaleuse*, den Weibern, Mann der vielen Beziehungen, Revolutionär des deutschen Theaters. Bis dahin hatte Dudow B.B. nur aus der Ferne gesehen, wenn er in das Restaurant Schlichter ging, wo sich Intellektuelle und Schauspieler trafen. Kaum dass B.B. den Brief gelesen hatte, wurde er neugierig auf diesen Bulgaren, den er mit einem Blick abzuschätzen schien, eine Fähigkeit Brechts, die Elias Canetti früh erkannt hatte. Brecht wollte wissen, was Dudow in Berlin machte, wieso er Majakowski kannte, nach Moskau gefahren war, sich dort so lange aufhalten durfte. Ein Verhör in proletarischer Verkleidung, Brechts schwarze Augen scharf wie Messer.

Dudow merkte, wie blitzschnell der Poet denken konnte. Er hatte sich gefragt, wie Brecht im persönlichen Umgang sein würde – richtige Zärtlichkeit, so böse Zungen, vermochte er nur für seinen Steyr-Wagen zu zeigen, den er für ein einziges Gedicht bekommen hatte. Das machte ihn sympathischer, Dudow hatte für Autos etwas übrig. Jünger als Brecht, fleißig und belastbar, hungrig nach Aktion, die Bilder des innovativsten Theaters der Welt noch vollständig im Kopf – nach vier Stunden Konversation hatte B.B. mit dem Zauberstab seiner Persönlichkeit den Besuch in eine Bereicherung für seine Arbeit verwandelt, ihm von einigen Projekten ausführlich berichtet. Das Kollektiv war entstanden.

B.B. befand sich in einer wichtigen Phase. Dudow interessierte der Naturalismus nicht. Das moderne Theater, Brecht, muss das Gewissen des Zuschauers aktivieren: Wir Autoren, Regisseure, müssen diesen Prozess fördern. Brecht rauchte und nickte. In Moskau hatte Dudow das großartige Zwiegespräch zwischen Publikum und Schauspieler gesehen, die überströmende Anteilnahme an jeder Form des Theaters – kein Stück Konfekt für ein gehobenes Publikum, die einfachen Zuschauer konnten einen kreativen Kontakt zur Bühne herstellen, auf der alles Kunst war. Daraus entstand diese Explosion ungeahnter dramatischer Wirkung, ob tragisch oder komisch. Dudow mochte die Satire, darum hatte er sich so gut mit Majakowski verstanden.

Am 9.11.1929 wollte Victor Blum Dudow für einen Dokumentarfilm in seine Gruppe aufnehmen: noch eine Wende. Anfang 1926 hatte er *Panzerkreuzer Potemkin* gesehen, seitdem beschäftigte ihn die Frage, wie die Wirklichkeit unter den in Deutschland herrschenden Bedingungen in einem Film dargestellt werden könnte, wie der expressionistische und der Kammerspielfilm in Frage gestellt wurden, weil ihnen die sozial bewegende Idee fehlte.

Berlin, 25.1.1931. Olympus würde seinen revolutionären Spielfilm über die Lage der Arbeiterklasse produzieren, dessen Kern in seinem Kurzfilm *Ein Tag im Leben eines Berliner Arbeiters* lag. Eine Zeitungsnachricht hatte Dudow so erschüttert, dass er dieses Drama als erstes Glied einer dramatischen Kette behandeln wollte, die Millionen betraf. Mit dem Exposé konnte er die Produzenten der Prometheus-Film begeistern. Damit war er auch zu Brecht gegangen und wollte ihn für das Projekt gewinnen.

Ein paar Dialoge hatte er im Exposé formuliert, das Drehbuch und die Dramaturgie hatte er im Kopf: 2. Szene, 2. Akt: Der junge Bönike öffnet ruckartig die beiden rechten Flügel des Fensters, sieht nach links auf seine Armbanduhr. Die Kamera muss heranfahren, so dass man nah im Bild die Uhr über Bönikes linker Schulter hat. Sollte man, als er abspringt, die Höhe des Gebäudes zeigen? Die Prometheus-Film-Leute meinten, als Bulgare könne er als Agitator verfolgt werden. Regieauftrag des Autors Brecht? Dudow war ohnehin einer der engsten Mitarbeiter seines Kreises. Eine geniale Lösung. Sie passte in Brechts Kollektivtheorie – ein Scheinkollektiv.

Ein Urheberrechtsvertrag wird vorbereitet. Darin wird stehen, wer später an den Tantiemen teilhaben soll, einen Vorschuss oder ein Honorar wird es nicht geben. Brecht ist einverstanden. Prometheus muss das Geld beschaffen. Drehbeginn im Juli in Kuhle Wampe.

Paris, 30.6.1935. Dudow im Exil, froh darüber, dass Brecht, obwohl er Berlin gleich nach dem Reichstagsbrand mit Ehefrau und Sohn in Richtung Prag verließ, ohne in seine Wohnung zurückzukehren, seine Kästen mit Papieren und Manuskripten bekam, die Elisabeth Hauptmann vor der Gestapo zusammengepackt hatte. Dudow wollte ihn um ein Exemplar des Vertrages vom Juli 1931 bitten, damit er in dieser Notlage an die Tantiemen gelangen konnte, um in Paris eine existenzielle Grundlage auch für seine Ehefrau zu haben, bis er etwas verdiente. Seit die Praesens-Film den Weltvertrieb und den Verleih übernommen hatte, wurde *Kuhle Wampe* in Amsterdam, Paris, London, gezeigt. In New York hatte 1934 ein *Committee to Aid the Victims of German Fascism* eine Filmkopie unter dem Titel *Whither Germany* vorgeführt.

1949: Brechts Rückkehr nach Deutschland. Er wollte in Europa ein Theater haben. In Zürich interessierte sich nur Max Frisch für ihn, das reichte nicht aus. Er wollte im Filmgeschäft tätig sein. Wechsler und andere Produzenten hatten die Rechte an vier Filmstoffen erworben. Ob etwas davon realisiert werden konnte? »Laut Heiner Müller hatte Brecht das Theater nur bekommen, weil die Russen es befohlen hatten«, sagte Frau Dudow.

23.

Ich flog nach Berlin. A. mitsamt Dudow-Brecht-Akte war schon dort. Im Hotel stieß ich auf eine »Aktennotiz«:

Slatan Dudow entwickelte die Idee zu *Kuhle Wampe*. Vgl. Bertolt Brecht, *Werke*, Große kommentierte Berliner und Frankfurter Ausgabe, Bd. 19, S. 718. Es wurde ein Exposé geschrieben. Sämtliche Korrekturen stammen von Dudow. Das soll das einzige Arbeitsmaterial zu *Kuhle Wampe* sein. Die geplante Zusammenarbeit mit Brecht wurde nach wenigen Tagen von Dudow abgebrochen, weil nach Dudows Meinung sein Projekt gefährdet war. Da aber Brechts Name gebraucht wurde, entlastete Dudow ihn nur von der konkreten Mitarbeit. Er könne die Berliner Arbeitersprache nicht, deshalb wurde Ottwalt herangezogen. Diese Version wird in einem Artikel »Film und Fernsehen« belegt. Allerdings wurde immerhin, entgegen den Aussagen von Dudow, Brecht weiter als Mitarbeiter – am Drehbuch – genannt. Im Brecht-Archiv ist ein Typoskript erhalten. Es enthält keinerlei handschriftliche Korrekturen und keine Namensnennungen. Das Original, welches (angeblich) von Dudow stammt, enthält zahlreiche Fehler im Text, die belegen, dass es wohl von einem Ausländer geschrieben sein könnte. Im Typoskript im Brecht-Archiv sind die Korrekturen bereits verarbeitet. Es dürfte eine Abschrift sein, verwendet 1969 in dem Kuhle-Wampe-Protokoll des Films (bei Suhrkamp erschienen, 1972 auch bei Reclam). In der *Brecht-Chronik* von W. Hecht, Suhrkamp, 1997, liest man, dass Brecht etwa am 11.5.1931 nach Le Lavandou fuhr. Brecht schreibt an H. Weigel: *Was macht Dudows Filmsache?* Sie soll Brecht berichten. Damit belegt er, dass Dudow in Berlin an seinem Film arbeitete. Nach Hecht war Brecht bis Mitte September nicht in Berlin. Am 30.8.1931 schreibt er an Kesser aus Unter-Schondorf, dass es wegen eines Filmprojekts Ärger gegeben hat. Es würde an Geldmangel scheitern. Hecht behauptet in seiner *Brecht-Chronik* 1997, S. 312, dass Brecht, Dudow und Ottwalt im August das Drehbuch schrieben. Im Kuhle-Wampe-Protokoll, S. 171, wird behauptet, dass Brecht von Anfang an und in jeder Phase mitgearbeitet habe. In der Reclam-Veröffentlichung heißt es, dass Brecht seine Intentionen durchgesetzt habe. Aus den Materialien ergibt sich: Der Urheberrechtsvertrag wird am 10.7.1931 in Berlin abgeschlossen. Brecht ist in Unter-Schondorf. Angeblich haben die Dreharbeiten Mitte Juli in Berlin begonnen. H. Eisler beginnt Mitte August mit den Kompositionen für den Film. Zeitungsmeldungen über Dreharbeiten in Berlin gibt es seit etwa Ende August. Brecht war nachweislich in Unter-Schondorf. Er hat den Urheberrechtsvertrag nicht unterschrieben. Er beschreibt ihn in einer eigenen Version. Es wurde angeblich ein Studio bei Prometheus-Film begründet. Als Begründer des Studios werden fünf Personen genannt. Nur vier haben den Vertrag unterschrieben. Brecht fehlt dabei, obwohl er in der Eingangsformel unter Ziffer 1 erwähnt worden ist. Für die Arbeit an dem Film *Kuhle Wampe* erhalten die Studiomitglieder die Urheberrechte und daran gebundene Tantiemen-Anteile. Fraglich ist, was es mit den Unterschriften unter der Vertragsschilderung, die von Brecht stammt, auf sich hat. Ungeklärt ist, wer der Inhaber des Urheberrechts am Drehbuch ist. Brecht wird im Vertrag ein Mitspracherecht verweigert. Das belegt, dass Dudow sich gegenüber Brecht Rechte sichern konnte, die wohl einmalig gewesen sind. Solche Rechte konnte er nur durchsetzen, wenn er das Drehbuch geschrieben hatte und die Regie alleine führte. Damit soll belegt sein, dass es kein Kollektiv gegeben hat. Nach 1946 galten Exposé, Drehbuch, Film und Vertrag als verloren. Nach Dudows Tod 1963 wurde der Vertrag von *Kuhle Wampe* eingereicht, offenbar war er wieder aufgetaucht. Dudows Tochter hat erst am 17.12.1997 von der Zürcher Praesens-Film Kopien über Verträge des staatlichen Filmarchivs mit Filmvertriebsfirmen erhalten. Diese belegen erstmalig, dass die DDR mutmaßlich seit 1964 international als Eigentümer aufgetreten ist, es wurden Kopien von dem Film gezogen und gegen Bezahlung Vertriebsrechte vergeben. Von 1969 bis 1971 wurde ein Protokoll des Films im Werk von Brecht im Suhrkamp Verlag und im Aufbau Verlag (Werkausgabe B. Brechts) sowie im Reclam Verlag abgedruckt, mit der Copyright Angabe Stefan S. Brechts. Als Grundlage wird eine Kopie des staatlichen Filmarchivs genannt. Das Ministerium für Kultur wird (angebliche) Rechte am Film (für Drehbuch und Regie) etwa 1968 an H. Weigel gegeben haben. Dudows Witwe hatte 1969 einen schweren Schlaganfall. 1973 hat das Ministerium für Kultur offenbar ein Angebot gemacht, dass Urheberrechte und Eigentum an dem Film *Kuhle Wampe* angekauft werden sollten. Die Witwe und die Tochter Dudows haben abgelehnt. Man hat in der DDR den Vertrieb fortgesetzt,

Zahlungen an die Erben Dudows sind nicht erfolgt. Die DDR hat offenbar im Jahre 1980 der Praesens-Film AG in der Schweiz Vertriebsrechte eingeräumt. Es sollen, nach Auskunft von Herrn Hellstern, die Rechte für den Vertrieb im Westen gewesen sein. Der Vertrieb in den sozialistischen Ländern verblieb bei der DDR. Die Praesens-Film AG bietet Zahlungen an, verbunden mit einer Verzichtserklärung. Der Film ist im Westen mehrfach ausgewertet und gezeigt worden, auch im Fernsehen. Auch die Beteiligung E. Ottwalts scheint ständig bestritten oder geschmälert worden sein. In einem Brief von Dudow an Brecht vom 4.9.1936, der nur in einer Seite vorhanden ist, wird das Projekt *Kuhle Wampe* erwähnt. Eine Klage könnte sich auf das Urheberrecht am Filmskript, am Exposé und an der Regie stützen. Nach Vorspann und Urheberrechtsvertrag war Dudow der Regisseur. In der bisherigen Literatur wird Dudow verschwiegen oder seine Mitwirkung herabgewürdigt.

24.

»In San Sebastián hat man unter dem Motto ›Die Vergessenen‹ *Kuhle Wampe* gezeigt«, sagte ich im Café Aufsturz. »Haben Sie die *Frankfurter Rundschau* von gestern gelesen?« Fast hätte ich erwartet, dass Frau Dudow uns nach der *Frankfurter Rundschau* von morgen fragen würde. *Heiner Müller durfte Brecht zitieren* stand da. [...] *Das Urteil des Münchner OLG wurde aufgehoben [...]. In der Buchausgabe wurden die [...] Fremd-Passagen kursiv gedruckt und im Anhang wurde auf die Quellen verwiesen. Müller hatte versucht, mit den Brecht-Erben eine Einigung herbeizuführen, war dabei gescheitert [...], ein neues und unrühmliches Kapitel in dem ein ganzes Jahrhundert dauernden Monumentalwerk »Brecht und seine Erben«. Dass sie weit weniger »lax« mit dem Erbe ihres Vorfahren umgingen, als der das mit dem geistigen Eigentum anderer Autoren praktiziert hatte, interessierte die Gralshüter dabei weniger. Auch dass er diese Praxis offen zugegeben hatte, konnte sie nicht weiter beeindrucken. [...]* »Jetzt verstehe ich«, sagte Frau Dudow, »warum die Buchhändlerin im Brecht-Haus mir erzählte, dass die Tochter höchstpersönlich gekommen sei, um die neueste Ausgabe des Urheberrechtsgesetzes zu kaufen.« Ich sagte: »Eisler hatte Brecht vertont, Lyrik, aus dem Exil, hat einige Änderungen im Text vorgenommen. Brecht soll einverstanden gewesen sein. Eine Sängerin und ein Pianist wollten neulich ihre Interpretation auf CD aufnehmen, die Texte drucken. Keine Genehmigung.« Frau Dudow fügte hinzu, dass bei der *Mutter* auch Dudow und Eisler mitgearbeitet hätten, etwas, worüber sie sich beim ersten Treffen mit uns nicht im Klaren war. Ich sah es auch in der spanischsprachigen Ausgabe der Theaterstücke von B.B. (*Alianza*, 1990).

25.

Ich dachte, das muss ich Martín erzählen, die *B&N*-Einführung vor zwanzig Jahren: hübsche grüne Zweige an einem falschen Baum. Meine Güte, der *amigo* B.B., würde er dann sagen.

Margot Scharpenberg

Fünf Gedichte

Lebensmuster für Reisende

H. G. Adler zum 75. Geburtstag

Manche verkleinern die Gärten
topfgroße Bäume
bieten sich an

manche basteln
Dome die passen
in eine hohle Hand

und manch einer
, unter der Lupe
ritzt Texte heiliger Schriften
auf einen Kern

Rettung durch Miniatur
wer wagt diese Künstler zu schlagen
sie machen die Welt
handlich
und trotz aller Schätze
ihr Handgepäck leicht

besser ist bloß noch
dies eine
sich selbst verratende
Einwärts-Versteck

Wurf in die fruchtbarsten Furchen

Wort wie Bild
eingefaltet
mit allen Noten
und Notationen
ins Hirn

an keiner Grenze
außer der letzten
wagt man die Schmuggel-
ware zu konfiszieren

doch dann ist sie längst schon
namensverlustig
in alle Winde
verweht und verfremdet
kopiert

Im Flug

Friedrich Bergammer zum Gedächtnis

In meiner Augen-
zange zappelt
entführtes Kind
in Vogelkrallen
hilflos ein Stück
Welt

was vermutet man
beim Anblick des glücklichen Räubers
wird er die Beute
aufziehen oder verzehren

brauch ich die Welt auf
lass ich sie wachsen
und lass ich sie meinetwegen
los dass ich leichter
steige
steige
wohin
kann sie fallen

Mai 1970

für Nelly Sachs und Paul Celan

Gebetsteppich ab-
genutzt eine steinerne
Ewigkeits-
fliese mit Fuß
und Mund
mit gebundenem Flügel
ab-
gescharrt
Mundschwinge die
ins Knie sank

verbrauchter Ort
Körper
weggerettet im Rauch-
opfer
Nichtmehr-
Teppich
verschlissener
Ewigkeitsstein

Mund zu Mund
staubbitter den Tod
beatmet
dass ihm die Sprache verschlägt
dass der Wortfluss mündet
wie Salz und Schweigen
zu künftigem Anfang
im Meer

Regelmäßig (New York 2008)

für den Stammtisch bei Gaby Glückselig

Einer sagt ab seines Hundes wegen
einer ist gerade verreist
einer muss seinen Schnupfen pflegen
drum ist sein Stuhl verwaist

einem ist heut das Gemüt verwirrt
einen schreckt der Regen
einer hat sich im Datum geirrt
den meisten jedoch kommts gelegen

sie treffen sich wie so manches Mal
und schließlich zu später Stunde
heißt es trinkt aus denn der Wein wird schal
wir sehen uns wieder beim nächsten Mal
in alter bewährter Runde

zur gleichen Zeit und am gleichen Ort
und wer jetzt fehlt ist dann wohl dabei
wir setzen die Diskussionen fort
zu allen Themen sogar zu Sport
und fühlen uns streitend
einander begleitend
in wechselnder Runde frei

Gäste willkommen

Anmerkung: Oskar Maria Graf, bayerischer Schriftsteller und Hitlerflüchtling, traf sich seit 1942 regelmäßig mit seinen meist jüdischen Emigrantenfreunden, und dieser Stammtisch, obwohl keiner der Begründer mehr lebt, besteht weiter und wächst.

Den verstorbenen Kollegen

Ich kannte manche
im Wort- und Bücherwechsel
tauschten wir uns aus

wir feilschten um Sätze
immer im Einsatz
für Sinne und Sinn

wir stritten uns
von Bücherrücken gestützt
für die beste aller
möglichen Welten

wir Geisterfahrer
jeder in seiner verteidigten
unwechselbar eigenen
Sprachspur
auf Löschpapier

und dann
letzten Endes
schweigen wir alle
doch die dem Wort
Verschworenen
nachlesen bitte
ohnEnde
schweigen beredter

Heinrich G. F. Schneeweiß

Arno Reinfrank – Erinnerungen an einen Freund

Wer heute schläft, der sündigt, dachte ich 1963 unter dem Einfluss von Arno Reinfrank und wohnte ab dem folgenden Jahr in den Niederlanden. Im Glauben, die zahlreichen Verbrechen gegen die Menschlichkeit, die im Zweiten Weltkrieg geschahen, würden sich nicht wiederholen, verfasste ich für Arno die Erzählung »Die Gefangenen der Hoffnung« über die Judenverfolgung (erschienen in *Das, worin Vergehen waltet. Zeitspuren in Erzählungen, Geschichten und poetischer Prosa*, 1999). Lange Zeit hörte ich wenig von ihm und über ihn. In einem Konzentrationslager hatte Arno Reinfrank schon während seiner Kindheit die Eltern verloren. So waren seine jungen Jahre von Angst und Not geprägt, und das Deutschland der Nachkriegszeit war für ihn »ein zerrissenes Land«, obgleich es doch schon bald Ansehen als »Wirtschaftswunderland« erreicht hatte. Als jungem Studenten war es Reinfrank verboten, an einem antifaschistischen Jugendtreffen in Berlin teilzunehmen. Angeklagt wegen »Landesverrats«, fasste er den für ihn damals »einzig richtigen Beschluss, sein Wunschland« zu verlassen und 1955 nach London zu emigrieren, wo er sich oft unter beschwerlichen Umständen am Leben hielt. Er wollte nicht zu denen gehören, die zu allem ja sagen, alles akzeptieren, sich aufopfern für Ideale, die ihnen eingebläut werden und die sie im Laufe der Zeit selbst nicht mehr erkennen, weil ihre Identität immer mehr erlischt, bis sie nicht mehr die Kraft besitzen, sich dagegen zu wehren.

Arno Reinfrank

Arno Reinfranks »Poesie der Fakten« über Leben, Natur und Tod im Nachkriegsdeutschland fasziniert noch immer. Was er ans Licht brachte, ist heute noch aktuell. Gerade deshalb wäre es wichtig, diese Texte neu herauszugeben, um möglichst viele junge Leser dafür zu gewinnen. Arno schrieb ab 1945. Eines seiner frühen Bücher hieß *Von der Universität. Gedichte*. Es erschien 1959 zusammen mit dem Buch *Pfennigweisheiten. Gedichte und Fabeln*, 1960 folgte *Die Pulverfabrik u. a. Geschichten aus Ithopien*, 1961 *Fleischlicher Erlass. Gedichte*. Sein Gedichtband *Vorübergehende Siege* erschien 1963 in einer Auflage von fünfhundertachtzig Exemplaren mit Illustrationen des Schweizer Malers H. R. Giger in dem kleinen Schweizer *Steinklopfer Verlag*, gedruckt bei Schwitter & Co in Egnach. Ich selbst besitze noch ein Exemplar davon mit der Nummer 078. Das Buch handelt von den Opfern des Nationalsozialismus in seiner geliebten Heimat und ist wie viele der frühen Bücher Reinfranks bis auf ganz wenige Exemplare bei Freunden verschollen.

Am Wochenende des 3. bis 5. September 1987 kam ich einer Einladung nach London nach. Ich weiß noch gut, wie ich an jenem Freitag am Spätnachmittag auf der Pier in Hoek van Holland wartete, bis ich die Fähre nach Dover betreten durfte. Zufällig begegnete mir dort am Strand auch ein damals in den Niederlanden tätiger Diplomat der damaligen Bundesrepublik, der zusammen mit seiner Frau etwas frische Meeresluft atmen wollte. Nach einem kurzen, informativen Gespräch entfernten sie sich, nicht ohne mir eine gute Reise zu wünschen.

Auf der Fähre fühlte ich mich trotz der zahlreichen Fahrgäste einsam. Allmählich senkte sich die Dunkelheit auf den Ärmelkanal. In Gedanken war ich bei Arnos Gedicht »Am Himmel eine Wolke stand« (aus *Zehn Takte Weltmusik. Eine Lyrik-Anthologie des PEN-Zentrums deutschsprachiger Autoren im Ausland*, hrsg. v. Arno Reinfrank, 1988). Die meisten Bundesbürger sahen 1967, als er den Text verfasste, die Gefahr des sich ausbreitenden Kapitalismus (die Wolke) nicht. Sie hielten nur das für Wahrheit, was ihnen der Fernsehkasten vorflimmerte. Arno, der Verfemte im eigenen Land, der zutiefst Verletzte, deutete die Zeichen. Niemand wollte ihn hören. Sie bauten an ihrem »Technik-Babelturm«, erkannten die Gefahr nicht, konnten nicht mehr unterscheiden »zwischen gut und schlecht, zwischen Herz und Kopf«, täuschten sich und ahnten nicht, dass ihr »Schutzanzug und der Helm vom Sturm, den die Wolke auslöst, zerstört wird«, auch nicht, »dass alles, was sie konstruieren darin zusammenbricht«, »zu Staub und Stein wird«. Das Gedicht schließt mit den Worten:

> »am Himmel eine Wolke stand,
> ich las das Zeichen Schim.
> Für Schaddai stand's, den Schöpfungsgott
> – nur Er wusste den Sinn.«

Arno wohnte längere Zeit in der Patterson Road Nummer 10, einer etwas abschüssigen Straße am Rande von London in einem der auf der rechten Seite stehenden einfachen viktorianischen Reihenhäuser einer typischen Altlondoner Arbeitersiedlung. Dort war auch das Sekretariat des 1933 gegründeten PEN-Zentrums deutschsprachiger Autoren im Ausland untergebracht. Man erreichte die Wohnung über drei Steinstufen in einem kleinen Vorgarten. Vom Gang aus führte eine Stiege in den ersten Stock. Unten rechts befand sich ein schmales Gästezimmer. Oben waren die kleine Küche und die beiden anderen Räumlichkeiten. Am Tisch vor dem einzigen Fenster in der sogenannten Stube mit Blick auf die Hinterhöfe und die sich auf der anderen Seite hinziehende Häuserzeile mit niederen Dächern unterhielten wir uns.

Damals waren die Probleme im Verband groß. Manche Mitglieder wollten ihn auflösen. In der ihnen aufgezwungenen Emigration hatten sich einzelne den im Gastland üblichen Sitten und Bräuchen bereits angepasst. Jedoch durfte das geschriebene und gedruckte Wort der vor dem Faschismus geflohenen Schriftsteller auf keinen Fall verloren gehen. Arno nahm es oft mit einem gewissen sarkastischen

Humor hin, dass seine zahlreichen Lyrikbände jeweils in einem anderen Verlag erscheinen mussten und viele die Erstauflage nicht überschritten. Er schilderte, wie eine kleine Gruppe von Emigranten ein Jahr zuvor anlässlich eines Symposiums und einer Ausstellung von Erinnerungsstücken an verstorbene Mitglieder im Londoner Goethe-Institut beim Findling im Londoner Hyde Park in aller Stille der Toten vom 8. Mai 1945 gedachten, einzig und allein mit der Verlesung ihrer Namen.

Damals blühte in Arnos ursprünglicher Heimat noch die Heuchelei früherer Anhänger des Nationalsozialismus. Gabriele Tergit hatte schon recht, als sie Arno beim Mitgliedertreffen 1981 »alle Problematik der Emigration, nur keine direkte Not« voraussagte. In diesem Sinne ist auch Reinfranks »Poesie der Fakten« zu verstehen. Der in der Fremde lebende Dichter hat keine Zeit zu verlieren. Es gilt, Erfahrungen zu sammeln, sie zu bündeln, neue Möglichkeiten eines friedlichen Miteinanderlebens zu erproben, wie schwer es auch scheinen mag. Als Sekretär leitete Arno 1984 ein Symposium des Verbandes in Tokio, war Mitverfasser des Appells an die vertriebenen Schriftsteller in aller Welt, »mit uns gemeinsam den wieder auflebenden neofaschistischen Tendenzen in den Literaturen und Kulturen vieler Länder Widerstand zu leisten« und »alle Geschichtsfälschungen und Verunglimpfungen abzuwehren«. Arno glaubte immer »an den ethischen Wert des dokumentierten Wortes«.

Als wir gegen Abend schweigend über einen nahe dem Haus gelegenen Hügel gingen, wurde mir deutlich: Arnos Schicksal lag hier. Ich hoffte, er würde es durchstehen. Bei all unserer Unzulänglichkeit und Schwäche überwältigte mich sein Gedicht »Abschied von Gabriele Tergit« vom 26. Juli 1982 (in *Zehn Takte Weltmusik*). Zwei Krähen zogen über uns hinweg. Nasser Nebel hing über dem Feld. Es wurde kalt. Die Sonne ging unter. Wir liefen untröstlich weiter in dem Bewusstsein: »Wir lebten würdig und frei.«

Eine folgende junge Generation wurde hellhöriger, erhob laut und deutlich ihre Stimme. Wer aber an einem ganz gewöhnlichen Wochentag wie heute, dem 8. April 2011, die Nachrichten liest, ist erstaunt. Sie berichten wieder von Toten bei Protesten gegen Machthaber in Asien, von Demonstrationen im Jemen, von explodierenden Gasleitungen, von einer »Koalition der Willigen«, die beschließt, Libyen zu bombardieren, über neu entdeckte Massengräber in Mexiko, über Tote und Verwundete bei einem Angriff auf ein Wahlbüro in Nigeria usw. usf. Die Liste ließe sich um das große Unglück erweitern, das ein Tsunami und die gleichzeitige Zerstörung von Atomkraftwerken in Japan auslöste. Bei all diesen technischen und Naturkatastrophen, bei all diesen kriegerischen Auseinandersetzungen zu Beginn des neuen Jahrtausends sollte man nicht die Folgen der durch unverschämte Geldgier hervorgerufenen weltweiten Banken-, Schulden- und Finanzmarktkrise unterschätzen, der ungezählte unschuldige Sparer zum Opfer fielen. So stoßen wir, wie damals Arno, auf immer neue Fakten. So bleiben Arno Reinfranks Werk und Leben eine Mahnung für die Nachwelt, verkünden Hoffnungen auf eine Erneuerung.

Thomas B. Schumann

Armin T. Wegner – Ein Plädoyer

»Er emigrierte 1933 und ist im Exil gestorben«, heißt es in dem 1947 erschienenen Band *Verboten und verbrannt. Deutsche Literatur 12 Jahre unterdrückt* (von Richard Drews und Alfred Kantorowicz) über den einst bekannten Autor Armin T. Wegner. Und auf einer Gedenktafel für die während des Nationalsozialismus umgekommenen Schriftsteller fand sich sein Name zwischen Jakob Wassermann und Alfred Wolfenstein; Ricarda Huch gedachte seiner in ihrer Rede auf dem ersten Schriftstellerkongress nach dem Krieg 1947 in Berlin. Tatsächlich hatte der so Totgeglaubte das Dritte Reich überlebt, war jedoch infolge einer mutigen Tat in Vergessenheit geraten:

Am Ostermontag des Jahres 1933 schickte Armin T. Wegner unmittelbar nach der ersten Welle nationalsozialistischer Ausschreitungen gegen Juden einen Protestbrief direkt an Adolf Hitler ins Braune Haus:

Armin T. Wegner

»Herr Reichskanzler! [...] als ein Deutscher, dem die Gabe der Rede nicht geschenkt wurde, um sich durch Schweigen zum Mitschuldigen zu machen, wenn sein Herz sich vor Entrüstung zusammenzieht, wende ich mich an Sie: Gebieten Sie diesem Treiben Einhalt! [...] Ich bestreite diesen törichten Glauben, dass alles Unglück in der Welt von den Juden herrühre. [...] Der Tag wird kommen, wo der 1. April dieses Jahres nur noch eine schmerzliche Scham in der Erinnerung aller Deutschen hervorrufen wird [...].«

Dieser Zolas »J'accuse« vergleichbare Text - nicht im Exil, sondern im Reich verfasst - kam Armin T. Wegner teuer zu stehen: umgehende Verhaftung durch die SS, Auspeitschung und Folter bis zur Bewusstlosigkeit im Keller des berüchtigten Berliner Columbiahauses, Verschleppung in die Konzentrationslager Oranienburg, Börgermoor, Lichtenberg. 1934 gelang ihm die Flucht nach England, 1936 emigrierte er nach Palästina und 1937 nach Italien, wo er dann zeitlebens blieb.

Welches Herkommen befähigt jemanden zu einem so vorbildlichen Akt wie dem Brief an Hitler mit all seinen bitteren Konsequenzen? Zivilcourage und Widerstandsgeist kennzeichnen Armin T. Wegners gesamtes Leben und Schaffen.

Geboren wurde er am 16. Oktober 1886 als Sohn eines preußischen Eisenbahn-baurates und einer Frauenrechtlerin in Wuppertal-Elberfeld; seine Jugend verbrachte er im Rheinland und in Schlesien. Als Siebzehnjähriger entfloh er dem verhassten Gymnasium und arbeitete als Bauer auf einem Landgut in Fürstenstein. 1908 jedoch holte er das Abitur nach und studierte dann Jura und Volkswirtschaft in Breslau, Zürich, Paris und Berlin. Nach der Promotion (*Der Streik im Strafrecht*, 1914) betä-tigte er sich nach eigenen Aussagen als »Ackerbauer, Hafenarbeiter [in Marseille], Schauspielschüler [bei Max Reinhardt], Hauslehrer, Volksredner, Liebhaber und Nichtstuer, erfüllt von einer tiefen Begierde nach dem Geheimnis aller Dinge der Welt«.

Schon als Sechzehnjähriger publizierte Wegner 1903 einen schmalen Gedichtband mit dem Titel *Im Strome verloren* und dem Motto »Ich bin nie älter gewesen als mit sechzehn Jahren«. Ab etwa 1909/10 verschrieb er sich dem Expressionismus - mit bildmächtigen, visionär-ekstatischen Gedichten. Gesammelt erschien seine Lyrik, der auch ein sozialkritischer Impetus eignete, in den Bänden *Das Antlitz der Städte* (1917, trotz Fürsprache Heinrichs und Thomas Manns zeitweilig verboten) und *Die Straße mit den tausend Zielen* (1924). Bevorzugtes Sujet war die moderne Großstadt, deren Dämonie und Gnadenlosigkeit Wegner immer wieder gestaltete:

> Aus Stein gemischt und Eisen, Fleisch und Blut,
> Ein Meer von Brunst, zerwühlter Wogen Schar,
> Wirf deiner Straßen übervolle Flut
> Um meinen Fuß: erhabne Stadt, die mich gebar.
> Der Höfe Angstschrei, enger Zimmer Brut,
> Mit schwarzen Hälsen reckt sich Haus an Haus,
>
> [...]
>
> Gebirge qualmerfüllter Dächer, grau von Regen,
> Aus dem der Schlote Feuerzunge schlug,
> Kampf, Arbeit, Liebe, Qual - ob mich die Wüste trug,
> Ob ich in Sturm, in Sternenschein gelegen
> Auf weißer Lande lichtverlorenen Wegen:
> Ich wusste, dass Du lebtest.

Den Ersten Weltkrieg erlebte Armin T. Wegner als Sanitätsoffizier in Polen und in der Türkei - er wurde Zeuge des grauenvollen Massakers der jungtürkischen Regie-rung an den Armeniern. Gegen diesen ersten »systematischen« Völkermord des 20. Jahrhunderts, dem mehr als 1,5 Millionen Menschen zum Opfer fielen, protestierte Wegner in einem »Offenen Brief an den amerikanischen Präsidenten Woodrow Wil-son«. Literarisch verarbeitete er den Genozid am armenischen Volk - lange bevor es Franz Werfel in seinem erfolgreichen Roman *Die vierzig Tage des Musa Dagh* tat - in dem bis auf wenige Auszüge unveröffentlichten Werk *Menschengeschlechter ziehen vorüber wie Schatten vor der Sonne*. Wegner wurde im Ersten Weltkrieg schon früh zum Pazifisten, als die meisten deutschen Intellektuellen - einschließlich eines Thomas Mann - noch von Chauvinismus und Kriegsrausch benebelt waren.

Ab 1918 suchte Armin T. Wegner sein leidenschaftliches Engagement in Kurt Hillers »Politischem Rat geistiger Arbeiter« und in der »Gruppe revolutionärer Pazifisten« sowie durch Mitbegründung des »Bundes der Kriegsdienstgegner« zu verwirklichen. Er verfasste aufrührerische, flammende Reden und Manifeste (veröffentlicht in *Der Ankläger. Aufrufe zur Revolution*, mit einer Einbandzeichnung von Ludwig Meidner, und in *Die Verbrechen der Stunde - die Verbrechen der Ewigkeit*, 1921/22), in denen er sich gegen Kapitalismus, Kriege und die Paragraphen 175 und 218 wandte sowie politische und soziale Missstände der Zeit, den Missbrauch staatlicher Gewalt und jede Form von Unterdrückung und Ausbeutung anprangerte:

> »Das Recht des Menschen ist mit ihm geboren worden. Dies ist das heiligste Gesetz der Erde. Wo Lebendige atmen, sterben und gelitten haben, da erheben sie das uralte Verlangen ihres Geschlechts: Das Recht auf Freiheit. Das Recht auf Luft, Feuer, Wasser und Erde. Das Recht auf den eigenen Leib. Das Recht eigener Gedanken. Das Recht auf Liebe [...] Das Recht auf Schlaf. Das Recht auf den eigenen Tod. Mir gehören die verbotenen Wege im Wald nicht weniger als die steinernen Paläste [...]«

Solche Texte machten Armin T. Wegner zwar bekannt - größeren Erfolg brachten ihm allerdings erst die Bücher über seine ausgedehnten, mitunter abenteuerlichen Reisen in Europa, Asien und Afrika: *Das Zelt* (1927), *Am Kreuzweg der Welten* (1930), *Jagd durch das tausendjährige Land* (1932), *Maschinen im Märchenland* (1932). Darin werden - mit glänzender Beobachtungsgabe und Intuition sowie in assoziativer, bilderreicher, rhythmisierter Sprache - an einem jeweils konkreten Erlebnis oder Ereignis archetypische Grundmuster aus Historie und Mythos, Gegenwart und Vergangenheit verdeutlicht. Besonders die »Pioniernationen« Russland und Palästina faszinierten Wegner. 1929 hatte er mit einem Motorrad die Wüste Sinai durchquert. Der Titel *Fünf Finger über dir* (1930) erreichte eine Auflage von mehr als einer halben Million Exemplare. Das Buch wurde in der Sowjetunion unter Stalin verboten, weil es die Fehler des Sowjetsystems nicht verschwieg, in Deutschland unter Hitler ebenso, weil es auch positive Aspekte des neuen russischen Staates betonte.

Die Zwanziger- und frühen Dreißigerjahre waren die produktivste, erfolgreichste und glücklichste Zeit im Leben und Schaffen Armin T. Wegners. Der 30. Januar 1933 machte dies alles zunichte und verursachte einen irreparablen Karrierebruch, wie bei so vielen anderen progressiven Künstlern der Weimarer Republik, die von den Nazis geächtet und zur Emigration gezwungen wurden. Auch in Italien wurde Wegner vorübergehend - 1938 - inhaftiert. Zeitweilig konnte er sich unter falschem Namen als Lehrer für deutsche Sprache und Literatur an der Universität Padua (1941-1943) durchschlagen. Seine Ehe mit der Schriftstellerin Lola Landau, mit der er bis 1933 am Berliner Stechlinsee gelebt hatte, zerbrach.

Nach 1945 lebte er zurückgezogen in Rom und auf Stromboli in einem von ihm selbst erbauten Turm, genannt Torre dei sette venti. In einem der Räume hatte er auf Lateinisch die Inschrift angebracht: »Ich habe die Gerechtigkeit geliebt und die Ungerechtigkeit gehasst, darum sterbe ich in der Verbannung.« Er fand nie wieder literarischen Anschluss, blieb vergessen, »verschollen für ein Menschenalter«. Er war verstummt. »Sprachlosigkeit aus Entsetzen« hatte ihn befallen. Schreibversuch nach Schreibversuch scheiterte. Stundenlang saß er in seinem Arbeitszimmer - eingepfercht von zahllosen Büchern, Zettelkästen, Manuskripten, Dokumenten - vor einem leeren Blatt Papier, ohne auch nur ein Wort schreiben zu können. Und wenn er einmal etwas geschrieben hatte, verwarf er es meist wieder. An die Decke des Raumes hatte er den Talmudspruch malen lassen: »Es ist uns aufgetragen, am Werk zu arbeiten, aber es ist uns nicht gegeben, es zu vollenden.«

So also hat Armin T. Wegner, Prototyp des engagierten Autors, der unerschütterlich an die Macht des Wortes glaubte und sein Schreiben in den Dienst von Frieden und Freiheit, Menschlichkeit und Gerechtigkeit stellte, biographisch wie literarisch einen hohen Preis zahlen müssen. Doch Leiden und Entbehrungen, Heimatverlust und Verfolgung, gar die Vernachlässigung seines Œuvres nahm er in Kauf: Denn, so fragte er, »welches Abenteuer könnte verlockender sein als jenes, in das man sich um der Menschheit willen begibt?« Trotz aller Schicksalsschläge bekannte er: »Mir aber war nach langer Heimsuchung die höchste Gnade zuteil geworden: Wunder und Geheimnis des Überlebens.« Armin T. Wegner starb hochbetagt im zweiundneunzigsten Lebensjahr am 17. Mai 1978 in Rom.

Warum sind eine solch singuläre Gestalt und ihr vorbildliches Verhalten während des Nationalsozialismus nach wie vor kaum bekannt? Zwar hat Armin T. Wegner gegen Ende seines Lebens ein paar Ehrungen - zumeist im Ausland (Israel, Armenien) - erfahren. Zwar sind im Laufe der Jahre einige Veröffentlichungen von ihm (Auswahlbände aus dem umfangreichen Œuvre oder Neuausgaben einzelner Titel) erschienen. Aber von der seit Längerem angekündigten Gesamtausgabe liegt noch kein Band vor. Zwar gab es in letzter Zeit einige kleinere Ausstellungen mit Fotografien, die Wegner während des Ersten Weltkrieges und auf Reisen in den Zwanzigerjahren aufgenommen hat; zwar gibt es eine Armin-T.-Wegner-Gesellschaft - aber das alles ist nicht breitenwirksam, hat keine größere Resonanz und Wirkung.

Auch die Fürsprache Einzelner im Laufe der Zeit hat daran nie etwas ändern können. Eine Prognose wie die von Wulf Kirsten (aus dem Jahre 1967) hat sich nicht bewahrheitet. Er schrieb an Armin T. Wegner: »[...] möchte ich Sie [...] nachdrücklich meiner Sympathie und Hochachtung für Ihre mir so beispielhafte Persönlichkeit versichern. Ich bin gewiss [...], dass man sich Ihres Werkes besinnen wird, das so viel menschliche Größe und Lauterkeit einschließt.«

»Einmal Emigrant, immer Emigrant« (Eike Geisel) - dieses Stigma, dieser Fluch lastet nach wie vor auf Armin T. Wegner wie auf so vielen anderen von den Nazis aus Deutschland Verbannten und lässt sie und ihr Wirken vergessen sein ...

Indem ich mich mit Armin T. Wegner befasse und hier über ihn schreibe, kommt mir die Erinnerung an Schülertage und mein durch den Marbacher Ausstellungskatalog gewecktes Interesse am literarischen Expressionismus. Damals - gegen Ende der Sechzigerjahre - kontaktierte ich brieflich oder persönlich die letzten Protagonisten dieser revolutionären Bewegung: Claire Goll, Wieland Herzfelde, Kurt Hiller, Richard Huelsenbeck, Paula Ludwig, Otto Nebel, Kurt Pinthus, Fritz von Unruh, Johannes Urzidil und viele andere, zumeist gleichfalls von den Nazis Verfemte und Verfolgte. Und eben auch Armin T. Wegner, der mir in das ihm nach Rom geschickte Exemplar von *Am Kreuzweg der Welten* mit seiner schönen Handschrift schrieb: »Ich aber, siedend von Unrast, enteile im Nebeltau, durch Kriege, Palmengewühl, heidnisches Opferfest, und ewig schreien in meiner Brust die Hörner zum Aufbruch.«

Es folgte ein Briefwechsel. Unvergesslich dann 1972 der Besuch Armin T. Wegners, der mir inzwischen das Du angeboten hatte, im Haus meiner Eltern. Ich sehe die trotz seines Alters (Mitte achtzig!) ungebeugte, große, hagere Gestalt mit schlohweißem Haar und markanten Gesichtszügen – eine russische Pelzmütze tragend – noch vor mir. Und schließlich die Einladung nach Rom und ein zweiwöchiger Aufenthalt bei Armin T. Wegner und seiner zweiten Frau, der Keramik- und Glaskünstlerin Irene Kowaliska, in der schönen weiträumigen Wohnung des ehemaligen Pilgerheims Casa dei Pellegrini in der Via delle Purificazione, einer Seitenstraße der Piazza Barberini im Herzen Roms.

Es ist ein Privileg, eine Persönlichkeit vom Format Armin T. Wegners persönlich gekannt zu haben. Mit einigen Artikeln und Aufsätzen über sein vorbildhaftes Leben und bedeutendes Schaffen, die ich in Zeitungen, Zeitschriften und Lexika veröffentlichte, konnte ich ihm dann im Laufe der Jahre meine Reverenz erweisen. Nebst anderen von den Nationalsozialisten geächteten und exilierten Autoren und Autorinnen, die ich persönlich kannte, hat er mich ganz entscheidend angeregt und veranlasst, mich intensiv mit der deutschen Exilkultur ab 1933 zu befassen. Als Autor, Herausgeber, Vortragsreferent, Ausstellungskurator, Sammler und Verleger der Edition Memoria widme ich meine Arbeit nun schon seit vielen Jahren dieser noch lange nicht ausgeschöpften Thematik. Dafür bin ich Armin T. Wegner dankbar und hoffe, dass ihm eines Tages doch noch mehr Präsenz in unserem kulturellen Bewusstsein zuteil wird. Schließlich kennt die deutsche Literatur und Geschichte nicht gar so viele exemplarische Biographien vom moralischen Gewicht eines Armin T. Wegner, dessen Brief an Hitler in unseren Schulbüchern stehen müsste.

Egon Schwarz

Die Manns – Persönliche Reminiszenzen
an Mitglieder der Familie

Mitglieder des PEN-Clubs waren Heinrich, Thomas, Klaus und Erika Mann, die nur als stumme Zeugen hinter den Familienmitgliedern standen, mit denen ich persönlich Umgang hatte. Schon vor Jahren las ich Katia Manns *Ungeschriebene Memoiren*, die sie Elisabeth Plessen diktiert hatte. Aber angeregt durch ein Buch von Kerstin

Egon Schwarz im Gespräch mit Frido Mann

Holzer über Elisabeth Mann Borgese, von der gleich noch mehr die Rede sein wird, erinnerte ich mich an meine Begegnungen mit anderen Mitgliedern der Familie Mann. Meine Frau und ich waren längst mit Michael Mann und seiner Frau Gret befreundet. Eigentlich hieß er Thomas Michael. Doch als sein Vater starb, wollte er aus dem Schatten, in dem er gestanden hatte, heraustreten. Den Vornamen, den er mit ihm gemeinsam hatte, ließ er weg, gab seine erfolgreiche Karriere als Bratschist im Symphonieorchester von San Francisco auf, wandte sich der Literatur zu und wurde Student der Germanistik an der Harvard University, wo ich damals lehrte. Obwohl ich einige Jahre jünger war als er, belegte er bei mir einen Kursus über die Aufklärung, und so freundeten wir uns sehr bald an. Seine Frau Gret und er führten in Cambridge eine Art Salon. Es gab bei ihnen oft Geselligkeiten, sie waren freizügige Gastgeber und gestalteten immer wieder interessante Abende. Gastprofessoren, die das Deutsche Seminar besuchten, sowie Schriftsteller, die aus ihren Werken vorlasen, wurden dort bewirtet.

Als Michael dann sein Doktorat bekommen hatte, ging er nicht wie jeder andere Kandidat auf die oft mühsame Stellensuche, sondern meldete sich telefonisch beim geschäftsführenden Abteilungsleiter der Germanistik an der University of California in Berkeley und reiste kurzerhand nach Kalifornien. Wie er es angestellt hat, wüsste ich nicht zu sagen, aber am Ende des Gespräches war er Assistenzprofessor. Vielleicht verließ er sich auf die Wirkung seines Namens. Auch ich profitierte von dieser beeindruckenden Draufgängerei, denn schon wenige Jahre später wurde mir, ohne Zweifel auf seine Fürsprache hin, eine Gastprofessur in Berkeley angeboten. Es wurde eine meiner interessantesten akademischen Aufgaben, weil kurz nach meinem Eintreffen die Free Speech Movement entstand, die Studentenrevolten in aller Welt auslöste. Man kann also sagen, dass in diesem Jahr, 1964/65, Weltgeschichte gemacht wurde. Und ich war dabei.

Ich habe Gret und Michael sehr gern gehabt, darf aber nicht verhehlen, dass er ein schwieriger, aufbrausender, ruheloser Mensch war. Einmal waren er und seine Frau im Auto durch den ganzen Kontinent unterwegs, von Osten nach Westen, und es war ausgemacht, dass sie auf ihrer transkontinentalen Reise bei uns in St. Louis eine Ruhepause einschalten sollten. Doch schon nach einer Viertelstunde packte ihn eine unüberwindliche Ungeduld. Sehr zu unserem Erstaunen und Grets Unglauben brach er sozusagen mitten im Satz ab und bestand darauf, die Fahrt fortzusetzen. Ob sie wollte oder nicht, Gret musste mit. Ein andermal hampelte er als Redner bei einem Kongress so sehr auf seinem Stuhl hin und her, dass er vom Podium stürzte und sich den Arm brach. Das kann natürlich jedem passieren, aber zu ihm passte es besonders gut. Abrupte Stimmungsumschwünge, deren Zeuge ich oft wurde, waren seine Lebensart, wohingegen Gret die Ausgeglichenheit und Sanftmut in Person war.

Gret und Michael besaßen ein hübsches Haus in Orinda in den Hügeln oberhalb von Berkeley. Auch dort gab es häufig literarische oder musikalische Abende. Zur Hausmusik spielte Michael Geige, sein erstes Instrument, das er später gegen die Bratsche eingetauscht hatte. Einmal habe ich dort, sozusagen in der Höhle des Löwen, einen Vortrag über Thomas Manns *Mario und der Zauberer* gehalten. Ich erinnere mich auch an einen gemeinsamen Ausflug nach Tassajara. Man musste zuerst an die Küste nach Carmel fahren, und von da führte eine Straße in das gebirgige Los Padres-Gebiet. Tassajara wurde als eine Art buddhistisches Kloster betrieben. Michael trank viel. In allen Büchern über die Familie wird erwähnt, dass er schon als Halbwüchsiger seinen Eltern und Geschwistern Sorgen gemacht hatte. Auch auf dieser Reise führte er viele Flaschen Rotwein mit, von dem wir alle tranken, allerdings in unterschiedlichen Mengen. In einem Flüsschen, das das Gelände zerschnitt, brachte er mir das Krebsen bei, und auch diese Krebse verzehrten wir gemeinschaftlich - keine schlechte Diät. Auf der Rückfahrt kamen wir auf der ungepflasterten Straße an eine Stelle mit mehreren scharfen Kurven. Wir waren in drei Autos unterwegs: Meine Frau Dorle und ich mit unseren Kindern, die Manns in ihrem Auto und unsere gemeinsamen Freunde Hildegarde und Hunter Hannum in ihrem. An der steilsten Stelle bekamen es die Männer mit der Angst zu tun. Sie stiegen aus und ließen ihre Frauen über die gefährliche Strecke fahren. Ich konnte das leider nicht, denn meine Frau hat nie Autofahren gelernt.

Unsere Freundschaft fand eine eigentümliche Fortsetzung. Unsere Tochter Caroline war ein nicht leicht zu erziehendes Mädchen. Jetzt ist sie Ärztin, Professorin für Medizin, und eine liebevolle Tochter. Aber als Heranwachsende war es nicht einfach, mit ihr zu leben. Diesbezügliche Einzelheiten übergehe ich. Da bekamen wir eines Tages einen Anruf von Gret: Sie habe gehört, dass wir Schwierigkeiten mit unserer Tochter hätten: »Schickt sie uns doch! Wir würden sie gern aufnehmen.« Eltern und Tochter waren froh über dieses Angebot. Wir packten sie mitsamt ihrer Gitarre ins Flugzeug, Michael holte sie ab, und sie wohnte eine Zeit lang bei ihnen. Leider war diese Lösung nur von kurzer Dauer, denn Michael und Gret hatten Streit miteinander. Wenn Michael zu viel von seinem Rotwein getrunken hatte, wurde er schnell unleidlich. Es kam auch vor, dass er sich mit der Polizei anlegte, und Gret musste ihn herauspauken. Offenbar hatte es wieder einen Ehezwist gegeben. Gret rief mich also an, sie sei mit Caroline unterwegs zu ihrer Schwägerin, und ich solle meine Tochter dort abholen. Und damit bin ich, wie eingangs angekündigt, bei Frau Elisabeth Borgese angelangt. Ich flog nach Santa Barbara, wo sie beim Fund for the Republic arbeitete, einem »Think Tank«, der von dem berühmten Robert Hutchins nach seiner Amtszeit als Präsident der University of Chicago gegründet worden war. Er kannte Elisabeth schon von Chicago her, als sie mit Giovanni Borgese, der dort lehrte, verheiratet war. Es gelang Hutchins, sie aus Italien zurückzuholen, wo sie bis zum Tod ihres Mannes gelebt hatte. Später hat sie sich dann der Ozeane angenommen. Ihrer Initiative ist es zu verdanken, dass die Vereinten Nationen ein Gesetz zum Schutz der Weltmeere verabschiedet haben. Ihr letztes berufliches Engagement war als Professorin an der kanadischen University of Halifax in Nova Scotia.

In ihrem Haus in Santa Barbara traf ich mit Gret und meinem Kind zusammen. In jedem Bericht über Elisabeth Borgese liest man, dass sie Tierexperimente durchführte, und ich wurde Augenzeuge. Sie führte mir unter anderem abgerichtete Hunde vor, die zu meinem Erstaunen Schreibmaschine schreiben konnten. Eine bekannte Firma hatte ihr eine besondere Schreibmaschine mit großen Tasten anfertigen lassen, auf denen die Hunde tippen lernten. Elisabeth diktierte ihnen, und die Hunde schrieben, indem sie die Tasten nicht etwa mit ihren Pfoten, sondern mit der Schnauze herunterdrückten. Es waren zwar sehr einfache Sätze wie »I am a good dog«, aber immerhin.

Zum Schluss soll noch von einer Begegnung mit Katia Mann die Rede sein. Ich verbrachte ein Freisemester in Zürich. Der Grund für die Ortswahl war, dass mich Nahum Goldmann, der Präsident des Jüdischen Weltkongresses, gebeten hatte, seine Autobiographie zu »redigieren«. Es gab handschriftliche Aufzeichnungen von ihm, mit denen seine Sekretärin Hella Moritz einmal in der Woche von Genf nach Zürich flog, um mit mir daran zu arbeiten. Und dort lud uns eines Tages Frau Mann zum Tee ein. So kamen wir in das legendäre Haus in Kilchberg. Ich musste ihr gleich am Telefon sagen, dass wir zwei Kinder hatten, die wir nicht allein lassen konnten, worauf sie mit Begeisterung antwortete: »Ach, das trifft sich wunderbar. Ich habe ohnehin zu viel Essen im Haus. Bringen Sie Ihre Kinder ruhig mit.«

Frau Mann empfing uns, den vierzehnjährigen Rudolf, die acht Jahre alte Ga-
briela, meine Frau und mich aufs Liebenswürdigste. Das war 1967. Sie muss also
um die achtzig gewesen sein. Mir kam sie jedenfalls schon alt, fast greisenhaft,
vor, vermutlich weil ich nicht viel mehr als halb so alt war. Unsere kleine, sonst
gesprächige Gabi war total eingeschüchtert von ihr, man konnte kein Wort aus ihr
herausbringen. Mit Rudi begab sich etwas anderes. Das »viele Essen«, von dem Frau
Mann gesprochen hatte, stellte sich als ein Häufchen belegter Brötchen heraus, die
der heranwachsende Knabe im Nu verzehrt hatte, ohne im Geringsten gesättigt zu
sein. Mit Katia plauderten wir aufs Ausgiebigste. Bald schälten sich drei Hauptthe-
men heraus. Das Allerwichtigste war verständlicherweise ihr Mann, der ja schon
immer Mittelpunkt ihres Lebens gewesen war. Hervorstechend war auch ihr Anti-
amerikanismus, wahrscheinlich wurde sie durch uns »Amerikaner« dazu angeregt.
Ich bin ja auch nicht unkritisch, aber besonders im Ausland regt sich in mir die
Erinnerung an manches Gute, das es in den USA zweifellos auch gibt. Das dritte
Thema war Geld, zumal die Tantiemen, die nach Thomas Manns Tod vor mehr als
zehn Jahren immer noch reichlich aus dem Verkauf seiner Werke flossen. Viel war
von ihren Verhandlungen mit Verlegern die Rede, bei denen sie sich offenbar als sehr
geschäftstüchtig erwies. Das Interesse an Geld ist sicherlich nichts Seltenes, aber ich
habe beobachtet, dass es im Alter oft schärfer hervortritt.

Aus irgendeinem Grund wurde auch das Thema ihrer Herkunft berührt. Ich
fragte sie, ob sie wegen ihrer jüdischen Abstammung vor 1933 in Deutschland un-
liebsame Erfahrungen gemacht hatte, und wunderte mich, dass sie darauf bestand,
nur »Vierteljüdin« zu sein, obgleich ihr Vater rein jüdischer Abstammung war und
ihre Mutter in der Hauptsache wohl auch. Seit die Rassengesetze der Nazis hoffentlich für immer auf dem Müllhaufen der Geschichte verschwunden sind, ist es nicht
mehr so leicht, genau zu errechnen, welchen Anteil die verschiedenen ethnischen
Beimischungen im Leben eines Menschen ausmachen. Soviel ich weiß, waren die
Männer ihrer mütterlichen Familie alle Juden gewesen, die Frauen jedoch nicht.

Unser Besuch hatte ein kleines Nachspiel. Katia Mann rief am nächsten Tag noch
einmal an, um uns mitzuteilen, dass unsere kleine Tochter, die so sehr auf den Mund
gefallen schien, ein kleines Genie sei! Das habe sie von der Köchin, zu der sich Gabi
gesellt hatte und der gegenüber sie sich als absolut sprechfähig erwiesen hatte. Mir
wurde klar, dass Frau Mann sie für ein dümmliches Kind gehalten hatte und uns nun
aus Höflichkeit mitteilen wollte, dass ihre Meinung ins Gegenteil umgeschlagen war.

Nun muss ich noch von Michaels Ende berichten. Er war ein hervorragender
Kenner der Aufklärung, Heinrich Heines und der Werke seines Vaters, über die er
einiges publizierte, aber auch der Verfasser hübscher Erzählungen. Was mindestens
ebenso viel wiegt, war seine Musikalität, seine Fähigkeit zur Freundschaft, seine
Hilfsbereitschaft und seine Großzügigkeit. Jetzt ist er schon lange tot. Es scheint,
dass er sich das Leben genommen hat, obwohl die Umstände nicht ganz klar sind.
Schon als Halbwüchsiger beging er einen Selbstmordversuch. Viel später, unter dem
Einfluss von Drogen und Alkohol, die sich bekanntlich nicht gut miteinander ver-
tragen, kam es wieder zu einer Episode, bei der man nicht genau wusste, ob er einen
Suizid geplant hatte. Soviel ich weiß, ging Gret nach einem Zwist, wahrscheinlich
um ihre Ruhe wiederzugewinnen, mit ihren Hunden spazieren. Erst am nächsten

Morgen kam Raju, ihre Adoptivtochter, aufgeregt zu ihr und meldete, dass Papa »so weiß im Gesicht« sei. Die Nachricht von seinem Tod ließ unser letztes Gespräch in meinem Gedächtnis aufleuchten. Er hatte mich von Orinda zum Flughafen gebracht und mir unterwegs erklärt, es sei nun das letzte Mal, dass wir uns sähen. Ich nahm das nicht sehr ernst und bediente mich unverbindlicher Floskeln, die man unter solchen Umständen bereit hat: »Das ist doch Unfug«, »Was redest du da?« und dergleichen. »Ja, so ist es aber«, antwortete er. Und so war es.

Mit Gret standen wir noch lange Jahre in Verbindung. Aber auch sie hat uns mittlerweile verlassen. Eine letzte Ergänzung erfuhr meine Beziehung zur Familie Mann, als ich im Jahre 2010 auf einem Exilkongress in Lawrence, Kansas, Thomas Manns Enkel Frido kennenlernte, der als »Echo« in die Weltliteratur eingegangen ist und nun mit mir Erinnerungen an seine Eltern austauschte.

Guy Stern

Rudolf Frank – Drei Begegnungen mit einem Buch

Mein Lieblingsbuch – es ziert keine Liste der Meisterwerke deutscher Prosakunst. Und doch: Es gibt Romane, die so zwingend und beeindruckend mit ihrer Zeit, einem Einzel- oder Massenschicksal verknüpft sind, dass sie dadurch das ihnen fehlende Prädikat »Meisterwerk« wettmachen. Beispiele werden sich jedem aufdrängen. So war es etwa mit dem Roman und

Zeitzeugnis *Onkel Toms Hütte* in der amerikanischen Literatur oder mit *Im Westen nichts Neues* in der deutschen. Aus ähnlichen Anlässen habe auch ich ein Buch ins Herz geschlossen. Rudolf Franks Roman *Ahnen und Enkel*, unter widrigsten Voraussetzungen entstanden, zeichnet stellenweise auch meinen Lebensweg nach. Frank fängt Bedrohung, Flucht und Verfolgung sensibel ein – allerdings verfremdet er Zeit und Ort. Aber der Roman vermittelt auch die Hoffnung auf ein neues Leben in einem Zufluchtsland. Die Protagonisten der Rahmenhandlung hätten meine Wegbegleiter sein können.

Innerhalb drei weit auseinanderliegender Lebensabschnitte begegnete mir jenes Buch, das mich, jeweils auf andere Art, nicht wieder losließ. Zum ersten Mal geschah das an einem Channuka-Abend 1936, dem jüdischen Lichterfest. Das fla-

Rudolf Frank

ckernde Kerzenlicht der Menora fiel auf ein Buch, heute immer noch in meinem Besitz, mit gelbem Deckel, rotgedrucktem Titel und der Zeichnung eines schnörkelhaften Schemas einer Ahnentafel. *Ahnen und Enkel* von Rudolf Frank war ein Geschenk meiner Eltern. Vorsorglich hatten sie das Buch Wochen zuvor bestellt, und so prangte es jetzt auf dem Geschenktisch unserer noch nicht zerstörten Wohnung in der mittelgroßen Provinzstadt Hildesheim. Heute kann von »prangen« nicht mehr die Rede sein. Es sieht eher zerlesen aus und ist ramponiert von den vielen Reisen, auf denen es mich begleitet hat.

Damals war ich vierzehneinhalb Jahre alt, eine sowohl gelobte wie auch gescholtene Leseratte, querbeet alles lesend, was mir in die Hände fiel. *Ahnen und Enkel* verschlang ich gleich am ersten Abend lange nach dem häuslichen Zapfenstreich beim Licht einer Taschenlampe. Was fesselte mich so an diesem Buch? Zum einen liebte ich Reise- und Abenteuererzählungen – von Eichendorff bis Karl May. Hier nun ging die Reise nach Burma, in ein Land, von dem ich nie zuvor gehört hatte und das ich deshalb ein paar Tage später auf meinem Schulatlas suchen musste. Der Autor kannte sich in diesem Lande offensichtlich gut aus. Darüber hinaus packte mich der deutsch-jüdische Inhalt. Nach meiner ein Jahr zurückliegenden Barmitzwah war ich zu einem lediglich sporadischen Synagogenbesucher geworden, der aber an den Bräuchen, der jüdischen Tradition – also der jüdischen Kultur – festhielt. Dies alles ging Hand in Hand mit meiner Begeisterung für die deutsche Geschichte, ein Fach, in dem ich am Andreas-Real-Gymnasium meiner Heimatstadt manchmal als Klassenerster rangierte. Was konnte mir also willkommener sein als beispielsweise die in den Roman eingeflochtene Geschichte »Nathan und Napoleon«, in der ein junger jüdischer Fuhrmann aus betuchter Familie während napoleonischer Zeit durch Deutschland und Dänemark reist und dann, nach seinem Irrweg zur Bühne, wieder im heimatlichen Wiesenfeld in Unterfranken landet. Vieles war mir so vertraut: das Gemeinschaftsgefühl mit Nichtjuden – später Symbiose genannt – in der Binnenerzählung, besonders das Verhältnis des Protagonisten zu christlichen Theaterkollegen. Ich beging mit den Romangestalten die jüdischen Feiertage, sprach ihnen die eingestreuten hebräischen Wörter im deutschen Sprachgebrauch nach (»Eize«, »trefe«, »Gannef«) und ging mit ihnen in dem sich über Generationen eingestellten Zugehörigkeitsgefühl konform.

Auch die Märchenmotive, die den Roman und besonders diese Erzählung durchziehen, waren mir weitgehend vertraut, und ich freute mich, als der mir aus vorheriger Lektüre bekannte Hans Christian Andersen in »Nathan und Napoleon« nicht als der berühmte Erzähler, sondern als kleiner Bub auftauchte. Sobald mir klar wurde, dass *Ahnen und Enkel* vor allem ein Auswandererroman war, wusste ich, dass das Buch mir auf den Leib geschrieben war. Das Wort »Auswanderung« war damals in aller Munde, obwohl uns das Olympia-Jahr 1936 trotz der vorangegangenen »Rassengesetze« etwas weniger beängstigend vorkam. Was mich betraf, hatte meine Mutter den Briefkontakt mit ihrem Bruder im fernen St. Louis verstärkt. »Dein Onkel Benno kann dich vielleicht zu sich rüberholen«, hatte sie gesagt.

Noch etwas war mir bei dem Buchgeschenk aufgefallen. Die kleine Hausbibliothek meiner Eltern und auch meine viel kleinere Büchersammlung reicherte sich in den vergangenen paar Jahren immer mehr mit Bänden jüdischen Inhalts an. Diese Bücher mussten meine Eltern erst bestellen; sie waren im Buchhandel nicht erhältlich. Jüdische Autoren durften nur bei jüdischen Verlagen erscheinen und von Juden gelesen werden. Diese gefahrenumwitterte »Duldung« endete allerdings mit den Schreckensjahren 1937 und 1938. Zu dem Zeitpunkt jedoch war *Ahnen und Enkel* schon in meinem Handgepäck auf einem deutschen Dampfer nach Amerika transportiert worden.

Bei meiner zweiten Begegnung mit dem Buch war ich dem Reise- und Abenteuerroman entwachsen – nicht nur als Resultat eines normalen Reifeprozesses, sondern auch, weil ich ähnliche und keineswegs normale Erlebnisse, wie sie in *Ahnen und Enkel* vorkommen, persönlich nachvollzogen hatte: Auch ich hatte mich einer neuen Welt anzupassen, wenn auch der amerikanischen des Mittelwestens, statt der von Burma. Dann kam, etwa sechs Jahre später, meine Teilnahme am Zweiten Weltkrieg als amerikanischer Feldwebel. Und bei sporadischen Auslandsbesuchen in späteren Jahren traten mir auch die Handlungsorte des Romans zum ersten Mal vor Augen, etwa Mainz, Ulm und Kassel in Deutschland und Haifa in Palästina, die Stadt, in der die wunderschöne Binnenerzählung des Romans, »Das Orangenopfer«, seinen Abschluss findet.

Inzwischen hatte ich auch die Werke der deutschen Literatur gelesen, die Franks Romangestalten beschäftigten. Ich war Germanist geworden, hatte die Exilliteratur als eines meiner Spezialgebiete gewählt, zum Teil deshalb, um fast verschollene Schriftsteller, wie etwa Rudolf Frank, der Vergessenheit zu entreißen. 1977 widmete ich ihm einen Beitrag in einem Sammelband über Exilliteratur.

Die Frage, die ich mir damals für meinen Aufsatz stellte, war: »Wie wurden die Exilanten außerhalb und innerhalb des Dritten Reiches dargestellt?« Ich gestaltete den Essay als Vergleich, ja als eine Gegenüberstellung zwischen den infamen Herabsetzungen der Exilanten in faschistischen Romanen und einem mutigen Schlüsselroman des damaligen Wehrmachtsangehörigen Rudolf Krämer-Badoni, der sich mit den Exilanten implizit solidarisch erklärte. Als weiteres Gegenstück dazu ließ ich nunmehr all die Vorzüge meines Lieblingsromans *Ahnen und Enkel* und die couragierte Haltung seines Verfassers hervortreten.

Zu dieser seinerzeit geschriebenen Würdigung stehe ich auch jetzt noch. Damals schrieb ich:

»Franks exzeptionelles Werk arbeitet mit subtilen Analogien und totaler Ausklammerung des Naziterrors. Aber auch so ist Rudolf Franks *Ahnen und Enkel* ein Grenzfall: ein Exilroman, der 1936 in einem deutsch-jüdischen Verlag noch erscheinen durfte und darüber hinaus eine stilistisch und erzählerisch äußerst respektable, die jüdische Zeitgenossen (und nicht nur sie) angehende und ergreifende schriftstellerische Leistung darstellt. Der Verfasser war der Schauspieler, Regisseur, Dramaturg (er hatte u. a. Brechts *Trommeln in der Nacht* 1922 den Münchner Kammerspielen empfohlen) und gelegentliche Übersetzer, Herausgeber und Romanschriftsteller Rudolf Frank. 1936, kurz nach Erscheinen von *Ahnen und Enkel*, flüchtete er nach Österreich, dann in die Schweiz, etablierte sich nach vielen Fehlschlägen beim Schweizer Radio und übersetzte »nebenbei« Pearl S. Buck, Louis Bromfield, Nevil Shute, Thomas Wolfe und Sinclair Lewis ins Deutsche.«

Trotz aller Vorsichtsmaßregeln gehörte Mut dazu, damals einen Exilroman (mit seiner implizierten Aufforderung zur Nachahmung der Asylsucher) zu schreiben. Das Thema war heikel, der jüdische Verlag in Bedrängnis, der Autor schon einmal verhaftet worden, und das Buch selbst wurde zwar zunächst nicht verboten, 1938 aber von den Nazis vernichtet. Es liegt auf der Hand, dass diese Ungunst der Zeiten den Autor auch mit ungeheuren kompositorischen Schwierigkeiten konfrontierte. Einerseits sollte der Roman die Notwendigkeit und sogar die attraktiven Seiten der Auswanderung deutscher Juden vor Augen führen, andererseits konnten die Gründe dafür, etwa die furchtbaren Einsichten und Erfahrungen, die er schon 1933 im Berliner Polizeipräsidium beziehungsweise in der Einzelhaft gesammelt hatte, nicht einmal andeutungsweise aufgenommen werden. Dass dieser Roman überhaupt unter solchen Umständen erscheinen und seinen Zweck erfüllen konnte, ist an sich schon ein Einzelfall. Dass er außerdem so viele typische Themen des Exilromans auf subtile Art streifen konnte – die verschiedenen Einwanderungsmöglichkeiten, die psychologische Stimmung der Auswanderer, die vom Heimweh der Exilanten bis zum Selbstmord der an der Ausreise Gehinderten reichte, das Trauma der Passbeschaffung, den Verlust der Sprache, den hundertjährigen Krieg gegen die Juden, sogar einen verkappten Angriff auf die Nazis –, all das erstaunt noch mehr.

Was aber am meisten verblüfft, ist die Tatsache, dass bei diesem kompositorischen Hindernislauf ein Roman mit beachtlichen Qualitäten zustande gekommen ist. Frank hatte Übung in der Tarnung. Nicht nur, dass er zwei Romane für »deutsche« Zeitschriften oder Verleger christlichen Freunden unterschieben musste, er hatte außerdem ihre Gegenwartsbezogenheit zu verschleiern. Sein zweiter Roman etwa, mit dem doppelbödigen Titel *Das war ein starkes Stück*, war ein Theaterroman, der in »listig, lustig getarnter Form die Tarnung als solche zum Gegenstand hatte«. Auch bei seinem Auswandererroman, der sich ganz bewusst an Goethes *Unterhaltung deutscher Ausgewanderten* anlehnte, ist der Titel, *Ahnen und Enkel*, bezeichnend. Das Schicksal der von den Nazis vertriebenen Juden wird zu den Leiden, aber auch dem Überlebenswillen früher verfolgter europäischer Juden in Beziehung gebracht. Das Thema lag natürlich damals in der Luft. Der Autor hatte verschiedene Exilländer für seine Familie und sich in Betracht gezogen. So schreibt er in seiner Autobiographie:

> »Auch Berichte aus Burma lasen sich verlockend, aber das einzige Greifbare, was aus diesen Luftschlössern kam, war mein Roman in Erzählungen *Ahnen und Enkel*. [...] ›Lachen heilt‹ hieß das Motto des Buches [...].«

Hinter dieser denkbar einfachen Handlung und Struktur verbirgt sich ein kunstvolles Tarnungsmanöver. Vorwort, Nachwort und Exposition sind geradezu naiv unbefangen. Das oben zitierte Motto (eigentlich Teil des Vorworts) ist keineswegs so frisch-munter zu verstehen, wie es auf den ersten Blick anmutet. Es wurde bei seinem Erscheinen auch viel zweideutiger verstanden; als Leser von damals ahnte auch ich, was der Autor fast fünfundzwanzig Jahre später in seiner Autobiographie als Erklärung hinzufügte: »Ein leises Lachen ist bei uns immer zu Haus, hatte Franz Kafka gesagt.« Die Ambivalenz Kafkas schwingt in der Tat im Vorwort mit. Im Nachwort des Romans wird also, selbstverständlich mit aller Vorsicht, auf die beabsichtigte Warnung verwiesen.

Außerdem wird – als weitere Vorsichtsmaßnahme – der Grund zur Auswanderung, ja jegliche Erwähnung der Hitler-Diktatur ausgelassen. »Sie [die Auswanderer] hatten ihre Gründe. Denn sie waren Juden.« Frank konnte alles Weitere bei seinen Lesern natürlich voraussetzen, griff aber zu einem zusätzlichen Mittel, um der Warnung in seinem Roman weiteren Nachdruck zu verleihen. Als Mittel dienten ihm die eingeflochtenen Erzählungen. Ein vor napoleonischen Truppen flüchtender jüdischer Holzhändler, ein vom Schauplatz der letzten in Frankfurt stattfindenden Kaiserkrönung verjagter Jude, die vereitelte Verhaftung eines Juden durch einen Kosakentrupp, die Rettung eines jüdischen Arztes vor einem Pogrom und schließlich die Geschichte eines burmesischen Friedensapostels – all diese Rahmenerzählungen aus früher Vergangenheit beinhalten gleichzeitig und gleichnishaft Begebnisse aus der Entstehungszeit des Romans.

Namhafte Wissenschaftler haben sich seitdem mit weiteren Aspekten von *Ahnen und Enkel* befasst, z. B. dass der Roman eine »Verschmelzung von jüdischer und deutscher Tradition« sei. Sein Sohn schrieb mir, mit Hinweis auf ein jüdisches Gedicht seines Vaters, dass bei der Betrachtung von Franks Œuvre »das Jüdische gewiss eine Rolle zu spielen hat«. Diese Beobachtungen führten mich zu weiteren Überlegungen, die mich noch einmal auf meine erste jugendliche Begegnung mit dem Roman zurückwarfen, also auf Probleme der damaligen deutsch-jüdischen Geisteswelt.

Zunächst war die jüdische Bevölkerung sogar noch im Jahre 1936 gespalten zwischen einem unentwegten, um nicht zu sagen Don Quichottischen Festhalten an der Doppelzugehörigkeit zum Deutschtum und zum Judentum einerseits und der Parteiergreifung für den Zionismus andererseits. Dieser Zwiespalt wirkte sich sogar auf uns Jugendliche aus, wir gehörten rivalisierenden Jugendgruppen an. *Ahnen und Enkel* aber überbrückt den Konflikt. Es zeugt von Franks Souveränität, dass er in seinem Roman beide Ansichten gelten lässt. In einer der Binnenerzählungen, »Lamm und Lämmchen«, die sich zur Zeit der großen Pest in der Nachfolge des Dreißigjährigen Krieges abspielt, rettet der weise Erzbischof von Mainz einen jüdischen, wegen »Brunnenvergiftung« angeklagten Arzt. Er befiehlt ihm, von dem fraglichen Wasser zu trinken. Da er davon nicht erkrankt, ist seine Unschuld bewiesen. Aber symbolisch trägt jenes Trinken auch zur weiteren Zugehörigkeit zur (deutschen) Erde bei, »deren Säfte er in sich getrunken«. Andererseits schildert »Das Orangenopfer« die geglückte Alijah (den Aufstieg ins Gelobte Land) und das erfüllte Leben einer gefährdeten polnisch-jüdischen Familie im Asylland Palästina. Auch den Zwischenaufenthalt der Auswanderer dort gestaltet Frank zu einer enthusiastischen Bejahung des Zionismus: »Ein starkes, gesundes Leben in Arbeit und Freude.«

Der Humanist Frank überbrückt einen weiteren im Jahre 1936 noch anhaltenden innerjüdischen Zwiespalt. Die meisten Mitglieder der deutsch-jüdischen Gemeinden konnten auf mehrere in Deutschland angesiedelte Generationen von Vorfahren zurückblicken. Deshalb hegten sie, teils aus Furcht vor der Reaktion der Außenwelt gegenüber diesen noch nicht Assimilierten, teils aus eigenen Vorurteilen, starke Vorbehalte gegenüber den jüngst nach Deutschland eingewanderten »Ostjuden«, ein oft pejorativ gemeinter Terminus. Frank, offensichtlich frei von solchen Vorbehalten, bringt den ostjüdischen Gestalten in seinen Binnenerzählungen dieselbe Sympathie entgegen wie den bodenständigen deutschen Juden, so etwa in der anfänglich in Polen spielenden Erzählung »Das Orangenopfer«. Franks Mitgefühl erstreckt sich auch auf die Tragik eines jungen Chaluz (Pionier) aus dem polnischen Städtchen Łowicz (in der kurzen Binnenerzählung »Das Reisegeld«).

Schließlich ist bei Frank auch kein Anflug von Klassenunterschieden zu verspüren, ganz im Gegensatz zur damaligen Wirklichkeit. Die Weimarer Republik hatte trotz ihrer demokratischen Verfassung mit der Hierarchie des Kaiserreichs nur unvollkommen gebrochen – und das deutsch-jüdische Bürgertum bildete darin keine Ausnahme.

In *Ahnen und Enkel* jedoch findet sich keine Spur von Standesdünkel. Frank gewinnt dem Trödler Israel David Samuel Schmerzen und seiner Familie (in der Binnenerzählung »Simcha und die zehn Gebote«) ebenso viele sympathische Züge ab wie der Großhändlerfamilie Franck in der Erzählung »Nathan und Napoleon«.

In der Haupthandlung heißt es schlicht und einfach: »Zwölf Juden fuhren durch den Golf von Aden und in das Arabische Meer.« Wenn man also *Ahnen und Enkel* nach seinem jüdischen Gehalt abtastet, so ist festzustellen, dass der Roman nur selten auf das Religiöse im Judentum eingeht – obwohl die Einwanderer sofort nach ihrem Eintreffen in Burma einen Synagogenbau in Angriff nehmen. Aber der Roman ist eindeutig und vorrangig ein Bekenntnis zum jüdischen Ethos, besonders zur Gleichberechtigung. Ich glaube – nein, ich bin überzeugt –, dass auch dieser Aspekt zu meiner Zuneigung für das Buch beigetragen hat.

Paul Tischler

Alice Schwarz-Gardos – Hüterin der deutschen Sprache in Israel

Alice Schwarz wurde am 31. August 1916 zwar in Wien geboren, doch die Wurzeln ihrer Familie lagen in der Slowakei. Der Vater stammte aus Neutra, kam jedoch schon als kleiner Junge nach Wien. Ihre Mutter, eine charmante, gescheite, literarisch sehr interessierte Frau, stammte aus einer weitverzweigten Sippe, zu deren Abkömmlingen Heinrich Heine, Theodor Herzl und Karl Marx sowie die adelige Familie Biedermann gehörten. Ein Urahn war Simon Michl, »der Pressburg« genannt, kaiserlicher Münzjude und Hoffaktor bei Kaiser Joseph I. Ein Cousin von Alice Schwarz war der Schriftsteller und Journalist Bruno Frei, der im letzten großen deutschen Literaturlexikon, dem »Killy«, fälschlicherweise als ihr Großvater bezeichnet wird (dabei war er nur neunzehn Jahre älter als Alice). Auch mit dem Ungarntum war Alice Schwarz verbunden, denn ihre Mutter war Ungarin, und sie hatte noch – wie sie mir in einem Brief schrieb – eine Tante, die in Miskolcz oder dessen Umgebung lebte und Tischler hieß.

Alice Schwarz-Gardos

Alice Schwarz kam schon als Kind nach Pressburg (Bratislava), wo die wohlhabende Familie mütterlicherseits in einer schönen Villa im Zentrum der Stadt wohnte. Ihr Großvater, ein reicher Geschäftsmann und geschätzter Bürger der Stadt, förderte vor allem deutschsprachige Theateraufführungen und fühlte sich in der deutschen Kultur zu Hause. Des Ungarischen und des Slowakischen soll er nicht mächtig gewesen sein. Alice besuchte die deutsche Volksschule und das traditionsreiche deutsche Gymnasium, damals eines der drei deutschen Gymnasien der Slowakei, und schloss mit der Matura (dem Abitur) ab. Allerdings konnte die begabte Schülerin nur vier Semester lang an der Comenius-Universität ihrer Heimatstadt Medizin studieren, bevor sie sich gezwungen sah, das Land zu verlassen. Denn Ende 1939 begann für sie und ihre Eltern eine abenteuerreiche und lebensgefährliche Flucht – unter anderem mit einem Donauschiff nach Rumänien –, die schließlich in Palästina endete.

Dort war der Anfang sehr schwer. In den Jahren 1940-1942 arbeitete Alice Schwarz als Stubenmädchen, Kellnerin, Tellerwäscherin, Verkäuferin in Haifa - zu dieser Zeit sprach sie kein Wort Hebräisch. Die Beschäftigung als Sekretärin bei der Royal Navy (1942-1949) bedeutete bereits einen großen sozialen Aufstieg. Doch zunächst musste sie sich das Tippen auf der Schreibmaschine aneignen. 1949 kam es zum ersten Aufenthalt in Europa; von ihrem Cousin Bruno Frei (alias Benedikt Freistadt), der aus dem mexikanischen Exil heimgekehrt und inzwischen Chefredakteur des *Abend* war, wurde sie nach Wien eingeladen. Dort verbrachte sie drei Monate als »eine Art Pressereferent bei der Jewish Agency«, und damit begann ihre bis 2007 andauernde Laufbahn als Journalistin.

2007 war Alice Schwarz-Gardos die älteste deutschsprachige Chefredakteurin der Welt. Siebenundfünzig Jahre lang hatte sie sich dieser Tätigkeit voller Hingabe gewidmet. Obwohl Übersetzungen von Beiträgen aus ihrer Feder auch in hebräischen Zeitungen erschienen sind, ist doch vor allem ihre Tätigkeit für zwei deutschsprachige Zeitungen maßgebend. Mehr als fünfundzwanzig Jahre lang (1949-1975) arbeitete sie für die *Yiediot Haym*, die folgenden zweiunddreißig Jahre (1975-2007) für deren Nachfolgerin, die *Israel Nachrichten* (*Chadashot Israel*).

In diesen siebenundfünfzig Jahren verfasste die »Starreporterin« Tausende von Artikeln, mit denen sie nicht nur Einwanderern, die der neuhebräischen Sprache (Ivrit) meist nicht mächtig waren, beratend zur Seite stand, sondern auf die sie nicht selten auch meinungsbildend wirkte. Sie, die sich den Journalismus als Autodidaktin angeeignet hatte, stieg zu einer der bedeutendsten Journalistinnen Israels auf; im Rahmen der deutschsprachigen Publizistik gehörte sie zur Spitze.

Zunächst als Reporterin in der Haifaer Lokalredaktion eingesetzt, betätigte sich Schwarz-Gardos in allen journalistischen Sparten: Sie schrieb Glossen und Kommentare, lieferte Nachrichten, Geschichten und Reportagen, umfangreiche politische Analysen, Porträts bedeutender Israelis deutscher Sprache sowie Serien von Gerichtsberichten und führte zahlreiche Interviews mit prominenten Persönlichkeiten des öffentlichen Lebens. Von Anfang an schrieb sie in einer prägnanten, präzisen und treffsicheren Sprache, mit scharfer Beobachtungsgabe und einer ausgeprägten Intuition für Recht und Wahrheit. Denn vor allem ging es ihr um Gerechtigkeit und Wahrheit, unabhängig von nationaler und sozialer Herkunft der Betroffenen. Sie war eine wahrhaft unbestechliche Berichterstatterin und trotz der Jahrzehnte, die sie gleichsam »auf einer fremdsprachigen Insel« verbrachte, eine Meisterin der deutschen Sprache.

Als Journalistin vollbrachte sie eine einzigartige Leistung. Die *Israel Nachrichten* redigierte sie seit 1975. Bedenkt man, dass tagtäglich ganze Seiten dieser einzigen deutschsprachigen Tageszeitung aus ihrer Feder stammten, staunt man, wie diese Frau die Zeit fand, darüber hinaus ein Dutzend Bücher zu verfassen. Dazu noch musste sie täglich die Strapazen der Reise von ihrem Haus in Chadera, wo sie seit ihrer Heirat mit dem aus Pressburg stammenden Musikwissenschaftler Gardos wohnte, nach Tel Aviv auf sich nehmen.

Ihre journalistische Leistung geht zwar über die Bedeutung für die »Jekkes«, die deutschsprachigen Juden in Israel, hinaus, doch entstammte ihre Leserschaft tatsächlich vor allem dieser Gruppe, für die eine deutschsprachige Zeitung eine

Kultur- und Sprachinsel darstellte, wo sie sich heimisch fühlen konnte. Das bezeugte auch ein Brief an die Redaktion, in dem ein Leser schrieb, mit ihren Beiträgen und ihrer Zeitung sei Alice Schwarz-Gardos schuld daran, dass er bislang kein richtiges Hebräisch erlernt habe, da er das deutsche Blatt tagtäglich von A bis Z durchlese und somit der deutschen Sprache treu bleibe. Alice Schwarz-Gardos arbeitete auch als Israel-Korrespondentin für mehrere europäische Zeitungen und Zeitschriften, unter anderem für den *Tagesspiegel* (Berlin) und das *Argentinische Tagblatt* (Buenos Aires), das leider vor Jahren eingestellt werden musste.

Alice Schwarz-Gardos war von früh an auch schriftstellerisch tätig. Schon als Vierzehnjährige hatte sie für eine in der Jugendbeilage der Wiener *Neuen Freien Presse* erschienene Geschichte den ersten Preis erhalten. Doch zum »richtigen« Schreiben kam sie erst in Israel, in den 1940er Jahren. Dass sie dabei aus ihrer reichhaltigen journalistischen Erfahrung schöpfen konnte und gewissermaßen im Leben erprobte Themen künstlerisch umsetzte, trug zur Überzeugungskraft ihrer Werke bei.

Alice Schwarz-Gardos verfasste zwölf Bücher: Erzählungen, Essays, Memoiren, Anthologien sowie sechs Romane, die in israelischen, deutschen und österreichischen Verlagen erschienen. Ihren ersten Novellenband *Labyrinth der Leidenschaften* (Haifa 1947) bezeichnete Arnold Zweig, der sie ebenso wie Max Brod zum Schreiben ermutigt hatte, als »Kammermusik« und schrieb ein Vorwort. (Zweig verließ 1948 Palästina und kehrte in die DDR zurück, wo er 1968 starb.) Von den Romanen erschien als erster *Operation Goliath* (Tel Aviv 1954), der bis heute nur in hebräischer Übersetzung vorliegt. Darin werden laut Autorin die »Ereignisse um die Eroberung Haifas aus der Sicht einiger mitteleuropäischer Intellektueller, die ahnungs- und erfahrungslos in diesen Kampf gestürzt wurden und von denen einige, eher Anti-Helden als Helden, denn auch in diesem erbarmungslosen und für uns schwer überschaubaren Ringen gefallen sind«, geschildert.

Ihr erstes in Europa erschienenes Buch *Schiff ohne Anker* (Graz 1960) wurde zunächst in Ost-Berlin veröffentlicht - Arnold Zweig war es, der die Publikation ermöglichte. Es ist eine Geschichte, in der die Autorin ihre Erfahrungen bei der illegalen Ausreise und das tragische Geschehen um den Untergang des Dampfers *Struma* schildert. Dieses Schiff versank am 24. Februar 1942 mit 789 jüdischen Flüchtlingen an Bord, nachdem es vom Istanbuler Hafen aus ins Meer gezwungen wurde. Dabei kamen alle Flüchtlinge ums Leben, darunter zweihundertfünfzig Frauen und siebzig Kinder; es gab einen einzigen Überlebenden. Dieses Buch gehört zu den besten Romanen von Alice Schwarz-Gardos.

Die Abrechnung (Graz 1962) ist die dichterische Umsetzung eines realen Gerichtsprozesses in Israel. Ein slowakischer Katholik, der mit seiner jüdischen Frau nach Israel übersiedelt war, wurde der Beteiligung an der Ermordung eines jüdischen Kindes an der slowakisch-ungarischen Grenze beschuldigt. Es handelte sich hier um das erste große Gerichtsverfahren in Israel vor dem Eichmann-Prozess und endete mit Freispruch für den Angeklagten. Die aus der Slowakei stammende Autorin meinte zu diesem Roman: »Damals hatte ich in wenigen Wochen gelernt, wie man nicht nur die Wahrheit vom Irrtum unterscheidet, sondern auch ohne jeglichen Kommentar eine Tendenz verfolgen, nur durch die Auswahl der Zitate eine gewisse Meinung durchscheinen lassen und sogar Stimmung machen kann. Später musste ich nur zu oft auch in ausländischen Blättern sehen, wie diese Methode gegen Israel zur Anwendung gebracht wurde.«

Mit *Versuchung in Nazareth* (Wien 1963) entstand ein Künstlerroman, in dem sich die Autorin nicht nur als exzellente Psychologin erwies, sondern auch die Landschaften und das Leben der vielen in Israel lebenden Völkerschaften ausgezeichnet beschrieb. Die Kritik lobte ihren eindringlichen Stil und ihre Fähigkeit, Protagonisten und diverse Nebenfiguren in psychologisch überzeugenden Verstrickungen darzustellen.

Auch als Kinder- und Jugendbuchautorin ist Alice Schwarz-Gardos hervorgetreten. Mit *Joel und Jael* (Stuttgart 1963) schuf sie einen umfangreichen Roman für Kinder, der in gewisser Weise an Selma Lagerlöfs *Wunderbare Reise des kleinen Nils Holgersson mit den Wildgänsen* erinnert. Das Buch wurde – wie die Autorin betont – speziell für den kleinen »binnendeutschen« Leser verfasst. *Entscheidung im Jordantal* (1965) ist als dichterischer Aufruf und menschliches Vermächtnis der Autorin, dem Land Israel treu zu bleiben, zu verstehen.

Später widmete sich die Autorin vor allem dem Essay. Ihrer Ansicht nach konnte sie die deutschen Leser in dieser Form effizienter und aktueller über Israel informieren. Es entstanden Essays und Skizzen, die gewissermaßen vom Alltag der israelischen Gesellschaft, Politik, Kultur und Religion diktiert wurden. Sie brauchte »nur« genau hinzuschauen und präzise niederzuschreiben. Hier verband sich die Feinfühligkeit der Romandichterin mit der scharfen Beobachtungsgabe der talentierten Journalistin.

Frauen in Israel (Freiburg 1979) ist ein »Bericht in Lebensläufen«, den die Autorin bezeichnenderweise mit dem Untertitel *Die Emanzipation hat viele Gesichter* versah. Es handelt sich um Porträts der unterschiedlichsten Frauen aus Politik und Wirtschaft, Kultur und Kunst, Wissenschaft und öffentlichem Leben, die »hervorstechen«, quer denken oder höhere Leistungen hervorbringen. Zwar nehme die Frau in der jüdischen Gesellschaft traditionell eine zentrale Stellung ein, anderseits sei sie jedoch »unterprivilegiert«. Doch gerade in einer Gesellschaft mit so unterschiedlichen Lebensformen komme der Frau eine besondere Rolle zu. Alice Schwarz-Gardos räumt dabei mit vielen Klischees und Vorurteilen auf und zeigt, »dass Tradition nicht Diskriminierung bedeuten muss und dass das Festhalten an religiösem Herkommen und weibliche geistige Errungenschaften einander nicht ausschließen müssen«. Wo jedoch Kritik angebracht ist, drückt sie ihre Meinung klar und deutlich aus. Es ist ein ungeschöntes, objektives Bild einer Gesellschaft, die die Autorin überaus liebt, weswegen sie um konstruktive Kritik bemüht ist. Fazit des Buches: Die eigentlichen Helden des israelischen Alltags sind zweifelsohne die Frauen und die Mütter schlechthin.

Die Intention des Buches *Paradies mit Schönheitsfehlern* (Freiburg 1982) ist mit dem Untertitel *So lebt man in Israel* in groben Zügen umrissen. Es ist ein heiterer Reiseführer geworden, der das Alltagsleben in einem kleinen »Land voller kurioser Probleme, mit denen man lächelnd am besten fertig wird«, glossiert, gewissermaßen ein Pendant zu Ephraim Kishons Werken, ein geistreiches, witziges, humorvolles, meisterhaft geschriebenes Buch.

In ihrer letzten Schaffensperiode betätigte sich Alice Schwarz-Gardos als Herausgeberin. So ist *Heimat ist anderswo. Deutsche Schriftsteller in Israel* (Freiburg 1979) eine der ersten Anthologien deutschsprachiger Dichtung in Israel. Der Band enthält neben Erzählungen und Prosaskizzen Auszüge aus Hörfolgen, Essays und literaturgeschichtliche Texte. Im Mittelpunkt stehen stets die »Jekkes«, die aus verschiedenen Ländern Europas eingewanderten deutschen und deutschsprachigen Juden, ihr Schicksal in Europa und als verschwindender Volksteil auch in Israel.

Mit *Hügel des Frühlings* (Freiburg 1984) schuf Alice Schwarz-Gardos die wohl beste der bislang sechs vorliegenden Anthologien deutschsprachiger Literatur in Israel. Es ist eine Sammlung von Arbeiten deutschsprachiger Autoren in Israel, Beiträge zu konkreten Themen, darunter einige ergreifende Texte. Die Herausgeberin ist sich bewusst, dass die »Jekken« in Israel nur eine Übergangserscheinung darstellen, in der Geschichte des Landes, zu dessen Aufbau und Kultur sie so entscheidend beigetragen haben, allerdings eine gewichtige und wirkungsvolle. Von den einst rund siebzigtausend deutschsprachigen Juden in Israel dürften heute noch etwa fünfzehntausend im Lande leben. Alice Schwarz-Gardos möchte auch auf die kulturelle Vereinsamung der deutschsprachigen Autoren in Israel aufmerksam machen.

1991 erschien in Gerlingen bei Stuttgart ihr Memoirenbuch *Von Wien nach Tel Aviv*, ein unerlässlicher Beitrag zur Geschichte der deutschsprachigen Presse und Literatur in Israel. Inhaltlich anschaulich und sprachlich eindringlich schildert es den schweren Weg von Pressburg und Prag nach Tel Aviv und bietet reiches Material zur jüdischen Alijah, zum deutschen Judentum und zum Judentum schlechthin. Der aus Pressburg stammende Londoner Schriftsteller Alfred Marnau, der wie Alice Schwarz-Gardos das deutsche Gymnasium in Pressburg besucht hatte, ohne dass die beiden sich kannten, schreibt 1997 in seiner Eigenschaft als Vorsitzender des Arbeitskreises karpatendeutscher Schriftsteller München begeistert:

> »Sie [Alice Schwarz-Gardos] ist eine außerordentlich interessante Frau, sie hat viel erlebt, viel mitgemacht, und sie ist obenauf geblieben, trotz aller Hürden. Ist das nun die Beschreibung einer sentimentalen (Lebens-)Reise - von Wien (eigentlich von Pressburg) nach Tel Aviv? Das auch. Ist es der Roman eines erfolgreichen Lebens? Das auch. Er schließt mit einem *happy ending*, und so etwas liest sich gern. Nur ist zu bedenken, wenn wir diese zwei Worte benützen, dass ohne ein *happy ending* dies Buch ja niemals geschrieben worden wäre. Dieser Umstand unterscheidet es von so vielen ähnlichen Büchern, die von einem bösen Ende berichtet haben und daher über, statt von dem Autor geschrieben worden sind. Ob unsere Autorin sich bewusst ist, dass ihr Leben ein ausgewähltes, ein gesegnetes Leben war - und doch, sie weiß bestimmt auch, wie schwer das Überleben sein kann.
>
> Ihre Erinnerungen lesen sich leicht, sie fliegen gleichsam über den Wassern (und was ist denn Wasser anderes als durchsichtige Erde; oder sichtbare Luft?) aber die Gedanken tauchen nicht in dunkle Tiefen, noch steigen sie zu den Gewitterwolken ... Aber es ist ein gutes und wertvolles Buch.«

Das Buch löste bei Marnau persönliche Erinnerungen aus:

> »Was Pressburg betrifft: das Buch brachte freilich viele Erinnerungen zurück, die mir auch schon lange nicht in den Sinn gekommen sind, besonders der für uns junge Leute so tragische Sommer 1939. Wir gingen noch an Nachmittagen zur Kleinen Donau und freuten uns der Stunden in den Auen und im Fluss. Sie sprachen, diese gut aussehenden Jeunes Filles und Jungen von Palästina, wie schwer es war, wegzukommen - und viele von ihnen kamen ja auch nicht weg; ahnten wir, wie nah der Krieg, wie nah das Ende

war? Schulkollegen von früher grüßten nicht mehr (auch mich nicht, weil ich – fast ausschließlich – mit Juden Freundschaft unterhielt: sie waren hübscher und gescheiter als diese Neusudetendeutschen, die ihr Pressburgertum aufgegeben hatten – und nicht wussten, was sie dadurch verloren hatten).«

Dass diese Autobiographie ein wichtiges Werk ist, bezeugt auch die Tatsache, dass es von der Innsbrucker Germanistin Bernadette Rieder zum Gegenstand ihrer bedeutenden Dissertation *Unter Beweis: Das Leben. Sechs Autobiographien deutschsprachiger Schriftstellerinnen aus Israel* (2008) gewählt wurde, in der sie aber auch auf Großen der deutsch-israelischen Literatur wie Max Brod und Max Zweig eingeht. Darin schreibt sie zusammenfassend:

»Die Spalte zur Autobiographie von Alice Schwarz-Gardos fasst zusammen, worauf schon mehrfach hingewiesen wurde: Jenseits der Kindheits- und Jugenderinnerungen erzählt dieser Text so gut wie nichts Persönliches. Die Rolle der Protagonistin im Text lässt sich einkreisen: Den Außenkreis für die Autobiographie bilden die Bedingungen und Entwicklungen der Zeit, den Innenkreis die deutschsprachige Gemeinschaft in Israel und das Verhältnis zwischen Deutschland und Israel als Phänomene dieser Zeit und mittendrin befindet sich die Ich-Erzählerin als genaue Kennerin und Repräsentantin dieser Phänomene. Ausführlich gibt sie Dokumente wieder, die genau diese Zeiterscheinungen betreffen, das Erzählen von den *Israel Nachrichten* bildet den Rahmen und der Eröffnungssatz der Kindheitserinnerungen markiert die Eckpunkte ihres Lebens: ›heimisch werden‹ und sich ›als Journalistin betätigen‹ in Palästina/Israel. Die Rolle der Journalistin, die das Zeitgeschehen beobachtet, aufschreibt und kommentiert, gibt Schwarz-Gardos auch als Autobiographin nicht auf. Ihr eigenes Leben und ihre Person sind insofern interessant, als sie in Wechselwirkung zum Zeitgeschehen stehen und aktiv daran beteiligt sind. Der Erzählerin berufliche Karriere und ihr Status als Repräsentantin sind zwar individuell, aber die Lebensdarstellung ist dennoch exemplarisch für viele. Der Chronikteil ist bewusst in Distanz zur eigenen Person gehalten, um die Exemplarität des Erzählten nicht zu verwischen. Letztlich sind aber auch die Kindheits- und Jugenderinnerungen exemplarisch für viele Exilantenbiographien. Die Autobiographin gestaltet eine typische, assimilierte jüdische Bürgerstochter und beschreibt eine Entwicklung sowie konkrete Erfahrungen, die viele ihresgleichen durchgemacht haben. Es sind Erinnerungen, die bereits durch mehrere Schichten der Reflexion gegangen sind, deren Kernbotschaft nicht zum ersten Mal formuliert worden ist, und die manchmal auch vor der Vermischung mit Klischees nicht gefeit waren. Mit dieser Autobiographie sollte ein Stück Zeitgeschichte dokumentiert werden und ein Leben inmitten dieses Stromes samt seinen Wirbeln.«

Zuletzt erschienen von Alice Schwarz-Gardos noch im hohen Alter zwei Bücher: *Zeitzeugnisse aus Israel* (Konstanz 2006) und *Weitere Zeitzeugnisse aus Israel* (Konstanz 2007) vereinigen gesammelte Beiträge der Chefredakteurin der *Israel Nachrichten*.

»In diesem orientalischen Land [Palästina/Israel, d. Verf.] hat ein deutscher Schriftsteller keine Zukunft«, sagte Arnold Zweig einmal zu Alice Schwarz-Gardos. In diesem »orientalischen«, trockenen, staubigen, steinigen Land voll jüdischer Sehnsucht harrte sie sechs Jahrzehnte aus, mit einer Waffe kämpfend, die sie beherrschte wie nur wenige: mit der deutschen Sprache. Dass die Behauptung eines großen Dichters nicht immer zutreffen muss, hat Alice Schwarz-Gardos mit ihrem eigenen Leben, Wirken und Werk eindrücklich demonstriert.

Fred Viebahn

Wilhelm Unger – Der Seni von Köln

Sommer 1940. Die See war ziemlich ruhig in diesen Juli- und Augusttagen, als ein britischer Militärkonvoi südwärts seine Bahn durch den Atlantik kielte und ums Kap der guten Hoffnung kurvte. Und in guter Hoffnung versuchten sich die drei-tausend unfreiwilligen Passagiere denn auch zu üben, sofern sie nicht allzu seekrank waren. Vor allem hofften sie darauf, dass die Schiffe unter der Union-Jack-Flagge ih-ren ehemaligen Landsleuten auszuweichen vermochten, die wohl kaum zögern wür-den, ihre früheren Mitbürger kurzerhand mittels Torpedos auf den Meeresgrund zu schicken.

Wilhelm Unger

Warum aber waren diese Passagiere gegen ihren Willen solcher Gefahr ausge-setzt? Die Antwort ist einfach und doch kompliziert: Es handelte sich um Flücht-linge, überwiegend Juden, die in den Dreißigerjahren vor den Nazi-Schergen ins Vereinigte Königreich geflüchtet waren und nun, nach Ausbruch des Zweiten Weltkriegs, so schlussfolgerte die Regie-rung in London mit verquaster Logik, aufgrund ihrer deutschen Herkunft zur Brutstätte feindlicher Spitzel mutieren könnten. Und diese Spionageverdäch-tigen, darunter mit dem Nobelpreis ge-krönte Wissenschaftler, Ärzte, Künstler, Musiker, Schriftsteller, Theaterleute - Männer sowie Frauen und Kinder -, sollten nun so weit weg von Europa wie möglich interniert werden. Was lag da näher als die alte Strafkolonie für Schwerverbrecher auf der anderen Seite der Welt?

Die Reise nach Australien war karg und trist, es mangelte an vielem, und das Bewusstsein ständiger Todesgefahr gestaltete das Bordleben nicht gerade heiter. Die Verschleppten taten ihr Bestes, einander Mut zu machen; immerhin saßen sie nicht hinter Gittern, waren »nur« eingesperrt vom Meer und ausgeliefert der ständigen Angst vor Unwettern und der deutschen Kriegsmarine.

Immerhin erlaubten ihnen ihre Wächter ein bisschen Selbstverwaltung. So or-ganisierten sie Schulunterricht für die Kinder, veranstalteten Konzerte, erzählten einander Geschichten. Und schließlich hatte einer von ihnen, der Journalist und Schriftsteller Wilhelm Unger, eine grandiose Idee: Am 28. August, irgendwo in der

Südsee, kam Goethes Geburtstag auf sie zu, und diesen Knüpfpunkt an etwas Gutes, Schönes, Wahres der deutschen Kulturgeschichte, an Haltbares jenseits des Horrors der Gegenwart, könnte man vielleicht entsprechend feiern!

Zur Zeit der Machtergreifung der Nazis hatte der 1904 als Sohn des jüdischen Arztes Samuel Unger und seiner russisch-jüdischen Frau Flora in Bad Hohensalza geborene Wilhelm Unger gerade begonnen, sich einen Namen im deutschen Kulturbetrieb zu machen. Als Dreijähriger war er mit seiner Familie nach Köln gezogen und dort aufgewachsen. Nach dem Studium der Germanistik, Philosophie und Psychologie an den Universitäten Köln und Bonn schrieb er für die *Kölnische Zeitung* und den Westdeutschen Rundfunk, und 1929 war sein erstes Buch erschienen, *Beethovens Vermächtnis*, verfasst zum hundertsten Todestag des Komponisten aus Bonn.

Das Werk landete auf dem nationalsozialistischen Scheiterhaufen, und nur unter Pseudonym konnte Unger eine Zeit lang noch privat veröffentlichen. In vergeblicher Zuversicht, das Blatt würde sich wenden, und in der naiven Verblendung, wie er später zugab, seine nichtjüdischen Landsleute würden die Willkür und den Wahnsinn nicht ewig mitmachen, versuchte er auszuharren, doch am 15. März 1939, am Tag des Einmarsches der deutschen Truppen in Prag, verblich ihm die letzte Hoffnung, und er folgte seinem zwei Jahre älteren Bruder, dem Dramatiker und früheren UFA-Chefdramaturgen Alfred H. Unger, der sich bereits 1937 fürs englische Exil entschieden hatte.

Anderthalb Jahre später, als der britische Interniertenkonvoi auf kreuz und queren Schleichwegen durch die Weltmeere dampfte und sich ein deutscher Geburtstag näherte, der den Bildungsbürgern an Bord einen Grund zum gemeinsamen Feiern bot, kam Wilhelm Unger etwas in den Sinn, das ihn aufleben ließ, das ihn schon als Jugendlichen unendlich fasziniert hatte, nämlich Theater. Genauer gesagt, sein Lieblingsstück, der *Faust*. Allerdings gab es dabei ein kleines Problem: Er besaß keine Bücher mehr, verfügte nicht über den gedruckten Text; denn alles Schriftliche, was die Zwangspassagiere mit sich gebracht hatten, einschließlich selbstverfasster Schriften, war von misstrauischen britischen Beamten konfisziert und über Bord geworfen worden. Aber Wilhelm Unger ließ sich davon keineswegs entmutigen. Es wäre doch gelacht, dachte er sich, könnte man unter dreitausend Deportierten nicht genügend erinnertes Wissen zusammentrommeln, um wenigstens die Szene des faustischen Pakts mit Mephisto wortgetreu zu rekonstruieren!

Er sollte recht haben. Bald studierten zwei einst wohlbekannte jüdische Bühnenschauspieler unter seiner Regie die Szene ein, und nach mehreren Probewochen – das Einzige, woran es auf dem Schiff nicht mangelte, war Zeit – fand Goethe, während sich entlang seinem ehemaligen Spazierweg bei Weimar die Schergen von Buchenwald in Folter- und Mordorgien ergingen, auf einem Schiff im Indischen Ozean sein dankbarstes Publikum. In einer aufmunternden Eröffnungsansprache an seine Mitgefangenen beschwor der frischgebackene Regisseur, dieser nicht unterzukriegende Optimist, aus dem *Wilhelm Meister* den Obstbaum, von dem man sich im Winter kaum vorstellen könne, dass er jemals wieder blühe, und dennoch ... Anschließend brach Unger jedoch vollkommen erschöpft zusammen, sodass er nach einer Reise von genau zwei Monaten und einem Tag das Einlaufen in den Melbourner Hafen von einem Bett im Schiffshospital erleben musste.

Vierzig Jahre nach der denkwürdigen *Faust*-Aufführung südlich des Äquators, im Sommer 1980, schilderte er uns dieses Erlebnis, nachdem wir erwähnt hatten, dass meine ebenfalls am 28. August geborene Frau zum Geburtstag das Frankfurter Goethe-Haus besuchen wollte. Wir saßen zu Kaffee und Kuchen im Unger'schen Penthouse an der Vogelsanger Straße mit dem Blick auf den Kölner Dom, und einmal in Fahrt gekommen, kredenzte er gleich darauf jenes Fortsetzungskapitel aus seinem Exil, das seine ebenfalls große, ebenfalls lebenslange Leidenschaft für Astrologie erhellte.

Seine Mitinsassen im australischen Internierungslager hatten ihn mit dem Spitznamen Seni bedacht, nach dem Sternendeuter des Schillerschen »Wallenstein«, denn er hatte jedem, der ihn darum bat, das Horoskop gestellt und dabei, wie er stolz betonte, »oft genug« recht behalten. Den Spott, mit dem ihn einige seiner Mitgefangenen, vor allem Wissenschaftler, darunter gar Astronomen, übergossen, hätte er gutmütig ertragen. Sie wussten, was sie wussten, und er wusste, was er wusste und sie nicht.

»Soll ich euch das Horoskop stellen?«, fragte er uns. »Hm ...« Wir ließen ihn höflich abblitzen; daran war er bei vielen seiner Freunde gewöhnt und nahm es ihnen nicht übel.

»Und dann?«, wunderte sich meine Frau, um schnell von der Astrologie abzulenken. »Du hast doch mal erwähnt, Wilhelm, wie du während des Krieges in London bei der deutschsprachigen Abteilung der BBC gearbeitet hast. Wie bist du wieder dahin zurückgekommen?«

Nach über einem Jahr in der staubigen Hitze des fünften Kontinents hatte er mithilfe einflussreicher Londoner Freunde ein Visum zur Rückkehr nach England erhalten. Doch fragte er sich damals: Sollte er es wirklich wahrnehmen, sobald sich die Gelegenheit ergab, oder sich lieber in Australien nach dauernder Bleibe außerhalb des Lagers umsehen, was ihm dank dem Visum nun freigestellt war? Sollte er schlicht und einfach zum »Aussie« werden, weit weg von den europäischen Irren und Wirren siedeln, das noch relativ ungeschlachte kulturelle Leben »down under« aufzupäppeln versuchen oder etwa gar, wie einige seiner Landsmänner, Schafe züchten? Immerhin waren die letzten drei alliierten Schiffe beim Versuch, auf dem Weg von und nach Australien die deutsche Blockade zu durchbrechen, versenkt worden. Dazu kamen immer dringlichere Gerüchte über einen bevorstehenden Angriff der nazifreundlichen Japaner im Pazifik.

Im Spätsommer 1941 legte tatsächlich ein britischer Frachter im Hafen an, der die Blockade durchbrochen hatte. Dessen wagemutiger Kapitän verkündete, er werde nach einigen Tagen wieder nach Europa aufbrechen; man habe Platz genug für fünfzig Passagiere. Der Lagerkommandant riet allen, die inzwischen ein Rückkehrvisum besaßen, dringend davon ab, diese gefährliche Gelegenheit wahrzunehmen. Da zog sich Wilhelm Unger an einen stillen Platz zurück und stellte sich selbst das Horoskop; zwar signalisierte es ihm einige Gefahren, versicherte ihm jedoch gleichzeitig, in den nächsten drei Monaten stehe sein Leben mitnichten auf dem Spiel. Also erklärte er, komme, was da mag, er sei zur Mitreise entschlossen. Die Nachricht, Seni vertraue den Sternen und sehe der Reise gelassen entgegen, verbreitete sich wie ein Lauffeuer im Lager, und bald folgten ihm einige seiner schlimmsten Spötter an Bord des einzigen Schiffes unter dem Union Jack, dem im letzten Moment, vor Kriegsbeginn im Pazifik, via Panamakanal das Durchbrechen der Naziblockade gelang. Am 7. Dezember 1941 traf der Dampfer unbeschadet in Southampton ein – am selben Tag, an dem die japanische Luftwaffe Pearl Harbor überfiel.

Nach seiner Rückkehr verdingte sich Wilhelm Unger bei der BBC, wurde Mitgründer des berühmten deutschsprachigen »Club 1943«, als dessen Sekretär er dann ein Dutzend Jahre fungierte, bevor er zum Abschluss seines Londoner Exils, von 1955 bis 1957, zudem das Amt des Sekretärs des PEN-Zentrums deutschsprachiger Autoren im Ausland bekleidete, dem er seit den letzten Kriegsjahren angehörte, als dieser damals einzige deutsche PEN-Club noch »Zentrum deutscher Autoren im Exil« hieß. (Sein älterer Bruder Alfred, der sich nach dem Zweiten Weltkrieg vor allem als Übersetzer englischer Bühnenautoren wie Terrence Rattigan und Peter Ustinov profilierte, saß später viele Jahre ebenfalls im Vorstand unseres PEN-Zentrums, diente ihm einige Zeit gar als Vorsitzender und war ihm bis zu seinem Tod 1989 eng verbunden.)

1947 reiste Wilhelm Unger im Auftrag der britischen Control Commission erstmals ins Trümmerdeutschland, wo er am ersten deutschen Schriftstellerkongress in Berlin teilnahm und in Köln seine Eltern wiedersah, die wundersamerweise Theresienstadt überlebt hatten; dass seine beiden Schwestern Ella und Grete in Konzentrationslagern ermordet worden waren, erschütterte ihn zutiefst. Dennoch – sein Naturell ließ ihn letztendlich über alle Trauer und Wut hinweg in die Zukunft schauen. Die Londoner Zentrale des International PEN hatte ihn gebeten, gelegentlich dieser Heimatreise zwanzig politisch unbelastete deutsche Schriftsteller von Rang zu finden, die bei der etwaigen Neugründung eines innerdeutschen PEN-Zentrums den Anfang machen könnten – eine Aufgabe, der er sich mit Eifer widmete und die er mit Aplomb erfüllte, obwohl manche seiner Mitexilanten bezweifelten, dass deutsche Intellektuelle, die es unter Hitler ausgehalten hatten, grundsätzlich überhaupt unbescholten genug sein konnten.

Wilhelm Unger beschloss unter anderem aus persönlichen Gründen, nicht zuletzt wegen seiner Ehe mit der englischen Germanistin Leonora Doris Leigh, zunächst nicht selbst in die geschundene Heimat zurückzukehren, sondern weiter von England aus am Neubeginn mitzuwirken, von dort aus seine wertvollen Beziehungen spielen zu lassen, um einem besseren Deutschland vor allem in kulturellen Bereichen wieder auf die Füße zu helfen; so war er 1949 gemeinsam mit Adolf Grimme und Oskar Jancke maßgeblich an der Gründung der Deutschen Akademie für Sprache und Dichtung in Darmstadt beteiligt und bewirkte vor Gründung der Bundesrepublik Deutschland, dass sein früherer Arbeitgeber, der DuMont-Verlag, für dessen *Kölnische Zeitung* er bis in die Nazizeit geschrieben hatte, von den britischen Militärbehörden die Genehmigung für eine neue Tageszeitung, den *Kölner Stadt-Anzeiger*, erhielt.

Erst im Dezember 1956, nach seiner Scheidung von Leonora Leigh, kehrte Unger nach Köln zurück, um nach einer Unterbrechung von über zwei Jahrzehnten seine Karriere im Feuilleton des *Kölner Stadt-Anzeigers*, dem Nachfolger der *Kölnischen Zeitung*, fortzusetzen; gleichzeitig schrieb er emsig für den WDR, die Deutsche Welle und die *Allgemeine Wochenzeitung der Juden in Deutschland*. 1958, nicht lange nach seiner Rückkehr, holte der bald wohl einflussreichste Theaterkritiker des Rheinlands einen jungen Freund nach Köln; indem er Peter Zadek, dem englischen Provinzregisseur deutsch-jüdischer Abstammung, im Theater am Dom die erste deutsche Inszenierung vermittelte, gab er der deutschen Bühne einen ihrer gewaltigsten und folgenreichsten Anstöße der Nachkriegszeit.

Wilhelm Unger hatte Gespür für Talent. Gewann er einmal Gefallen an einem aufstrebenden Theatermenschen, dann ließ er so leicht nicht wieder locker, wurde zum kritischen Begleiter mit Lob und, wenn es sein musste, Tadel. In Jürgen Flimm zum Beispiel fand er in den Sechzigern einen weiteren Schützling, dem er von seinen ersten theatralischen Hopsern an begeistert Rückhalt bot, bis Flimm in die höchsten Höhen deutscher Theaterluft aufgestiegen war.

Zeitlebens fiel es Wilhelm Unger leicht, mit seinem umgänglichen Wesen und seinem scharfen Intellekt gute Freunde zu finden, so auch unter den jungen Schriftstellerkollegen in seiner alt-neuen Heimatstadt. 1958, im selben Jahr, als er Zadek nach Köln holte, gründete er gemeinsam mit Heinrich Böll und Paul Schallück die Germania Judaica (Kölner Bibliothek zur Geschichte des deutschen Judentums) und die Kölnische Gesellschaft für christlich-jüdische Zusammenarbeit. Wie schon in seinen Londoner Jahren fand er neben der täglichen Brotarbeit als Journalist immer die Zeit zu ehrenamtlichen Tätigkeiten in wichtigen Organisationen; so saß er in den Siebzigerjahren, während er der Gesellschaft für christlich-jüdische Zusammenarbeit als Vorsitzender Dampf machte, gleichzeitig im Präsidium des PEN-Zentrums der Bundesrepublik Deutschland.

Anfang der Sechzigerjahre, als Kölner Gymnasiast, den die Sportseiten der Zeitung zu langweilen begannen und der sich immer mehr für Politik und Kultur interessierte, las ich seinen Namen erstmals, und dann regelmäßig, im *Kölner Stadt-Anzeiger*. Öfter ging ich selbst ins Theater mit den Zwei-Mark-Schülertickets, mit denen im letzten Moment leere - und häufig ausgezeichnete - Plätze vergeben wurden, und verglich anschließend meine Eindrücke mit denen, die da in der Zeitung abgedruckt standen. Inspiriert von Ungers klugen, eleganten Sätzen versuchte ich mich bald selbst mit dem Rezensieren, wenn auch nur für die Schülerzeitung. Es beeindruckte mich, dass dieser Kritiker Unger Augen und Ohren nicht nur für die großen Bühnen aufsperrte, sondern in seinen Artikeln auch kleineren Theatern wohlwollend Raum gönnte, wie etwa dem »Keller«, in dem Jürgen Flimm seine ersten Regieversuche unternahm, oder dem weder vor dem Schocken noch vor dem Scheitern zurückscheuenden multimedialen Experimentiertheater meiner Altersgenossin Signe Piehler, die zur gleichen Schule ging wie meine Schwester (und leider wenige Jahre darauf tragisch ums Leben kam).

Wilhelm Unger machte Mut. Nicht zuletzt war es seine unkonventionelle Zuneigung zum noch nicht Etablierten, wie er sie im Kulturteil des *Kölner Stadt-Anzeiger* demonstrierte, die mir 1966, gleich nach dem Abitur, genügend Mut machte, einen Artikel an die Redaktion zu schicken. Als ich dann, noch keine zwanzig Jahre alt, regelmäßiger freier Mitarbeiter wurde, Bücher und gelegentlich auch Filme besprach, lernte ich ihn persönlich kennen, wie er da in seinem fast immer himmelblauen Anzug am überhäuften Schreibtisch im Pressehaus auf die Schreibmaschine eindrosch. Über ein flüchtiges, vielleicht sogar beiderseits etwas misstrauisches »Guten Tag!«

ging die Bekanntschaft anfangs zwar nicht hinaus, jedoch sollte sich das schlagartig ändern, nachdem es zwischen uns mitten im Redaktionsraum zu einer lautstarken politischen Auseinandersetzung gekommen war: im heißen Frühjahr 1968, kurz nach dem Attentat auf Rudi Dutschke.

In meinem jugendlichen Zorn stellte ich Unger wegen abfälliger Bemerkungen, die er über ungezügelte Studentendemonstrationen gemacht hatte, lautstark zur Rede. Als er darauf beharrte, warf ich ihm vor, nichts als ein verkrusteter Verteidiger des Establishments zu sein. Schließlich verzog er sich schmollend, so schien es, in ein Redaktionszimmer; hatte ich richtig gehört, hatte er mir etwa von der Tür her gedroht, dafür zu sorgen, dass so einer wie ich nicht mehr für »seine« Zeitung schreiben dürfe? Wütend stürmte ich aus der Redaktion. Kurz darauf rief mich der Feuilletonchef an: Meine heftigen Auslassungen hätten Herrn Unger sehr erschüttert; er lasse anfragen, ob wir unsere Meinungsverschiedenheiten nicht sachlich ausdiskutieren könnten. Am nächsten Tag trafen wir uns in seinem Büro und redeten lange Aug in Auge; obwohl wir uns in der Sache nicht einigen konnten, gestanden wir einander das Recht auf den jeweiligen Standpunkt zu und knüpften vielleicht gerade wegen der emotionalen Intensität, die wir in dieses Gespräch investierten, Freundschaftsbande, von denen ich mich noch heute bereichert fühle.

Später, in den Siebzigern, als ich selbst jahrelang von Theaterpremiere zu Theaterpremiere kreuz und quer durch Nordrhein-Westfalen eilte und darüber für Zeitungen und Rundfunk schrieb, fachsimpelten wir oft während der Pausen, versuchten einander nach den Vorstellungen in Wuppertal, Krefeld, Bochum, Dortmund oder Aachen Urteile zu entlocken und diese an den eigenen zu messen. Spontan zeigten wir uns beide nach der Erstaufführung eines vornazistischen Blut-und-Boden-Stückes von Arnolt Bronnen im Wuppertaler Schauspielhaus entsetzt ob der Leichtfertigkeit dieser Inszenierung und stellten dann noch entsetzter fest, dass die meisten unserer Rezensentenkollegen an dem SA-Säbelgerassel nichts weiter auszusetzen fanden.

Wir hatten enge gemeinsame Freunde: die Schallücks, Paul und Ilse, in deren Wohnung in der Müngersdorfer Belvederestraße wir oft zusammenhockten, diskutierten, räsonierten, auch manchmal ein bisschen Einfluss zu nehmen versuchten auf den Kölner Kulturklüngel oder gar, wenn andere gute Freunde der Schallücks zu Gast waren wie Peter Scholl-Latour, darüber hinaus, auf die deutsch-französischen Beziehungen etwa, die Paul Schallück besonders am Herzen lagen.

Diese Abende hatten auf mich einen profunden Einfluss. Sie lehrten mich, bei Diskussionen genau zuzuhören und nicht gleich »gegnerische« Argumente als unsinnig zu verwerfen, wie es bei vielen Studentenorganisationen aller Couleur damals der Fall war, nicht gleich den »Gegner« wortgewaltig niederzuschreien, sondern nach- und durchzudenken im Bemühen, sich möglichst in den Gesprächspartner hineinzuversetzen, bevor man den Mund aufsperrte.

Paul Schallück und Wilhelm Unger, die lange gemeinsam an der Spitze der Kölner Gesellschaft für christlich-jüdische Zusammenarbeit standen und die jährliche »Woche der Brüderlichkeit« organisierten, waren eine überzeugende Lobby des humanistischen Geistes, weit über den »christlich-jüdischen« Rahmen hinaus und wenig im Sinne der damaligen engstirnigen Politiker der sich »christlich« nennenden Partei. Beharrlich wirkten sie als Anwälte von Versöhnung und gutem Willen, wobei sie nicht davor zurückscheuten, ihre Waffe, das Wort, kompromisslos gegen Heuchelei und Niedertracht einzusetzen – der ehemalige Exilant Unger, dessen Schwestern im KZ umgebracht worden waren und der nur zögernd nach Deutschland zurückgekehrt war, und der ehemalige Wehrmachtssoldat Schallück, der zu den frühen Größen des »literarischen Kahlschlags« und der Gruppe 47 gezählt hatte. (Biographisch in gewisser Weise gemeinsam war ihnen, dass beider Mütter aus Russland stammten, denn Paul Schallücks Mutter war Sibirin aus Irkutsk, die sich während der revolutionären Wirren gegen Ende des Ersten Weltkriegs in einen über die Steppe ostwärts fliehenden deutschen Soldaten verliebt hatte und sich mit ihm durch das Dick und Dünn einer fernöstlichen Odyssee geschlagen hatte, um schließlich in seinem westfälischen Heimatort Warendorf zu landen.) Zu Paul Schallücks Lebzeiten zeigte sich Wilhelm Unger häufig als der konziliantere, doch in den Jahren nach Pauls Tod am 29. Februar 1976 erfuhr ich an Wilhelm, dem Älteren, eine Radikalisierung seiner Weisheit, als habe er damit das Erbe des achtzehn Jahre jüngeren verstorbenen Freundes angetreten.

»Lasst mir ein Stück Pflaumenkuchen übrig, auch wenn der Arzt es verboten hat«, sagte er gerne bei unseren Besuchen in seinen letzten Jahren; Diabetiker hin oder her, er liebte Pflaumenkuchen. Durch die vertikalen Jalousien schraffierte die Sonne Schatten auf die endlosen Bücherwände und den mit Büchern, Ordnern, Zeitschriften, Zeitungen, Artikeln, Briefen und Notizen überladenen Esstisch. »Das bisschen Zucker«, setzte er abfällig hinzu und schleckte sich die Lippen. Pucka, seine schwarze Katze, balancierte überheblich auf seiner Sessellehne, während Fürst Myškin, der taubstumme Schneewittchenkater, sich an mich schmiegte und dort, wo mir die Bügelfalte fehlte, lange weiße Haare hinterließ. Shakespeare und Dostojewski ...

Während Wilhelm Unger Abenteuer seines Lebens zum besten gab, umspielte seine Lippen ein grielächerisches Schmunzeln, das über die Stirn bis in den Ansatz des grauen, doch bis zum Schluss jugendlich wilden Haarschopfs reichte. Er schien minutenlang vor sich hinzusinnen – oder blickte er vielmehr in sich hinein? –, bis er urplötzlich den Kopf hob (nein, nicht Kopf, Kopf ist hier das falsche Wort – das Haupt, das Haupt!) und mich eindringlich anstarrte, als sähe er etwas in mir, von dem ich selbst nichts wusste, obwohl ich genau wusste, was nun kommen musste, nachdem er noch einmal an seiner erkalteten Pfeife geschmaucht hatte: »Was hätten wir nicht alles mit unserem Projekt auf die Beine stellen können!«

Bei der Entwicklung des »Projekts«, jahrelang Wilhelms Lieblingsidee, hatte ich mitgeholfen, bis es fast dazu gereift war, mein Schicksal zu bestimmen: eine aus Anzeigen finanzierte Theaterzeitung zunächst für den Köln-Bonner Raum, dann für ganz Nordrhein-Westfalen, monatlich und möglichst jedem Theaterbesucher kostenfrei in die Hand gedrückt, damit bei den geringen Autoentfernungen mehr Kommunikation zwischen den Theatern und ihren Besuchern entstehe, Verlockungen, sich auch mal ins Kulturleben der Nachbarstädte einzumischen ... Gut ein Jahr lang, 1974/1975, hatten wir an der Idee getüftelt, Konzeptionen beredet, Pläne getippt und grobe Umbruchsentwürfe zusammengeklebt, Finanzen berechnet, mit potentiellen Geldgebern und Verlegern gesprochen. Wir hatten uns der Verwirklichung so weit genähert, dass Redaktionsräume, Anfangskapital und Kooperation der Theater deutlich ins Visier gerieten. Bis sich auf einmal das Schicksal mit einer

Kette überraschender Zufälle gegen das »Projekt« verbündete, die mich Monate vor dem Teststart zunächst auf ein halbes Jahr, dann ein ganzes, dann mehrere Jahre und schließlich auf Lebzeit in die USA verschlugen.

Wenn ich an Wilhelm Unger zurückdenke, dann sehe ich ihn nicht nur, wie ich ihn persönlich kannte – in der Redaktion, im Theater, bei sich zu Hause in der eleganten Penthouse-Wohnung, als überzeugenden Redner und abwägenden Podiumsdiskutanten, tief erschüttert vom Tod seiner zweiten Frau Ruth, beim Rosenmontagszug auf der Tribüne vor dem DuMont-Pressehaus schunkelnd, wobei er, von Kamellen überschüttet, begeistert den Festwagen zuwinkte, durch den Rauch eines sommerlichen Kartoffelfeuers in Alexandersbad bei Wunsiedel im Fichtelgebirge, wohin er vom jährlichen Bayreuther Festspielspektakel regelmäßig Ausflüge machte, um die Schallücks in ihrem Sommerdomizil zu besuchen und sich Theateraufführungen auf der Naturbühne Luisenburg anzuschauen, die dann im *Kölner Stadt-Anzeiger* neben seinen Wagner-Rezensionen Widerhall fanden. (Als wir uns zum ersten Mal in Alexandersbad trafen, 1971 mag das gewesen sein, bot er mir beim Frankenwein das Du an.)

Ich versuche mir Wilhelm Unger auch vorzustellen, wie ich ihn nicht persönlich kannte, als Verfolgten der Nazis, als deportierten Emigranten in Australien, als Intellektuellen im englischen Exil. Und in all den bewegten und bewegenden Bildern, die ich von ihm im Kopf hatte und habe, den eigenen und jenen, die ich mir von ihm machte, stand und ging, saß und schrieb er als ein Mann, der trotz aller Schicksalsschläge und Enttäuschungen immer wieder Mut fasste, ein Mensch, der bei aller Konzilianz im Umgang, bei all seiner freundlichen Rücksichtnahme, bei seiner fördernden Verbindlichkeit und seinem ihn selten im Stich lassenden Humor sich seine Kritikfähigkeit nicht abkaufen ließ, egal ob im Theater oder in der Realität, und der weder aus seinen Hoffnungen auf Besserung – des Theaters, der Realität – einen Hehl machte noch aus seinen bittersten Befürchtungen für die Zukunft – etwa, dass die damalige Ära am Kölner Theater unter einem Intendanten, dessen Inszenierungen bei Wilhelm Unger oft auf wohlbegründetes Unverständnis stießen, vielleicht nur ein Vorbote noch enttäuschenderer Entwicklungen war und irgendwann wieder der Antisemitismus die Atmosphäre in Deutschland vergiften würde.

Am 20. Dezember 1985 klingelte in meinem Haus in Arizona das Telefon. Es meldete sich Meret Meyer, Marc Chagalls hübsche junge Enkelin, die sich der kinderlose Wilhelm Unger zur engsten Vertrauten auserkoren hatte, seit Paul Schallück 1976 seinem Krebsleiden erlegen war; im Jahr zuvor hatte Meret zu seinem achtzigsten Geburtstag bei DuMont einen dickleibigen Auswahlband aus Ungers Werken, *Wofür ist das ein Zeichen?*, herausgegeben. »Wilhelm ist tot«, sagte sie schlicht.

Als wir ihn wenige Monate zuvor wie bei jeder unserer Deutschlandreisen besucht hatten, war er, körperlich gebrochen von seiner Zuckerkrankheit und seelisch demoralisiert von seiner nun in greifbare Nähe gerückten, nicht mehr viel weiter zu dehnenden Endlichkeit, bereits vom Tode gezeichnet gewesen, auch wenn unsere zweijährige Tochter ihn beim Spiel mit Pucka und Fürst Myškin ein bisschen aufmunterte. »Es geht steil bergab mit mir«, hatte er auf seinem einundachtzigsten Geburtstag am 6. Juni 1985 betrübt gesagt, »dies, da bin ich mir sicher, ist meine letzte Feier.« Womit der Seni von Köln noch einmal recht behielt.

Deborah Viëtor-Engländer

Alfred Kerr – »O Pen, Pänn, Pääännn Pain Club«

Alfred Kerr hat uns nicht überliefert, warum er sich gegen Ende der Weimarer Republik zum Präsidenten des Deutschen PEN-Clubs wählen ließ. War es Eitelkeit, Geltungsverlangen, Einsicht, dass der Club in der roher werdenden Zeit eine deutliche Führung brauchte? Und war er der richtige Mann dafür? Achten wir ihn, dass er das Amt übernahm, es brachte mit dem Ansehen Mühen und Ärger und bot ihm auch keinen Schutz, als sich die deutschen Ereignisse nach seinem fünfundsechzigsten Geburtstag fast überschlugen. Den Tag am 25. Dezember 1932 hatte er noch stolz gefeiert. Fünf Wochen später war der Mann, gegen den er so oft polemisiert hatte, Adolf Hitler, bereits Reichskanzler. Zwei Wochen nach dem 30. Januar warnte ihn ein Polizist, dem Kerrs Arbeiten gut gefielen, ihm solle der Pass entzogen werden. Das war das Signal, sich zu retten: »Trotz 39 Grad Fieber raus aus dem Bett, nur einen Rucksack über, mit dem Allernötigsten. Nach dreieinhalb Stunden war ich in der Tschechoslowakei.«[1] Von dort fuhr er in die Schweiz, am 27. Februar brannte in Berlin der Reichstag, am 4. März kam Kerrs Frau mit beiden Kindern in Zürich an. Zwei Monate später, am 10.

Alfred Kerr

Mai, warfen deutsche Studenten Kerrs Bücher vor der Berliner Universität in die Flammen und riefen: »Gegen dünkelhafte Verhunzung der deutschen Sprache. Für Pflege des kostbarsten Gutes unseres Volkes. Ich übergebe den Flammen die Schriften von Alfred Kerr.«

Im Herbst 1933 ging die Familie Kerr nach Paris. Der deutsche PEN war ohne Führung. Nach dem Reichstagsbrand waren der Vorstand (u. a. Herwarth Walden) und der Ausschuss zurückgetreten. Der Club wurde, wie andere Organisationen »gleichgeschaltet«, dem Diktat der Hitler-Partei untergeordnet.[2] Die in Deutschland

1   Alfred Kerr: *Die Diktatur des Hausknechts*, Bruxelles: Verlag Les Associés, 1934, S. 11.
2   *Der deutsche PEN-Club im Exil 1933-1948. Eine Ausstellung der Deutschen Bibliothek*, Frankfurt am Main. Katalog hrsg. v. Werner Berthold und Brita Eckert, Frankfurt: Buchhändler-Vereinigung, 1980, S. 5.

verbliebenen Mitglieder bekundeten am 23. April 1933 in einer Generalmitglieder-versammlung den einmütigen Willen, »fortan im Gleichklang mit der nationalen Erhebung zu arbeiten«.[3] Mitglieder von Alfred Rosenbergs Kampfbund für deutsche Kultur wurden neu aufgenommen, andere durch Ausschluss entfernt. Hanns Johst und der Redakteur des *Völkischen Beobachter* Hans Hinkel wurden zu Vorsitzenden gewählt, das PEN-Zentrum war »gereinigt«. Bei der internationalen PEN-Konferenz in Ragusa (heute Dubrownik) vom 25. bis 28. Mai 1933, zu der bereits der neue Vorstand anreiste, vermerkte Hans Hinkel in einer Vorstandssitzung, Alfred Kerr habe den PEN-Vorsitz aus eigenem Entschluss niedergelegt bzw. sich einen schweizeri-schen Ort zum Wohnsitz gewählt.[4] Davon, dass er sonst vermutlich längst verhaftet worden wäre, war nicht die Rede. Der englische Autor Hermon Ould, Mitglied und Generalsekretär des englischen PEN, hatte schon vor dem Kongress brieflich die deutsche Haltung kritisiert, in Ragusa befragte er die deutsche Delegation und die deutschen Schriftsteller, ob sie gegen die Misshandlung von Intellektuellen und ge-gen die Bücherverbrennung in Deutschland protestiert hatten.[5] Ernst Toller schloss sich ihm in seiner Rede an. Daraufhin verließ die deutsche Delegation den Kongress und kurz danach auch den Internationalen PEN. Damit begann die Teilung des deutschen PEN. (1934 wurde der Berliner PEN in die »Union nationaler Schriftstel-ler« überführt.)

Das PEN Executive Committee in London hatte zu reagieren. Es überlegte,

> »whether a Centre composed of those writers who have for various reasons left Germany should be formed [...] and it was agreed that if a suggestion to this effect were made by any of the writers in question it would be handled according to the usual routine of the PEN.«[6]

Im Dezember 1933 schrieben Lion Feuchtwanger, Ernst Toller, Rudolf Olden und Max Hermann-Neiße – alle hatten Deutschland schon verlassen – an das Exekutiv-Komitee des PEN-Clubs. Sie wünschten aufgrund der Verletzungen der PEN-Club-Grundsätze durch die deutsche PEN-Gruppe eine autonome Gruppe außerhalb Deutschlands zu gründen, die die freie deutsche Literatur im Sinne des Interna-tionalen PEN-Clubs vertrete.[7] Hermon Ould gab sich große Mühe, eine solche Gründung durchzusetzen und die Anerkennung der Gruppe, die sich als deutsch-sprachiger PEN im Exil verstand, durch den Internationalen PEN zu erreichen. Die Anerkennung erfolgte im Januar 1934 für alle deutschsprachigen Schriftsteller, die Deutschland verlassen hatten. Sie wurden in die Gruppe aufgenommen, Heinrich Mann als Präsident gewonnen und Rudolf Olden als zukünftiger Sekretär. Eine

---

3   Siehe Anm. 2, S. 11.
4   Siehe Anm. 2, S. 13.
5   Rudolf Olden: *Journalist gegen Hitler – Anwalt der Republik. Eine Ausstellung des Deutschen Exilarchivs 1933-1945 der Deutschen Nationalbibliothek Frankfurt*, Frankfurt: Deutsche Nationalbibliothek, 2010, S. 56.
6   *PEN News*, November 1933, zit. n. William Abbey: »Die Illusion genannt deutscher PEN Club«, in: William Abbey u. a. (Hrsg.): *Between Two Languages. German-Speaking Exiles in Great Britain 1933-45*, Stuttgart: Heinz, 1995, S. 136.
7   Siehe Anm. 2, S. 46 und Rudolf Olden, Anm. 5, S. 58.

Mitgliederliste vom 18. November 1938 verzeichnete 68 exilierte PEN-Mitglieder, die in deutscher Sprache schrieben.[8]

Heinrich Mann zog sich freilich bald zurück, weil er nicht in London ansässig war. Rudolf Olden fand sich als PEN-Sekretär in London ohne Apparat, die Autoren hielten es anscheinend für selbstverständlich, dass er neben seinem Broterwerb und anderen ehrenamtlichen Tätigkeiten die ganze Arbeit leistete[9], und diese Arbeit war wegen der Wohnsitze der Mitglieder in verschiedenen Ländern schwer zu organisieren. 1935 zog Alfred Kerr mit seiner Familie von Paris nach London, Ende 1936 trat er dem englischen PEN-Zentrum bei.[10] Er teilte dies am 24. Oktober 1937 Rudolf Olden mit[11] und schrieb ihm schon vier Tage später, dass er trotz jener Mitgliedschaft bereit sei, die neue deutsche Gruppe in der Sitzung des Internationalen Exekutivkomitees zu vertreten. »Begründen können Sie die Vertretung damit, dass ich der letzte Präsident des deutschen P.E.N. in Berlin war.«[12] Das war Kerrs erste Annäherung an die neue Gruppe.

Der Ausbruch des Zweiten Weltkrieges änderte die Situation für einige der Autoren aus Deutschland. Sie wurden als »enemy aliens« eingestuft, einige von ihnen sogar interniert. Friedrich Burschell, Richard Friedenthal, Kurt Hiller, Dosio Koffler, Friedrich Walter Nielsen und Rudolf Olden gehörten dazu. Auch Alfred Kerrs Sohn Michael, der am 12. Mai 1940 sein Studium in Cambridge abbrechen musste, aber im Oktober 1940 wieder freikam, um als Lehrer an seiner alten Schule zu arbeiten. Manche konnten der Internierung durch Meldung zum Pioneer Corps entkommen. Die deutsche PEN-Gruppe konnte Freilassungen nicht bewirken, aber der englische PEN, der das britische Innenministerium in Sachen der exilierten Schriftsteller beriet, half in sehr vielen Fällen. So zum Beispiel Rudolf Olden. Er wollte nach Aufhebung seiner Internierung in die USA auswandern und das PEN-Sekretariat dort weiterführen. Die Reise brachte ihm den Tod; er und seine Frau Ika starben zusammen mit 246 anderen Passagieren, als sein Schiff, die *City of Benares*, am 18. September 1940 torpediert und versenkt wurde. Der Schock für alle Freunde Oldens und für die PEN-Mitglieder war groß. Wie sollte es weitergehen? Noch hatte die Gruppe keine feste Struktur.

Olden hatte vor seiner Abreise Friedrich Burschell gebeten, das Sekretariat der deutschen Gruppe in Europa zu übernehmen.[13] Burschell besaß Erfahrung, er hatte schon das Sekretariat der Thomas-Mann-Gesellschaft in Prag geleitet. Er sah die Situation richtig, als er an Richard Friedenthal schrieb: »Unser Sekretär war bis zu seinem Tod der unvergessliche Rudolf Olden. [...] Unser PEN im Exil ist keine direkte Fortführung des früheren deutschen Clubs. [...] Unser Club ist zur Zeit mehr eine Illusion als eine Realität.«[14] Auch Friedenthal war der Meinung, dass die neue PEN-Gruppe der Exilanten ab 1941 nur eine gänzlich neue Gruppe und keineswegs

---

8   Siehe Rudolf Olden, Anm. 5, S. 60.
9   Siehe Anm. 2, S. 181.
10 Siehe Abbey, Anm. 6 seit »late 1936«, S. 151.
11 Alfred Kerr an Rudolf Olden, 24. Oktober 1937, siehe Anm. 2, S. 219.
12 Alfred Kerr an Rudolf Olden, 28. Oktober 1937, Deutsches Exilarchiv Frankfurt.
13 Brief an Friedrich Burschell vom 6. September 1940, siehe Anm. 2, S. 350.
14 Siehe Anm. 2, S. 358.

die Fortsetzung einer alten sein könne.[15] Die Scheidung war eigentlich selbstverständlich. Hermon Ould vom englischen PEN sah, dass Klärung nötig war. Anfang 1941 beauftragte er Alfred Kerr, die neue deutsche Gruppe des PEN aufzubauen. Kerr (im Brief an Kurt Hiller:): »Ich wachte auf und war Präsident.«[16] Am 15. Juli lernte Kerr nach einem PEN-Lunch Friedrich Burschell kennen. Am 24. Juli bat Kerr Kurt Hiller, der in der Gruppe zu den kritischen Wortführern gehörte: »Du scheinst ihn nicht zu lieben. Sei milde«, es gehe ihm um einen »Zusammenschluss der deutschen Flüchtlinge« und nicht um »Flüchtlingskrach«.[17] Hiller schickte am nächsten Tag eine fünfseitige Antwort mit vielen negativen Äußerungen über Burschell.[18] Kerr antwortete »milde«. Sein Brief enthielt auch Grundsätzliches über sein Verhältnis zu Deutschland und ein wichtiges Bekenntnis:

> »Ich ginge nach Deutschland nie mehr zurück, auch wenn ich es morgen könnte. Ich bin dafür, dass dieses seelisch verjauchte Land von außen her gewaltsam eingerenkt wird. ...
>
> Alles, was zu wirtschaftlichem Wohlstand gehört, soll diesem Lande künftig gelassen sein; aber sonst: unlösbarer Griff – von außen. Der deutsche Sozialdemokrat, sonst ganz schätzbar, will sowas nicht, weil er ein Nationalist im Grunde bleibt.«[19]

Drei Monate später wurde dies der Grund für eine heftige Auseinandersetzung im PEN.

Kerr entwickelte damals sehr bestimmte Vorstellungen von einem künftigen Deutschland. Diese trug er (zusammen mit Erika Mann und W. W. Schütz) auf dem XVII. Internationalen PEN-Kongress vor, der vom 10. bis 13. September 1941 in London stattfand: »Germany Today and Tomorrow.« Er war der Meinung, dass man für Deutschland eine Regierung von außen würde einsetzen müssen. Ethische Kräfte müssten dort Aufgaben übernehmen, man brauche eine internationale Kontrolle.[20] Erika Manns Vorschlag war wesentlich extremer. Sie war der Ansicht, dass nach dem Krieg die Sieger die Erziehung in Deutschland würden überwachen müssen, Lehrer von außerhalb Deutschlands, keine deutschen Lehrer sollten in deutschen Schulen unterrichten. Sie glaubte nicht an die Fähigkeit der Deutschen, die notwendige

---

15   William Abbey, siehe Anm. 6, S. 150.
16   Alfred Kerr an Kurt Hiller, 27. Juli 1941, AKA.
17   Alfred Kerr an Kurt Hiller, 24. Juli 1941, AKA.
18   Kurt Hiller an Alfred Kerr, 25. Juli 1942, Kopie im AKA.
19   Alfred Kerr an Kurt Hiller, siehe Anm. 16.
20   Hermon Ould (Hrsg.): *Writers in Freedom. A Symposium. Based on the XVII International Congress of the PEN Club held in London in September 1941*, London / New York / Melbourne: Hutchinson, 1941, S. 80-83: »They cannot replace, at once, the Nazi government by their own strength. This task has to be performed from outside – for a certain time. [...] some trifling restrictions of unbounded liberty will be necessary in Germany after the war. Also in the world of writing. It is not our fault. [...] Other, ethical powers will have to do their job – for a while. [...] Speaking plainly, the writers to come will have to deal with that simple fact; a nation has committed the darkest crimes of all ages, for it did them not by instinct, but deliberately. They drove a whole world to the brink of ruin. The writers to come have to consider what has happened in order to consider what might happen.«

moralische Umerziehung selbst vorzunehmen. Kerr hat Erika Manns Meinung nicht völlig abgelehnt; sie war aber für viele andere Flüchtlinge inakzeptabel.[21]

Richard Friedenthal, der mit Burschell zusammen das Sekretariat führen sollte, schrieb deswegen im Oktober 1941 an Kerr. Dieser antwortete umgehend am 25. Oktober, aber kurz, weil er sich in ärztlicher Behandlung befand,[22] erläuterte ihm dann im Mai 1942, wie er sich den neuen PEN vorstelle: Er wolle »das Gesellige betonen«.[23] Und das war für viele ein zu einfaches Konzept. Acht Tage später stöhnte Kerr gegenüber Friedenthal, der eher seinen Vorstellungen eines Sekretärs entsprach als Burschell: »Hach, man hat's nicht leicht. O Pen, Pänn, Pääännn Pain Club.«[24] Er war ja selbst in einer schwierigen wirtschaftlichen Situation. Er musste dringend irgendwo Beiträge gegen Bezahlung unterbringen, denn seine Frau und seine Tochter verdienten wenig, und der Unterhalt für drei Personen musste bezahlt werden. Auch war es nicht einfach, im zerbombten London Räume zu finden, in denen eine deutschsprachige Gruppe sich treffen konnte.

Im Jahr 1942 verstärkten sich die Schwierigkeiten. Kerr äußerte in einem Artikel, der ins Englische übersetzt wurde, und in einem Leserbrief eine Meinung über Deutschland und seine Zukunft, die mit dem sogenannten Vansittartismus sympathisierte (siehe unten). Sie erregte innerhalb der Gruppe scharfen Widerstand.[25] Am 3. September 1942, es war der Tag vor der Jahresversammlung des PEN-Clubs (German Section), forderte der 1897 geborene Heinrich Fraenkel, Mitglied der Gruppe, in einem eingeschriebenen Brief:

> »Ich bitte, der morgigen Mitgliederversammlung den Antrag vorzulegen Dass DER VORSITZENDE DR. A. KERR ERSUCHT WERDE, VON SEINEM POSTEN ZURÜCKZUTRETEN.«

Kerr war seinerzeit Fraenkels Bürge für die Aufnahme in den PEN gewesen. Jetzt stellte er sich gegen ihn. Fraenkel hatte 1941 zwei Schriften gegen den sogenannten »Vansittartismus« veröffentlicht: eine sechzehnseitige Erwiderung *Vansittart's Gift to Goebbels: a German Exile's Answer to Black Record* und ein Buch *Help us Germans to beat the Nazis*.[26] Der Brief verwies auf die Spannungen in der Gruppe. Wer und was war Vansittart?

Sir Robert Vansittart – seit Ende 1929 Permanent Under Secretary of State for Foreign Affairs, war ein guter Deutschlandkenner, aber kein Freund Deutschlands. Er hatte als höchster Beamter des Außenministeriums bereits im Mai 1930 ein Me-

---

21 Siehe Konrad Feilchenfeldt: »Lord Robert Vansittart und die deutsche Emigration in England«, in: Sigrid Bauschinger/Susan A. Cocalis (Hrsg.): *Wider den Faschismus. Exilliteratur als Geschichte*, Tübingen/Basel, 1993, S. 26-27.
22 Alfred Kerr an Richard Friedenthal, 25. Oktober 1941.
23 Alfred Kerr an Richard Friedenthal, 1. Mai 1942.
24 Alfred Kerr an Richard Friedenthal, 10. Mai 1942.
25 *The Spectator*, 17. April 1942, Leserbrief, *Aufbau*, 8. Mai 1942, Übersetzung in *Central European Observer*, 10. Juli 1942. Den Brief aus dem *Spectator* und den Artikel aus dem *Central European Observer* schickte er an Vansittart. Vansittart schrieb ihm daraufhin zwei Mal, am 25. April und am 25. Juli 1942. (AKA) Sie trafen sich 1943.
26 London: Fabian Society, 1941 und London: Gollancz, 1941.

morandum vorbereitet, in dem er Deutschlands langfristige Ziele folgendermaßen definierte: Rückgewinnung der verlorenen Kolonien, Anschluss Österreichs, Wiederaufrüstung und als Folge der wiedergewonnenen militärischen Kraft drastische Modifizierung der deutsch-polnischen Grenzsituation. Vansittart sprach von Hitler als »a half-mad and ridiculously dangerous demagogue«.[27] Ende 1931 versuchte er, die britische Regierungspolitik dahingehend zu beeinflussen, dass Frankreich ermutigt würde, Deutschland gegenüber gewisse Konzessionen zu machen Er fügte hinzu, dass der französische Unwille, dies zu tun, Brüning schwäche und Hitler in die Hände spiele. Frankreich sollte klargemacht werden, dass der Weltfrieden gefährdet sei, falls Deutschland in den Extremismus getrieben werde. Aber seine Vorschläge kamen zu spät. Die wirtschaftliche Erholung in Deutschland war nicht so weit fortgeschritten, dass sie Hitlers Machtergreifung hätte verhindern können. Vansittart war jetzt überzeugt, dass Hitler Deutschland in den Krieg gegen Großbritannien führen würde. Wie Churchill, den er stark beeinflusste, war Vansittart im Großbritannien der Ära der Beschwichtigungspolitik der Dreißigerjahre eine Stimme »crying in the wilderness«.

Seit seiner Ankunft in England hatte auch Kerr sich bemüht, Warnungen dieser Art auszusprechen, wurde aber ebenso wenig gehört. Vansittart war 1938 während der Krise mit der Tschechoslowakei in die unwichtige Position des Chief Diplomatic Advisers der Regierung »befördert« worden; 1941 musste er, mit einem Peerage (Ernennung zum Lord) als Trostpflaster, in den Ruhestand gehen. Im Januar 1941 hatte er sieben seiner im November und Dezember 1940 gehaltenen Rundfunkansprachen unter dem Titel *Black Record: Germans Past and Present* veröffentlicht, was sein erfolgreichstes Buch werden sollte.[28] Auf diesen fünfundfünfzig Seiten zitiert er unter anderem auch einen deutschen Historiker, demzufolge der Nationalsozialismus in Deutschland über drei Generationen aufgestiegen war. Nazi-Methoden hätten in Deutschland tiefe Wurzeln, seit seiner eigenen Jugend habe man dem deutschen Volk beigebracht, Kriege als unvermeidlich und gesund (»*salutary*«) zu betrachten. Deutsche Eigenschaften seien Neid, Selbstmitleid und Grausamkeit (es waren eigene Jugenderfahrungen).

Fraenkel begründete seinen Antrag auf Kerrs Rücktritt mit dessen Artikeln:

> »Entscheidend bleibt die Tendenz der erwähnten Veröffentlichungen: das deutsche Volk in Bausch und Bogen zu verdammen, jegliche Differenzierung zwischen Deutschen und Nazis abzulehnen; die historischen und ökonomischen Hintergründe der gegenwärtigen Situation zu ignorieren, und die Tatsache zu verschweigen, dass Millionen von Deutschen das Régime von jeher bekämpft und hunderttausende [sic!] für diesen Kampf geblutet haben (und weiter bluten).«

Fraenkel argumentierte, dass Kerr aus diesem Grund als »repräsentierender Leiter einer Gruppe deutscher antifaschistischer Schriftsteller« nicht tragbar sei.[29] Es gelang ihm jedoch nicht, Kerr ablösen zu lassen.

---

27   Ian Colvin: *Vansittart in Office*, London: Gollancz, 1965, S. 19.
28   London 1941, zahlreiche Nachauflagen.
29   Heinrich Fraenkel an PEN, 3. September 1942, AKA.

Kerr schrieb ihm zunächst einen heiteren und versöhnlichen Brief, dass er nach wie vor in der deutschen Gruppe willkommen sei.[30] Im gleichen Brief teilte er Fraenkel mit, der Text sei ohne sein Wissen im *Central European Observer* auf Englisch erschienen, und zitierte den Herausgeber der englischen Fassung.[31] Fraenkel forderte eine öffentliche Debatte über den sogenannten »Vansittartismus«. Daraufhin wurde Kerr ärgerlich. Am 16. September schrieb er Fraenkel, genau das hätten sie vermeiden wollen, um zu verhindern, dass die verschiedenen Meinungen im PEN-Club zur Spaltung führen könnten. Er schloss wiederum streng-versöhnlich: »Ich kann, als Prrrr..... [Präsident, d. Verf.] Sie nicht am Rücktritt hindern, aber als unpräsidentialer Mensch Ihnen sagen: Sie können ruhig *bleiben* und auch *ruhig* bleiben.« Kerr hatte schon 1939 in *Ich kam nach England* geschrieben: »In der Mitte des Jahres 1939, steht es unter Auswanderern sowieso schlimm – weil Zerklüftung herrscht. [...] Einheit ist die Losung.«[32] Immer wieder bemühte er sich, Streitereien unter den Exilanten zu vermeiden.

Fraenkel blieb indes nicht ruhig, was Kerr zu zwei weiteren Briefen veranlasste. Im ersten betonte er seine »1) guten Gefühle für das deutsche Volk [...]. Ich bin viel stärker mit Deutschland verknüpft als Sie: weil ich viel länger mit ihm verknüpft bin. 2) Etwas Andres ist aber: ein großes Unglück für Alle verhüten zu müssen. Nach allen Missetaten, die entweder nolens volens halt von diesem Land über die Welt gebracht worden sind. [...] Ich habe nicht, wie Sie schreiben, die Deutschen ›in Bausch und Bogen verdammt‹. Sondern ich habe (*Sunday Times*) nachdrücklich die Schichten benannt, die theoretisch auszunehmen sind. Ich halte die Deutschen nicht wie Sie glauben, für ein ›Teufelsvolk‹: sondern heut für ein planetarisches Unglücksvolk. Das Unglück ist zu reparieren. Das Schlimmste bleibt, dass wir nichts Ernsthaftes tun können.«[33] Aber am 18. September schrieb ihm Fraenkel: »Sie sind Schlimmeres: invertierter Nazi.«[34] Da gab Kerr seine versöhnliche Haltung auf.

Er hatte versucht, Fraenkel im PEN zu halten, jetzt aber warf er ihm Verleumdung vor und drohte mit einem englischen Gericht.[35] Auf diesem Brief vom 23. September notierte Kerr handschriftlich:

»Sie Schwachkopf. Wann haben Sie Deutschland verlassen? Welches waren Ihre Beziehungen? Antwort. ... ob ein irreführender Phrasenmacher fortfahren darf, wenn auch mit schwacher Kraft, Wirrwarr in dieser Zeit zu versuchen. Ihnen fällt nichts ein – zur

30 Alfred Kerr an Heinrich Fraenkel, 5. September 1942, AKA.
31 Alfred Kerr zitiert im Brief an Heinrich Fraenkel vom 5. September 1942 den Herausgeber der Zeitschrift *Central European Observer*: »I am very sorry that Mr. Kerr had to learn through friends of the publication of his article in our paper, and I feel I owe Mr. Kerr an explanation ... I assumed that Mr. Kerr had left London and so I took a chance and published our translation of the article.«
32 Alfred Kerr: *Ich kam nach England. Ein Tagebuch aus dem Nachlaß*, hrsg. v. Walter Huder und Thomas Koebner, Bonn: Bouvier, 1979, S. 189.
33 Alfred Kerr an Heinrich Fraenkel, ohne Datum, AKA.
34 Zit. n. Helmut Peitsch: »*No Politics*«. *Die Geschichte des deutschen PEN-Zentrums in London 1933-2002*, Osnabrück: V&R Unipress, 2006, S. 117.
35 Alfred Kerr an Heinrich Fraenkel, 23. September 1942, AKA.

Erwiderung. Da leugnen Sie halt. (›Vive l'évidence‹) Was haben Sie in dem ganzen Kampf getan? Hä?«

Es war keineswegs der einzige Konflikt in diesem Jahr. Kurt Hiller, sonst Kerr aufrichtig zugetan, war von seiner Art her zum »Stänkern« geneigt. In seinem Brief an Hiller vom 22. März 1942 definierte Kerr sehr präzise, wie er die Funktion des PEN in England sah:

> »eine gesellschaftliche Angelegenheit mit ethischem Einschlag; für Schriftsteller. Wir sind uns also klar, dass dieses German Centre nicht vorwiegend ein politischer Verein ist; sondern, entsprechend der Art des Mutterclubs, nur ein Anlass zu menschlicher Näherung sein kann. [...] Der Platz für politische Kämpfe liegt anderswo. Kurz: Das German Centre ist, während der Kriegsdauer, eine Stätte zwischen den Schlachten. Ein Ort zum Luftschöpfen. Zur Bekanntschaft mit englischen Schriftstellern und fremden sonst. Etwas wie ein zeitweiliger armistice.«[36]

Einige Wochen später bekräftigte er diese Einstellung, ebenfalls an Hiller:

> »Der PEN ist, zum Donnerwetter, vorwiegend ein harmloser Geselligkeitsverein, dessen Idealismus darin besteht, dass Antinazitum heut für die Mitglieder Bedingung ist. Mehr nicht. Er ist nie was anderes gewesen. Kein politischer Verein.«[37]

So sollte der PEN im Krieg funktionieren. Das war klar und einsichtig.

Der Konflikt mit Hiller entzündete sich an Gabriele Tergit. Gabriele Tergit war eine Schriftstellerin aus Berlin, seit 1933 in England. Kerr hatte ihr eine Lesung im PEN-Club gestattet. Darauf reagierte Hiller im Herbst 1942. Und hier wurde Kerr ungeduldig. Gabriele Tergit hatte im *Manchester Guardian* am 20. und 27. Juni 1941 zwei Artikel geschrieben, in denen sie Kurt Hiller, Gustav Wyneken und Karl Blüher als »Forerunners of Nazism« behandelt hatte. Kerr antwortete:

> »Was sind das, wie Homer sagt, für Schmonzes? Weil die Schriftstellerin Tergit vormals eine gewiß irrige Meinung über Deinen Einfluß auf die Entwicklung drucken ließ, darum soll sie aus einem altberliner Roman ein Kapitel nicht im P.E.N.-Club vorlesen dürfen, wenn sie, gleich allen Mitgliedern, die es rechtens anmelden, es rechtens angemeldet hat. Und was hat alles das mit dem von Dir betonten 75sten Gebuchtstach zu tun auf den ich –. Jawohl. Ich selber nahm die Wichtigkeit dieses Clubspiels (wenn es wenigstens ein Spielclub wäre) nie ernst, habe die Präsidentschaft bis daaa – und werfe den Krempel vielleicht hin. Dann ist der Club gewesen.«[38]

Hiller brach am nächsten Tag (24. November 1942) die Beziehung zu Kerr ab. Im Februar (vermutlich 1943) notierte Kerr in dem Text »Emigrantenscherze«, Hiller, »der gekränkte Geltungsbocher«, habe sich selbst aus einem harmlos-geselligen Club entfernt, weil die Lesung der Tergit ihm nicht passe.[39]

---

36 Alfred Kerr an Kurt Hiller, 22. März 1942.
37 Alfred Kerr an Kurt Hiller, 2. Mai 1942.
38 Alfred Kerr an Kurt Hiller, 23. November 1942, AKA.
39 »Emigrantenscherze«, 4 Seiten MS, AKA, datiert Februar, vermutlich 1943.

Der Konflikt zeigt, mit welch banalen Schwierigkeiten Kerr konfrontiert wurde. Er hatte Ärger und zeitaufwendigen Streit. Etliche PEN-Mitglieder hatten bindende politische Zugehörigkeiten, andere waren bei britischen Diensten tätig und sahen darin eine politische Verpflichtung. Es gab der KPD und der SPD nahestehende Autoren, Antikommunisten, Nationalisten, Organisationen wie der Freie Deutsche Kulturbund (FDKB) oder ab 1943 der Club 43. Im dem 2006 erschienenen Buch von Helmut Peitsch über den Exil-PEN wird all dies ausgiebig analysiert.[40] Kerr wollte nicht in diese Zugehörigkeiten eingebunden werden. Darum hatte er schon am 10. November 1939 in seinem Brief an den Freien Deutschen Kulturbund den Vorsitz und die Mitgliedschaft dort niedergelegt[41] und war auch nicht Mitglied des Club 43. Er wurde aber 1943 gefragt, ob er für *Ich hab's gewagt* ein Heine-Kapitel beitragen wolle, und lehnte ab.[42] Das war ein deutliches Zeichen.

Denn Kerr musste ständig nach Möglichkeiten suchen, durch Schreiben Geld zu verdienen. Beim deutschsprachigen Dienst des BBC hatte er wenig Glück, da der Nachlassverwalter seines Erzfeindes Karl Kraus, Heinrich Fischer, erfolgreich manches verhinderte, aber Ende 1943 war das lateinamerikanische Programm der BBC erweitert worden, und Kerr wurde einbezogen. Zunächst mit einem Vortrag, später konnte er mehr schreiben, er schrieb auf Französisch, die Sendungen wurden ins Spanische übersetzt und nach Lateinamerika ausgestrahlt. Da er jeglichen Verdienst, auch eine private Zahlung eines Freundes, peinlich genau in seiner Steuererklärung angab, wissen wir, wie bitter wenig es war.[43] Seine Wirkungsmöglichkeiten waren außerordentlich begrenzt. Er war mit Richard Friedenthal, dem Sekretär des PEN, keineswegs immer einer Meinung, aber 1945 berichteten sie gemeinsam über die Aktivitäten der Gruppe, dass man literarisch »fast zum Schweigen verurteilt worden« sei.[44] Trotzdem veranstalteten sie außer den Mitgliederversammlungen (die Mitgliedsliste für 1942 verzeichnet 34 Mitglieder[45]) zwischen 1942 und Kriegsende zahlreiche Vortragsabende und Gedenkfeiern, zum Beispiel Leon Zeitlin über »Ideologische Voraussetzungen des Wiederaufbaus«[46] oder Raymond Aron über »Die gegenwärtige Lage der französischen Schriftsteller«.[47]

---

40 Helmut Peitsch, siehe Anm. 34.
41 Brief, AKA.
42 Es handelte sich vermutlich um den von Hans José Rehfisch herausgegebenen Band *In Tyrannos* (1944 beim Verlag Lindsay Drummond erschienen). Brief Alfred Kerrs vermutlich an Lindsay Drummond, 9. September 1943, AKA.
43 Steuererklärung 1943–1944, AKA: For revising a MS of my friend Prof. Plesch from 1st April to 1st Nov. 1943 98 pounds (These earnings were an isolated windfall; an opportunity which will not occur again.) For a memorandum for the anti-Nazi Fight for Freedom Publications 25 pounds (*The Influence of German Nationalism*, Bd. 3 erschien im April 1945. Dt. u. d. T. »Der Einfluß des deutschen Nationalismus und Militarismus auf Theater und Film in der Weimarer Republik«, in: *Werke*. Neuausgabe, Bd. 3, S. 383–424.) One broadcast talk between 1. Nov. 1943 and 31. March 1944 10.10 (ten guineas).
44 Siehe Anm. 2, S. 377.
45 Siehe Anm. 2, S. 374.
46 Siehe Anm. 2, S. 375.
47 Siehe Anm. 2, S. 375.

Nach Kriegsende machte sich Kerr allerdings Hoffnungen auf ein bezahltes Arbeitsverhältnis als England-Korrespondent eines deutschen Blattes. Am 16. August 1945 schrieb er an Peter de Mendelssohn, er habe gehört, dieser sei nach Berlin gegangen, um eine Tageszeitung zu leiten, und ob von England aus an ein festes Arbeitsverhältnis zu denken sei, drei Beiträge pro Woche, Themen: Befestigung des moralischen Zusammenhangs mit England, Aufheiterung, auch durch Berichte vom Alltagsleben.[48] Nichts geschah. Kerrs finanzielle Lage war 1945 katastrophal, weil seine Frau, die die Familie ernährte, ihre Stelle verlor, als die Kriegsteilnehmer zurückkehrten. Es gelang ihm, bei der *Neuen Zeitung* (amerikanische Zone) Beiträge unterzubringen, die erste Nummer erschien am 18. Oktober 1945 mit Kerrs Betrachtung »Alte Blätter in der Kiste«. Gelegentlich nahm auch die *Welt* (britische Zone) ihm etwas ab, aber es war nicht möglich, regelmäßig für beide Zeitungen zu arbeiten, da es zwischen den beiden Zonen Loyalitätskonflikte gab.[49] Und nach Kriegsende hatte es Richard Friedenthal als PEN-Sekretär mit Kerr besonders schwer.

Kerr war wohl eigenwilliger, als man vermuten möchte. Am 16. April 1946 schrieb Friedenthal an Kerr: »Wir sind ein Kollegium, nach Ihrem eigenen Vorschlag, keine Diktatur Kerr.« Und am 23. Mai 1946:

> »Ich habe keine Lust, lediglich als ›zahlender Sekretär‹ zu fungieren, während Sie sich vorbehalten, die wichtigen Angelegenheiten auf eigene Faust zu erledigen. ... Im Vereinsleben ist der apodiktisch-epigrammatische Stil fehl am Platze.«[50]

Einen Monat später beschloss Kerr aus gesundheitlichen Gründen, seine Präsidentschaft zu beenden. Er lag im Middlesex Hospital und schrieb der Gruppe im Juni, er werde einen Monat dort bleiben müssen:

> »Liebe Mitglieder, unser kleiner, abenteuerlicher Verein erschien manchem von uns mitunter drollig (inbezug auf die geringe Wirkungsmöglichkeit, die Örtlichkeiten etc.) - aber es gab, wenn ich auf diese fünf Jahre meiner Prrrresidentschaft zurücksehe ... es gab wertvoll Anregendes, Farbiges, Dichterisches; kurz: was für uns, die Schreibergilde, in Betracht kam. Es waren Abende (mit und ohne Krach), woran man zurückdenkt. Liebe Mitglieder des deutschen PEN in London: ich wünsche Ihnen alles Gute für ihr Leben - und grüße Sie herzlich.«[51]

Er wurde Ehrenpräsident und Hermann Friedmann im November 1946 Präsident.

Als im Jahr darauf eine PEN-Tagung in Zürich stattfand, war Kerr fest entschlossen, als Delegierter hinzufahren: »Ich glaube, ein seelisches Anrecht zu haben, als einer Ihrer Delegierten nach Zürich zu gehn. Prof. Friedmann und ich sind bereit, in voller Harmonie zusammenzuarbeiten.« Er begründet seinen Wunsch in seitenlangen Notizen, von denen wir nicht wissen, ob er sie jemals vorgetragen oder abgeschickt hat. Es geht darin um sein Verhältnis zu Deutschland, zu einzelnen

---

48   Alfred Kerr an Peter de Mendelssohn, 16. August 1945, AKA.
49   Siehe Peitsch, Anm. 34, S. 148-149.
50   Siehe Anm. 2, S. 377.
51   Siehe Anm. 2, S. 376.

Schriftstellern (unter anderem zu Thomas Mann) und um das Verhältnis deutscher Schriftsteller zu ihm:

> »die Deutsch(en) *vergöttern* mich heut. ... Die Universität Zürich veranstaltet grade jetzt durch Prof. FAESI eine Schrift über mein Hauptwerk, die 5bändige ›Welt im Drama‹ – Es ist nach einm [sic!] Jahrzehnt des Grauens wieder etwas Leuchtendes.«[52]

Kurzum, er bekam seinen Willen und durfte fahren. Er wollte natürlich auch seine Frau treffen, die bei den Kriegsverbrecherprozessen in Nürnberg dolmetschte. Dies gelang auch für fünf Tage. Aber an der Tagung selbst beteiligte er sich kaum.

In den Nachrichten des Deutschschweizer PEN-Zentrums ist von ihm als einem Mann die Rede, »den man sich als rhetorischen Feuerwerker vorgestellt hatte und der nun still und scheu in der Menge stand«.[53] Wie sehr er den Besuch in Zürich genoss, können wir einem Brief Richard Friedenthals an Marieluise Fleißer vom 10. August 1947 entnehmen:

> »zunächst möchte ich Ihnen den Eingang der beiden Exemplare des Karl Stuart bestätigen. Eines davon habe ich an Alfred Kerr weitergeleitet, der Ihnen wohl darüber etwas schreiben wird, sobald er sich von den Strapazen seiner Schweizer Reise erholt hat. Der alte Herr, oder in mancher Beziehung Knabe, denn er ist unbeschreiblich kindlich, genoß diesen Ausflug mit vollen Backen und ich gönnte ihm das von Herzen, denn er hat es hier doch all die Jahre hindurch sehr kümmerlich gehabt. Nicht alle Emigranten sind ja, wie Thomas Mann – dem ich es nun auch gewiß nicht neide – sogleich in eine Le Corbusier-Villa in der kalifornischen Sonne gezogen, wo sie von einem Negerdiener betreut werden. Kerr wohnt hier in einer billigen Pension in einem winzigen möblierten Zimmerchen, wo etwa zehn zerfledderte Bücher auf einer Kommode stehen. Das ist aber für ihn nicht das Entscheidende. Am meisten leidet er, der so unendlich Geltungsbedürftige, daran, dass ihn hier niemand kennt. Er ist, als deutscher Theaterkritiker und Reisefeuilletonist, den Londonern etwa so bekannt wie der hiesige James Agate, sein getreues Ebenbild auf englisch, den Berlinern, das heißt garnicht. Das frißt nun ständig an seiner Leber. Wie anders wirkte da das Zeichen Zürich auf ihn ein. Da zitierte man ihn in den Tagesblättchen, sein Bild erschien im Druck, und an allen Ecken und Kanten gab es vorzüglichen Stoff zu trinken. Das beste Gedicht, das er in der Emigration gemacht hat (er hat für mein Gefühl wenig gute geschrieben) hat den Rüdesheimer und Assmannshäuser zum Thema, den er noch einmal trinken will. In Zürich gab es das nun alles nach Belieben. Er hatte uns hier wochenlang damit geplagt, dass er durchaus auch als ›Delegierter‹ zum Kongress wolle, nicht nur als ›Ehrengast‹ und Jubelgreis. Als er dann da war, als Delegierter, warum denn nicht, in Gottes Namen, wir wollten den Uralten nicht noch weiter erbosen, da nahm er natürlich an keiner einzigen Sitzung teil. Er stromerte vielmehr solo und höchst vergnügt von Lokal zu Lokal. Eines Abends traf er mich in der Belevue; da schlug ihn sein Gewissen und er fragte mich, etwas ängstlich: ›Sagen Sie, was wurde denn eigentlich heute in den Sitzungen besprochen ... Wissen Sie, ich konnte nicht ... Ich habe da so ein Beisel entdeckt, da gibt es braunes, ziemlich stark gebrautes Bier und einen Schnaps ...‹ und dann verlor er sich völlig in Hymnen auf diese gastronomischen Wunder: von der Sitzung war nicht mehr die Rede. Selig wie ein Sonnenstäbchen schwamm er dann davon

---

52 MS Notizen, AKA.
53 Jahrhunderttage, 3. Juni 1947, zit. n. *Neue Zürcher Zeitung*, 6. April 1999, nachgedruckt in: *Nachrichten des Deutschschweizer Penzentrums*, Herbst 2004, S. 14.

in die Nacht, mit den Händen taktierend als dirigierte er eine himmlische, überirdisch-dionysische Schnaps-Symphonie.«[54]

Einige Monate danach, am 25. Dezember 1947, wurde er achtzig. Der PEN feierte ihn am 15. Januar in London[55], und am 25. Januar 1948 fand eine Feierstunde im Deutschen Bühnenklub in Berlin statt, bei der Wolfgang Goetz, Eduard von Winterstein, Käthe Dorsch, Fritz Kortner, Ernst Legal und Karl Schnog sprachen. Der Kartengruß, den er zu seinem achtzigsten Geburtstag verschickte, lautete:

> »Hab Dank. – Ich harre unbeirrt
> Auf Manches, was jetzt kommen wird.
> Man stirbt einen Tod; man weiß nur nicht welchen;
> Vielleicht ein schmuckes Schlaganfällchen.
> Alfred Kerr«

So kam es. Als er am 15. September 1948 nach Hamburg flog (sein erster Flug), um für *Die Welt* über das Theaterleben in der britischen Zone zu berichten, notierte er: »Wenigstens hat man es noch einmal gesehn. Glanz – Glanz verwundert miterlebt, vor dem Abkratzen.«[56] Kurz darauf erlitt er einen Schlaganfall. Als er erfuhr, dass er nicht mehr würde arbeiten können, setzte er seinem Leben mit Hilfe seiner Frau, die ihm ein Schlafmittel brachte, am 12. Oktober ein Ende. In London zitierte man bei der Trauerfeier des PEN die für ihn typischen Worte:

> »Der Hirnrest haucht trotz alledem:
> Es ... hat ... gelohnt.«[57]

Und seine Tätigkeit für den PEN, so wenig sie ihm oft lag, gehörte dazu, denn er vermittelte den Exilanten, dass es sehr wohl möglich war, auch im Exil seinen Optimismus zu behalten und die Hoffnung niemals aufzugeben.

---

54 Marieluise Fleißer: *Briefwechsel 1925-1974*, hrsg. v. Günther Rühle, Frankfurt: Suhrkamp, 2001, S. 283-284.
55 Rede Alfred Kerrs, gehalten im Deutschen PEN-Club am 15. Januar 1948, AKA.
56 Tagebuchnotiz MS, AKA.
57 *Mitteilungsblatt des PEN London*, 10. Februar 1949, S. 6.

Christina Viragh

Gabriele Tergit – Von Rosengirlanden und Publicity-Opfern

Ach, Gabriele, du machst es einem nicht leicht. Je nach der Reihenfolge, in der man deine Bücher liest, ist man zuerst hin und her gerissen, bevor man hingerissen ist von dir.

Schon mit deinem Namen habe ich Mühe, Gabriele, für mich, die in Italien lebt, ist das ein Männername, vor allem aber dieses nach einem Reinigungsmittel klingende Tergit gefällt mir nicht. Im Internet steht, ich hoffe fälschlicherweise, es sei ein Anagramm von Gitter. Warum denn? So eingegittert warst du doch nicht. Im Gegenteil, emanzipiert, studiert, promovierte Historikerin, Journalistin, gefeierte Schriftstellerin, und das alles im frei schwingenden Berlin der Zwischenkriegszeit. Und wenn nicht Gitter, was soll Tergit dann? Warum bist du nicht bei deinem schönen Mädchennamen geblieben, Lisa Hirschmann. Zu jüdisch? Das konnte doch im jüdisch durchflochtenen Berlin der Zwanzigerjahre kein so großes Problem gewesen sein. Und wer später, als die

Gabriele Tergit

Dinge brenzlig wurden, wissen wollte, wie es um deine Herkunft steht, wusste es ja doch. Am 4. März 1933, deinem neununddreißigsten Geburtstag, brechen SA-Leute in deiner Wohnung ein, du entgehst mit Glück der Verschleppung, und überhaupt wendet sich die Sache zu einem Glücksfall, da sie dich und dann auch deinen Mann, Heinz Reifenberg, und deinen Sohn noch rechtzeitig in die Flucht treibt, zuerst in die Tschechoslowakei, dann nach Palästina, schließlich nach London, wo du von 1938 an lebst.

Und wo dir, verzeih, wenn ich das unverblümt sage, obwohl es gerade um Blumen geht, dein Deutsch, zumindest dein stupender deutscher Stil, mit der Zeit offensichtlich abhanden kommt. Deine eigentlich wunderschöne *Kleine Geschichte der Blumen*, die ich, angezogen, wie ich von dem Thema bin, zuerst gelesen habe, ist 1958 unter ihrem ursprünglichen Titel *Kaiserkron' und Päonien rot* erschienen und, trotz seinem floralen Gegenstand, in einem Kraut- und Rüben-Stil geschrieben. »Sie überflutet vom zartesten Lila bis zum dunkelsten Braunrot die Mauern in allen tropischen und subtropischen Gebieten.« Nicht nur dort, würde ich, den Satz Satz sein lassend, hinzufügen: Die Bougainvillea, um die es hier geht, hängt auch in Italien von Mauern und Hauswänden, in den Farben, die du nennst, wobei es die Farben der letzten drei Blätter an den Zweigen sind, die Blüten selbst sind klein und gelblich. Ein Wunderblumengewächs, wie es der Familienbezeichnung nach heißt.

So etwas ist auch dein Buch, Gabriele, ein seltsames Gewächs voller Stilblüten. »Buchsbaum wurde zu Pyramiden, Obelisken, Kegeln und Säulen verarbeitet.« Oder eine der unfreiwillig komischen Stellen: »Während Commerson und sein Assistent in Tahiti botanisierten, näherte sich plötzlich ein Häuptling, ergriff den jungen Baret und wollte mit ihm davoneilen.« Gabriele, ich gestehe, dass ich dich zuerst für eine Dilettantin hielt, für eine, die ihre Liebe zu den Blumen und zum Gärtnern unbedingt in einem Buch festhalten muss und sich dazu querbeet, merkwürdig, wie viele einschlägige Metaphern es gibt, also querbeet einiges Wissen anliest. Am Ende des Buchs steht eine ganz beachtliche Bibliographie, und sicher sind Sätze wie folgender fremder Quelle entlehnt: »Er war 84 Jahre alt, als ihn der Tod seiner rastlosen Tätigkeit entriss.«

Das hättest du siebenundzwanzig Jahre früher, 1931, als dein Erfolgsroman *Käsebier erobert den Kurfürstendamm* erschien, nicht geschrieben, es höchstens in sarkastischer Absicht jemandem in den Mund gelegt. Aber bevor ich sage, wie ich herausfand, dass du doch keine Dilettantin bist, will ich deine *Kleine Geschichte der Blumen* noch ein wenig zerpflücken, eben, die einschlägigen Metaphern. Das Problem ist, wie mir scheint, dass du dich nicht zwischen wissenschaftlicher Akribie und ungezwungener Plauderei hast entscheiden können, was auch gar nicht immer nötig ist, wenn man die Ausdruckskraft hat, beides unter einen Hut zu bringen. Hast du aber nicht, Gabriele, in diesem Buch nicht mehr, leider muss es gesagt werden, so entwaffnend deine naive Halbwissenschaftlichkeit auch ist.

Ja, das Buch folgt einer Chronologie, von den alten Chinesen und Ägyptern über die Rosen-Kränze des alten Rom zu den Veilchen der Kaiserin Josephine, mit denen du die Leserin doch wieder einnimmst; du gibst auch eine Übersicht über die wichtigsten Leistungen der Botanik und beleuchtest sogar Dinge wie den Blumenhandel oder den Blumenglauben. Das alles wäre im wahrsten Sinn des Wortes schön und gut, und instruktiv dazu, ließest du dich nicht zu deinem fragwürdigen Stil und zu wirren Aussagen hinreißen: »Sokrates war gegen alle Parfüms, und zwar aus dem reaktionärsten aller Gründe überhaupt: ›Herr und Sklave riechen gleich, wenn sie beide parfümiert sind.‹ Dreihundert Jahre später wurden Leute wie Sokrates Hausklaven bei den Römern.« Ich glaube gar nicht, dass du etwas gegen »Leute wie Sokrates« hast, du willst wohl sagen, sein Klassenbewusstsein hätte Sokrates später nichts mehr geholfen, aber so, wie du sie zusammenziehst, klingt die Sache bizarr. Aus deinem offenbar bewegten Innenleben werden immer wieder solche Brocken an die Oberfläche geschleudert, da könnte ich noch zahlreiche Beispiele nennen, aber das Buch ist doch zu liebenswürdig, als dass ich noch länger darauf herumhacken will.

Denn wer würde sich heute schon vornehmen, aus Liebe zu den Blumen über ihre Geschichte zu plaudern. In einem Ton, der zwar naiv, dafür aber auch gänzlich uneitel ist. Mit keinem einzigen Satz willst du dich profilieren, Gabriele, dafür sei dir eigens gedankt. Du willst einfach weitergeben, was du über die Blumen weißt oder dir angelesen hast. Und stößt dabei auf Dinge, die so poetisch sind, dass sie einen, mich jedenfalls, von nun an begleiten werden.

Das Tulpenfest am türkischen Hof im frühen 18. Jahrhundert: Im riesigen Tulpenbeet des Palastgartens brennen Kerzen zwischen den Blumen, Vögel singen in blumengeschmückten Käfigen, in den Ästen der Bäume hängen farbige Lampen, Spiegel reflektieren das Ganze, und ein Großwesir kommt auch noch auf die Idee, Schildkröten zu Lampenträgern zu machen und sie zwischen den Blumenbeeten wandeln zu lassen. Was den Schildkröten wohl kaum lästig war, schon eher wären die Vögel lieber frei umhergeflogen, aber was du hier vermittelst, Gabriele, ist ein Traumbild, eins, das die Türken realisiert haben und das man selbst vielleicht auch schon geträumt hat, es kommt einem vertraut vor, dieses geheimnisvoll schimmernde Blumenfest, das aus einer archaischen Schicht des Lebens stammt. Blumen, du hast recht, uns daran zu erinnern, sind magisch, es gibt nur den intuitiven Bezug zu ihnen, selbst wenn man sie züchtet, verändert, veredelt, Handel mit ihnen treibt.

Gabriele, ich wünschte, dass man das Buch wieder auflegen könnte, schön präsentiert und illustriert, nicht so wie in der 1981 erschienenen Ullstein-Ausgabe, mit acht lieb- und wahllos in die Buchmitte gepappten Blumenbildern. Aber das geht wohl nicht, wer würde sich wegen eines so tapsigen Texts in Unkosten stürzen. Obwohl auch viel Nützliches darin steht, endlich weiß ich, warum meine Kamelie nicht gedeiht, sie verträgt keine Sonne, sagst du, was zwar für die Kameliensträucher in den hiesigen italienischen Gärten nicht gilt, aber meinen Balkontopf will ich doch lieber in den Schatten schieben.

Auch sonst gibt dein Blumenbuch zu denken, über das Los des Schriftstellers, der nicht mehr schreiben kann. Im doppelten Sinn des Wortes. Ich weiß nicht, an welchem Punkt dir das Können abhanden gekommen ist, Gabriele. Deinen umfangreichen Roman *Effingers, eine jüdische Familienchronik*, 1931 begonnen, 1951 erschienen, habe ich, verzeih mir, nicht gelesen, ich weiß nur, dass er kein Echo fand, möchte aber daraus keine voreiligen Schlüsse ziehen. Vielleicht war zu dem Zeitpunkt die Aufarbeitung jüdischer Schicksale als literarisches Thema verfrüht, oder das Buch kam nach deinem jahrelangen Schweigen zu spät. Was war geschehen? Du konntest, heißt es in biographischen Notizen, nicht mehr schreiben, weil es nicht mehr möglich war: Nationalsozialismus, Flucht, Krieg, »womit dem Erfolgsweg der vielversprechenden Schriftstellerin ein abruptes Ende bereitet war«. Es klingt plausibel, aber ich verstehe es doch nicht ganz. Da war doch die Exilliteratur, du selbst warst von 1957 bis 1982 Sekretärin des PEN-Zentrums deutschsprachiger Autoren im Ausland, wie kommt es, dass deine Karriere nicht weiterging? Sicher, du warst nicht die Einzige, der diese Tragödien einen Strich durch die Rechnung machten, aber es hat vielleicht auch etwas mit deinen eigenen Gegebenheiten zu tun, dass du auf dem Großerfolg deines ersten Romans nicht aufbauen konntest. Etwas, das dich be- oder verhindert hat, ich weiß nicht was, ich kenne dich zu wenig, aber ich ahne, dass du auch innerlich irgendwie vom Weg abkamst. Es könnte ja sein, dass dir Blumen und Garten tatsächlich das Liebste wurden und du nicht mehr die Notwendigkeit des Schreibens verspürtest. Ich würde gern annehmen, dass das der Grund war. Dass du freudig zu anderem übergegangen bist. Dass man nicht sagen muss, schade um eine Autorin, sondern wie gut, hat sie den *Käsebier* dennoch geschrieben.

Ja, der *Käsebier*. Der klingt so launig, beziehungsweise der vollständige Titel, *Käsebier erobert den Kurfürstendamm*, klingt so launig, dass ich, nach der Erfahrung mit der Geschichte der Blumen, das Buch mit ungutem Gefühl in die Hand nahm. Nach Erich Kästner klingt er, Sparte Jugendliteratur, was ja an sich nicht schlimm ist, im Gegenteil, meine Generation ist mit ihm aufgewachsen, im wahren Sinn des Wortes, vom *Doppelten Lottchen* zu *Fabian*, aber genau das gab mir das Gefühl, der Roman sei wohl passé. Ist er aber nicht, sondern er ist geradezu erschreckend aktuell.

Der Volkssänger Käsebier ist Produkt und dann Opfer einer Publicity-Maschine, die sich von den heutigen überhaupt nicht unterscheidet. Mit den gleichen Mitteln wird dem Publikum eingeredet, dass es Käsebier für den Jahrhundertkünstler halten muss; der große Schriftsteller schreibt einen lobenden Artikel, ein kalter Ehrgeizling wirft das Käsebier-Buch auf den Markt, unweigerlich folgt der Rest des Medienrummels, Rundfunksendungen, der Käsebier-Film, dann kommen die Käsebier-Produkte, Zigaretten, Puppen, Füllfederhalter, die die Verkäuferin so anpreist: »Es lohnt sich nicht, [den alten] reparieren zu lassen, die Reparatur kostet 3 Mark, es ist ein überholtes System. Kaufen Sie den neusten ›Käsebier‹. Für 3 Mark bekommen Sie schon einen ganz guten.« Da grüßt aus dem damaligen Berlin schon die vollentwickelte Konsum-Mentalität.

Es ist fast genial, wie die Autorin, die ich gar nicht mehr vertraulich direkt anzusprechen wage, das schon 1931 auf den Punkt gebracht hat. Diesen ganzen Mechanismus des Hochjubelns, bei dem sich selbstverständlich alle ein Stück abschneiden, und des Fallenlassens, als die Wirtschaftskrise kommt und die Investoren an Käsebiers Karriere kein Interesse mehr haben. Wie üblich endet Käsebier in einem obskuren Provinzlokal. Was man als Leserin gelassen zur Kenntnis nimmt, denn Käsebier ist keine Identifikationsfigur, sondern eben nur das zu vermarktende Produkt. Identifikationsfiguren sind die Redakteure der *Berliner Rundschau*, die am Ende dem kalten Ehrgeizling in die Hände fällt und, wie könnte es anders sein, zu einem Boulevardblatt umgekrempelt wird. »Maschinen, Hände sparen, Rationalisierung [...] mit Sentimentalität ist nichts getan. Recht behält die beste technische Methode. [...] Den Bedürfnissen entgegenkommen.«

Doch fürs erste sind da die Redakteure Miermann, Gohlisch, Augur und vor allem Fräulein Doktor Kohler, in der sich Gabriele Tergit wohl selbst porträtiert, eine junge promovierte Journalistin wie die Autorin, die mit Beiträgen in der *Vossischen Zeitung* und Gerichtsreportagen für den *Börsen-Courier* angefangen hatte und dann von 1925 bis zu ihrer Flucht 1933 Redakteurin beim *Berliner Tageblatt* gewesen war. Davon lebt das Buch. Dass die Autorin ganz nahe am Geschehen war, als emanzipierte, sozial engagierte junge Frau, die die Mechanismen hellsichtig durchschaut, die Hohlheit der Schickeria, die Verschlagenheit von Spekulanten und anderen Machern, den wirtschaftlichen Niedergang, das Aufkommen der Nazis. Das alles in einem knappen, sprühend ironischen Stil, der über weite Strecken als Rollenprosa daherkommt. Gabriele Tergit ist eine Meisterin des treffenden und gleichzeitig tiefschürfenden Dialogs. »Ja aber«, sagt Augur von einem bekannten Arzt, »er hat keine Autorität. Ein Bekannter von mir war neulich bei ihm, den hat er endlos untersucht und schließlich gesagt: ›Ich bin mir noch nicht ganz klar, was Ihnen fehlt. Kommen Sie übermorgen doch noch einmal.‹ Das kann man nicht machen.« Worauf sein Kollege Gohlisch erwidert: »Wie, du sagst das, ein Mensch unserer Zeit! Du verstehst diesen höchsten Grad der Anständigkeit nicht, dass einer zugibt, er habe die Lösung einer Sache noch nicht gefunden? [...] Du stehst auch auf diesem primitiven Standpunkt, ›wenn ich zum Doktor gehe, soll er mir auch was verschreiben.‹ [...] Dass auch du das nicht zu schätzen weißt, dass dir einer nichts vormacht, betrübt mich tief.«

Das Buch hat Aspekte, in denen es aktueller ist als der *Fabian* oder Döblins *Berlin Alexanderplatz*, nicht so sehr Roman der Großstadt der ausgehenden Weimarer Jahre, obwohl es das auch ist, in hohem Maß die Befindlichkeit jener Zeit reflektiert, als vielmehr die kritische, skeptische und immer gültige Auseinandersetzung mit dem sogenannten Fortschritt. Kein Wunder, dass das Buch bei seinem Erscheinen als der beste Zeitroman gefeiert wurde. 1997 wurde der Roman im arani Verlag Berlin neu aufgelegt, ohne dass man daran gedacht oder es gewagt hätte, den Titel zu einem schlichten *Käsebier* zu kürzen, was schade ist, weil er in seiner Altbackenheit dem Roman Unrecht tut und nicht einmal stimmt. Käsebier erobert den Kurfürstendamm gar nicht, sein glanzvollster Höhepunkt ist ein Auftritt im Wintergarten, der Plan, ihm ein eigenes, aber ohne sein Wissen für ihn gebautes Theater am Kurfürstendamm unterzujubeln, scheitert an der Wirtschaftskrise und am Desinteresse des Publikums. Käsebier ist nicht mehr *the flavour of the month*.

Ach, Gabriele, wenn ich mich doch wieder direkt an dich wenden darf, es ist dennoch schade, dass du nicht weitergemacht hast, mit deinem scharfen Blick und einem Stil, den nur wenige beherrschen, dem des Feinschliffs, der treffenden Punktierung. »›Ich bin ein Bankier‹, sagte Muschler, ›ich bin kein Unternehmer, ich kann kein Risiko tragen.‹

Es war Mittag. Muschler sagte: ›Bei einer Zwangsversteigerung muss mir dann der Besitzer der zweiten Hypothek die 250 000 Mark auszahlen [...].‹« Dieses unvermittelt eingeschobene »Es war Mittag.« ist so witzig und schräg, wie es mit einem Schlag, mit drei Wörtern, das Setting, die Atmosphäre, die Dringlichkeit und irgendwie auch die Hoffnungslosigkeit des Unternehmens vermittelt.

High Noon im untergehenden Berlin, das war vielleicht dein Moment, Gabriele, ein Augenblick, dicht, intensiv, flüchtig, nicht wiederholbar. Ich weiß nicht, ob es ein Trost ist, oder ob du überhaupt Trost brauchst, jedenfalls gibt es im heutigen Berlin die Gabriele-Tergit-Promenade am Potsdamer Platz, und bestimmt gehen da auch noch Leute drüber, die wissen, wer du warst. Wie wichtig dir das ist, auch das weiß ich nicht. Von einer anderen Stadt schreibst du in deinem Blumenbuch: »Das zweckloseste aller Geschöpfe, die Blume, das zwecklose Wohlgefallen an der Schönheit beherrschte die Stadt [...].« Mir scheint, dass du im späteren Leben diesen Sinn und diese Fähigkeit für die Betrachtung des »Zwecklosen«, will sagen: für die Schönheit des Hier und Jetzt, entwickelt und gelebt hast. Mehr kann man nicht wollen. Weder du noch ich noch wir, noch wir von dir.

Christine Wolter

Hilde Domin – »Unverlierbares Exil«

Hilde Domin bin ich begegnet, da war sie schon eine sehr alte Frau. Es war keine direkte Bekanntschaft, ich war nicht in ihrer Heidelberger Wohnung, und doch kam sie mir entgegen, überraschend und unvergesslich, aus dem Dunkel eines Zimmers. Ich sah sie eines Abends zufällig in einer Fernsehdokumentation. Es war ein Interview, das in ihren letzten Lebensjahren in ihrer Wohnung entstanden war. Das weiße Haar umrahmte ihr Gesicht mit den ausdrucksvollen dunklen Augen, ein paar Strähnen, die aus dem Haarknoten geglitten waren, verstärkten diesen Eindruck des Rahmens und hoben ihr Gesicht hervor, das seltsamerweise müde und sehr wach zugleich war. Sie ergriff einen sogleich, ja, sie war *ergreifend*: unmittelbar und aufrichtig, leise und doch bestimmt.

Hilde Domin

Die Interviewerin war jung, teilnahmsvoll und – das war unvermeidlich – weit entfernt von ihr, mit der naiven, rührend-ahnungslosen Distanz einer anderen Generation, ja eines anderen Jahrhunderts. Die über Neunzigjährige verstand diese Fremdheit, sie antwortete genau, geduldig. Später hörte ich auf einer CD frühere Auftritte vor jungen Zuhörern und erkannte dieselbe Geduld und Einfachheit wieder, aber damals hatte stets auch etwas Pädagogisches mitgeklungen, ein Bedürfnis des Belehrens, das nun, bei dieser sehr alten Frau einer stillen Weisheit Platz gemacht hatte. »Aber Sie gingen doch zu einem Diktator nach Santo Domingo«, sagte die junge Interviewerin beim Thema Exil. »Dort wurden wir aufgenommen«, sagte die Dichterin bloß, »es ging darum, zu überleben«. Domin – dieser gewählte Dichtername enthielt ja die Erinnerung, nicht ohne Dankbarkeit, an einen Zufluchtsort.

Exil, ihr großes, schmerzvolles Thema. Es schloss den Schmerz und die Freude der Rückkehr ein. Einfach und tragisch sprechen davon diese Verse eines Menschen auf der Flucht:

Graue Zeiten

Menschen wie wir wir unter ihnen
fuhren auf Schiffen hin und her
und konnten nirgends landen

[...]

durften nicht bleiben
und konnten nicht gehen.

Hilde Domin zitierte diese Verse in ihren Poetik-Vorlesungen in Frankfurt, 1987/88, da tat sie es, um zu zeigen, wie die eigene Erfahrung sich in neuer Gestalt wiederholt, wie ein Gedicht neue Bedeutung gewinnt; damals dachte sie an die vietnamesischen Flüchtlinge, die *boat people*. Heute denke ich bei diesen Versen daran, wie Italien, das Land, in dem ich lebe, die Menschen erniedrigt, die in elenden Booten auf der Flucht vor Hunger und Krieg übers Mittelmeer zu uns kommen und nicht bleiben dürfen: graue Zeiten.

Exil, sie nannte es auch »ausgestoßen sein«. Das war der Grundton ihrer Existenz: in das Judesein hineingestoßen, Flucht von 1932 bis 1954 durch Europa, bis nach Santo Domingo, USA, Spanien. Auch danach ruhelose Jahre bis 1961, als Heidelberg, der einstige Studienort, ihr dauernder Wohnsitz wurde.

Unverlierbares Exil
du trägst es bei dir.

In dem Fernsehinterview, das der Anfang meiner Bekanntschaft mit ihr war, sprach die weißhaarige Dichterin am Ende vom Alter, von den vielen Freunden, die nicht mehr lebten, sie sprach von ihrem verstorbenen Mann, dem Gefährten der Exiljahre, davon, dass sie als Flüchtende keine Kinder haben konnten, von der Heimkehr und von der Einsamkeit. Sie redete ganz unsentimental, beinah sachlich: So ist es. Und dann sagte sie einen Satz, den ich noch höre: »Die Gedichte sind meine Freunde.«

Vielleicht fand ich nicht lange danach beim ersten Griff in eine Bücherwühlkiste wegen dieses Satzes einen Band ihrer Gedichte, der Dialog setzte sich fort. In meiner Bibliothek fand sich ein Buch mit ihrem Namen, das wahrscheinlich ein Messediebstahl wahr. (Die westdeutschen Verleger sahen bei der Leipziger Buchmesse großmütig weg, wenn man dicht an ihren ausgestellten Büchern vorbeiging.) Warum ließen wir gerade dieses Buch mitgehen? Wohl mit dem Wunsch, etwas über »West-Dichtung« zu erfahren, die spärlich in den Osten sickerte. Das Buch stand in meinem Regal und zeigte auf dem Buchrücken ein WOZU, das sich drei Mal auf der Vorderseite des Einbands wiederholte. Der Band hieß *Wozu Lyrik heute?*. Damals, 1968, also vor einem halben Jahrhundert, lag der Ton auf *Lyrik*. Um deren Verteidigung ging es der Domin.

Heute liegt der Ton eher auf dem *Wozu*. Die Lyrik selbst hat überlebt, als solche muss sie nicht mehr verteidigt werden. Ja, wenn man die heutige Lyrikproduktion ansieht, herrscht eher ein Überangebot. Nur wie es um die Lyrik*leser* bestellt ist, um die Leser überhaupt, das ist die Frage. Das Wozu meint heute die Literatur generell. Was die Autorin damals heraufdämmern sah - sie nannte es »gesteuerte Gesellschaft«, »Kulturbetrieb« und »Meinungsmaschine« -, ist in düsterster Art eingetreten. Eben lese ich, dass ein Hardcover in den USA eine »Lebensdauer« von nur noch fünf Monaten hat, bevor es vom Taschenbuch abgelöst wird, das vom E-Book ersetzt wird, und was überlebt überhaupt noch in einer ausufernden Massenproduktion und Bestsellerindustrie? Wozu also schreiben? Wir haben keine beruhigende Antwort – und schreiben. Dabei können uns noch immer Domins Gedanken, die um die Berechtigung und die Notwendigkeit des Schreibens kreisen, zu Hilfe kommen. Ihre Thesen entsprangen der eigenen Erfahrung als Übersetzerin, als »Worthandwerkerin«, wie sie es nannte, später dann als Dichterin, die sie mit zweiundvierzig Jahren wurde. 1951, noch in der Emigration, entstand, wie sie berichtete, ihr erstes Gedicht. An die Öffentlichkeit trat sie mit ihrer ersten Gedichtsammlung *Nur eine Rose als Stütze* 1959, da war sie fünfzig.

Den entscheidenden Akt der Befreiung, des Findens zu sich selbst und zur Sprache, beschrieb sie immer wieder, er wurde für sie zur Definition von Dichtung. Es war ein Sich-Herauslösen aus allen Zwängen. Dichten war für die Domin ein virulenter, sie selbst überraschender Akt der Selbstfindung: »Ich befreite mich durch Sprache. Hätte ich mich nicht befreit, ich lebte nicht mehr. Ich schrieb Gedichte«, so formulierte sie es 1979 in ihrer »Selbstvorstellung bei der Aufnahme in die Deutsche Akademie für Sprache und Dichtung«. In allen späteren Kommentaren zur Lyrik erscheint gleichsam als Quintessenz dieser Erfahrung das Wort »Freiheit«. 1987/88, in ihren Frankfurter Poetik-Vorlesungen, wird der Gedanke der Freiheit noch eindringlicher, grundsätzlicher: Dichtung war für Domin die Selbstbegegnung des Dichters und zugleich die Selbstbegegnung des Lesers, doppelte Befreiung also. Der Titel der gesammelten Frankfurter Vorlesungen lautete denn auch *Das Gedicht als Augenblick von Freiheit.*

Für diesen äußersten Augenblick fand Hilde Domin auch ein anderes Bild, das vielleicht nur eine Frau finden kann: »Die Zeit hört völlig auf, wie beim Liebesakt.« Eine erstaunliche und kühne Feststellung. Sie allein müsste als Antwort auf die Frage nach dem Wozu genügen. Immer wieder kann man in ihren Reflexionen das Wort »Liebe« neben dem Wort »Lyrik« finden: Beide sind absolut, intensiv, befreiend. Die Domin war eine große Liebende, sie musste es wissen. Sogar ironisch spielte sie mit dem Wortpaar, in Pseudo-Werbetexten wie:

> Lierik wie Lybe
> STOPT DIE ZEIT.

Und auch in dem berührenden Satz, den die alte Domin in dem oben erwähnten Fernsehinterview sprach – »Die Gedichte sind meine Freunde« –, klingt Liebe an.

Gleichzeitig war ihr klar, dass das Gedicht (wie heute Literatur überhaupt) in »unserer Wegwerfgesellschaft« keine Ewigkeitsgarantie mitbekommt. Wie nebenbei, nämlich in Klammern, setzte sie in ihrer oft praktisch-faktischen Art zu formulieren in einer ihrer Frankfurter Vorlesungen hinzu: »Gedichte können eine Zeitlang stilliegen. Plötzlich stehen sie auf und greifen in das Leben ein, beispielhaft.«

Möglich, dass manches in ihren Gedichten heute »stilliegt«, zeitgebunden, einem Stil und einer Sprechweise der Fünfzigerjahre verhaftet. In ihrer verhaltenen, sparsamsten Sprache wird oft der Einfluss von Günter Eich deutlich. Viel weißer Raum umgibt ihre Verse. Kurze Zeilen, manchmal nur aus einem Wort bestehend, erzeugen scheinbar Leichtigkeit, Zögern, Stille. In den ersten Gedichten schien es, als müsse sich die Autorin der Sprache erst bemächtigen, mit aller Zartheit und Vorsicht. Die Zurückgekehrte war noch nicht wirklich heimisch in dem Deutschland nach 1945, auch ihre Muttersprache als Dichterin eroberte sie sich zurück, ebenso wie ihr Zuhausesein. Oft benennt sie das Ungreifbare der Worte: »gefiedert« sollen sie sein wie Vögel, und doch wie »Vögel / mit Wurzeln«:

> Immer kreisen
> auf dem kühleren Wind
> hilflos
> kreisen meine Worte
> heimwehgefiedert
> nestlos

Aber es würde ihr nicht gerecht werden, sie auf diesen Ton des Fragilen, des Über-einfachen festzulegen. Ebenso oft wird aus der Knappheit Entschiedenheit, aus der Kürze Appell und Zeitkritik. Überraschend war für mich, ihre Stimme auf einer CD zu hören. Wieder, gleich zu Anfang, ihre entschiedene Art der Kommunikation. »Ich lese meine Gedichte zweimal«, sagte sie und fügte dann hinzu: »Wenn Sie etwas dagegen haben, müssen Sie es sagen.« Das klang so bestimmt, dass keine Einwände folgen konnten. Sie zu hören war eine ganz andere Erfahrung, als sie zu lesen. Was auf dem Papier ein sparsames, tastendes Sagen schien, immer an der Grenze der Verschwiegenheit, verwandelte sich. So entschieden, wie sie das zweimalige Lesen an-gekündigt hatte - und man ahnte die Erfahrung, die sie in hunderten von Lesungen in Schulen, Akademien, Kirchen, Gefängnissen gesammelt hatte -, so entschieden las sie ihre eigenen Gedichte. Der Zeilenbruch, der oft schon nach nur einem Wort eintritt, wurde durch ihre Stimme ein wirklicher Bruch, ein entschiedenes Ab- und Unterbrechen, was jedem Wort Härte und Festigkeit verlieh. Antisentimental, herb klang das, als wäre die Dichterin entschlossen, uns jedes Wort, wenn nicht entge-genzuschleudern, so doch entgegenzuhalten. Gedichte sollten ja eine *Gegen*-Kraft sein, sie sollten etwas »aufrichten« (in der Sprache der Achtzigerjahre), nämlich »Augenblicke der Unabhängigkeit«.

Sie, die so vehement für die Lyrik eintrat, war auch Essayistin und eine be-merkenswerte Prosaautorin. Sie konnte erzählen, farbig, konkret, oft reflektierend, Biographisches vor allem. Das Elternhaus beschreibt sie mit intensiver Erinnerungs-freude. Das Porträt des geliebten Vaters, ein Anwalt und entschiedener Verfech-ter der Gerechtigkeit, der im englischen Exil starb, gehört zu den schönsten ihrer Memoiren. Unter dem harmlosen Titel *Meine Wohnungen* beschrieb sie die Jahre der Vertreibung, der Wanderungen und Fluchten, ein Text, der ein exemplarisches Lebensbild liefert: Köln, Heidelberg, Rom (das ist schon Exil), Minehead, Oxford, London und schließlich vierzehn Jahre in Santo Domingo bis zur Rückkehr nach Europa 1954 sind »Wohnungen«, die keine Dauer und Geborgenheit bedeuteten. Aus der Zeit in Santo Domingo stammen die wunderbaren Erzählungen *Berichte von einer Insel. Kindern erzählt.* Spanien, die erste Station nach der Rückkehr nach Euro-pa, wird sichtbar in der ergreifenden Geschichte einer Katze, die zum Symbol des eigenen Unbehaustseins wird, »Die andalusische Katze«. »Wenn ihr eine Katze habt, ist es fast so, als wärt ihr zu Hause«, scheint das Tier zu sagen, und die Rückkehrer, noch immer heimatlos, antworten: »Wir sind Durchreisende. Hier - und nicht nur hier. Trau uns nicht. Wir sind nichts Festes. Aber solange du uns hast, wird es fast sein, als habest du einen Herrn und ein Heim.«

In dieser Geschichte erkenne ich die Vertriebene, und davor die schöne junge Heidelberger Studentin mit ihrer Liebe zu Tieren und zu einem jungen Altphilologen, der ihr Ehemann und Gefährte eines ruhelosen Lebens wurde, erkenne auch die spätere Dichterin, die wusste, dass das Gedicht einem Liebesakt gleichen konnte. Erkenne die weise, alte, einsame Frau, die sagte: »Die Gedichte sind meine Freunde.«

Mag sein, dass manches Geschriebene »stilliegt«, ja sogar vergessen wird, überrollt von der Zeit und den Massen des Gedruckten. Anderes wird immer wieder aufstehen und »ins Leben eingreifen« oder ergreifen wie diese Zeilen aus »April«:

> Die Welt riecht süß
> nach Gestern.
>
> [...]
>
> Die Luft riecht heute süß
> nach Gestern -
> das süß nach Heute roch.

Die Autorinnen und Autoren

Bio-bibliographische Notizen

RENATE AHRENS
Geboren 1955 in Herford. Studium der Anglistik und Romanistik in Marburg, Lille und Hamburg. 1983-86 Lehrerin in Verden/Aller und Witzenhausen/Nordhessen. 1986 Übersiedlung nach Dublin. Freie Autorin, Veröffentlichungen in deutscher und englischer Sprache, zunächst vor allem Texte für den deutschen Kinderfunk und Drehbücher fürs Kinderfernsehen, ein Hörspiel für den irischen Rundfunk, 1998 irische Uraufführung eines Theaterstücks, 1998 Veröffentlichung eines ersten Kinderromans, dem inzwischen viele weitere folgten. In den letzten Jahren Publikation dreier Romane, zuletzt *Fremde Schwestern*. Unter dem Pseudonym Kate Leonard erschien 2011 ihr erster Kriminalroman. Lebte 1996-97 in Kapstadt und 2002-03 in Rom, seitdem wieder in Dublin und Hamburg. Mehrere Literaturpreise. Verheiratet mit dem Historiker Alan Kramer.
Bei den kursiv gesetzten Textstellen in ihrem Beitrag handelt es sich um Zitate aus Stefan Zweig: »Schachnovelle«, in: Stefan Zweig, *Meisternovellen*, Frankfurt am Main: Fischer, 2001, S. 426-491.

GABRIELLE ALIOTH
Geboren 1955 in Basel. Nach dem Studium der Wirtschaftswissenschaften und der Kunstgeschichte und einer mehrjährigen Tätigkeit als Konjunkturforscherin übersiedelte sie 1984 nach Irland, wo sie zuerst als Übersetzerin und Journalistin für deutsche Zeitungen und Rundfunkstationen tätig war. 1990 erschien ihr erster Roman *Der Narr*, der vom Literaturhaus Hamburg ausgezeichnet wurde. Neben weiteren Romanen, zuletzt *Die griechische Kaiserin* (Roman, Nagel & Kimche, Zürich 2011), publiziert sie Kinder- und Reisebücher. Ausgedehnte Lesereisen durch Europa, Nordamerika und Indien sowie Unterrichtstätigkeit an amerikanischen, irischen und schweizerischen Universitäten.

KATHARINA BORN
Geboren 1973 in Berlin. Studium der Geschichte und der Allgemeinen und Vergleichenden Literaturwissenschaft in Brüssel, Washington D.C., Berlin und Paris. Freie journalistische Tätigkeit für verschiedene Zeitungen und Radiosender. Längere Arbeitsaufenthalte in St. Petersburg, auf der Krim und in Kiew. Seit 2003 Herausgabe der Werke Nicolas Borns, dafür ausgezeichnet mit dem Literaturpreis Ruhr 2007. Veröffentlichungen in Literaturzeitschriften und Übersetzungsarbeiten. Für Auszüge ihres Debütromans *Schlechte Gesellschaft. Eine Familiengeschichte*, erschienen 2011 im Hanser Verlag, 2008 mit dem Georg-K.-Glaser-Preis und 2009 mit dem Ernst-Willner-Preis der 33. deutschsprachigen Tage der Literatur in Klagenfurt ausgezeichnet. Jahresstipendium des Landes Niedersachsen 2010. Lebt mit ihrem Mann und ihren zwei Söhnen in Paris und im niedersächsischen Lüchow-Dannenberg.

IRÈNE BOURQUIN
Geboren 1950 in Zürich. Sie studierte an der Universität Zürich Geschichte und Germanistik, Promotion 1976. 1977-98 Kulturredakteurin einer Schweizer Tageszeitung; seither als Autorin und freie Journalistin tätig. Literarische Werke: Lyrik, Kurzprosa, Erzählungen, vier Theater-

stücke, Hörspiele, Chansontexte. Zuletzt: *Patmos - Texte aus der Ägäis* (Lyrik und Kurzprosa, Waldgut, Frauenfeld 2001), *Angepirscht die Grillen* (Lyrik, Waldgut, 2007), *Island* (Lyrik, Waldgut, 2008), *Frag das Gras* (Lyrik, Verlag im Proberaum 3, Klingenberg 2009), *Im Nachtwind* (Erzählungen, Waldgut, 2009), *Türkismäander* (Lyrik, Waldgut, 2011). *Brennpunkte*, Lyrik aus der Schweiz (FIXPOETRY.Verlag, Hamburg 2011). Hörspiel: *Der Wolfsziegel* (Deutschlandradio Kultur, Berlin, 2005). Chansonprogramm: *Im Tempo Blitz!* (2008).

Matthias Buth

Geboren 1951 in Wuppertal-Elberfeld, lebt in Rösrath-Hoffnungsthal. Studierte Rechtswissenschaften an der Universität Köln und promovierte 1985 mit einer Arbeit zu Pflichtenkollisionen im Militärstrafrecht. Arbeitet als Referatsleiter im Bundeskanzleramt beim Beauftragten der Bundesregierung für Kultur und Medien (BKM). Seit 1973 Veröffentlichungen im In- und Ausland von Gedichten, Rezensionen, Essays und Feuilletons in Print- und Funkmedien (u. a. WDR, DLF/Deutschlandradio, Deutsche Welle, Radio Bukarest) sowie in Anthologien (u. a. in *Der Große Conrady* und *Frankfurter Anthologie*). *Weltummundung, Gedichte aus vier Jahrzehnten* erschien 2011. Literaturförderpreis des Landes Nordrhein-Westfalen und Auslandsstipendium der Stiftung Deutsch-Niederländischer Kulturaustausch (Amsterdam).

Martin R. Dean

Geboren 1955 in Menziken (Kanton Aargau). Studium der Germanistik, Ethnologie und Philosophie in Basel. Lebt als Gymnasiallehrer, Schriftsteller und Publizist in Basel. Publiziert seit 1982 (siehe www.mrdean.ch) Essays und andere Texte u. a. in *NZZ*, *Die Zeit*, *Frankfurter Rundschau* und *Basler Zeitung*. Zwei Theaterstücke. 2003 erschien der Roman *Meine Väter* (Hanser), im Herbst 2011 *Ein Koffer voller Wünsche* (Jung und Jung). Erhielt zahlreiche Preise und Stipendien.

Martin Dreyfus

Geboren 1951 in Basel. Ausbildung zum Sortiments-, später Verlagsbuchhändler, einige Berufsjahre in beiden Bereichen, parallele Tätigkeit als Lehrbeauftragter und Kursleiter. Weiterbildung in Erwachsenenbildung (SVEB) und Kulturmanagement (Stapferhaus Lenzburg/Universität Basel). Lebt als Sammler und »Bibliothekar« seiner zunehmenden Bestände bei Zürich und arbeitet als freiberuflicher Lektor und literarischer Spaziergänger in Zürich, dem Engadin, dem Tessin (Monte Verità), Davos, Prag, Triest, Meran und weiteren »Destinationen«. Diverse Beiträge und Publikationen vor allem zu Else Lasker-Schüler, Schalom Ben-Chorin und den Kreis um Stefan George sowie zur Verlagsgeschichte im Exil.

Peter Finkelgruen

Geboren 1942 in Shanghai. Aufgewachsen im Ghetto Hongkew. Nach der Befreiung durch die amerikanischen Streitkräfte gelang es seiner Mutter - der Vater war 1943 im Ghetto verstorben -, mit Hilfe der UNRRWA nach Prag repatriiert zu werden. Nach dem Tod der Mutter brachte seine Großmutter mütterlicherseits, die als Einzige der Familie dreieinhalb Jahre Theresienstadt, Ravensbrück, Auschwitz und Majdanek überlebt hatte, ihn nach Israel, wo er bis 1959 lebte. Dann übersiedelte er nach Deutschland. Nach dem Studium Journalist, 1981–89 Korrespondent in Jerusalem. Wieder in Deutschland, bedurfte es elf Jahre Einsatz, um den Mörder seines in Theresienstadt ermordeten Großvaters vor Gericht zu bringen. Er schrieb darüber in *Haus Deutschland* (1992) und *Erlkönigs Reich* (1997). 2008 veröffentlichte er zusammen mit seiner Frau Gertrud Seehaus das Kinderbuch *Opa und Oma hatten kein Fahrrad*.

UWE FRIESEL
Geboren 1939 in Braunschweig. Lebt nach Jahrzehnten in Italien und Schweden heute als freier Autor in Salzwedel, Altmark. Nach dem Studium in Hamburg war er zunächst Hörspiellektor beim NDR und Dramaturg der Freien Volksbühne in Westberlin. In den Siebzigern initiierte er die AutorenEdition im C. Bertelsmann Verlag München, Anfang 2000 die Bod-Edition »einst @ jetzt« im Revonnah-Verlag Hannover. Zu seinen Publikationen zählen Gedichte, Kurzgeschichten, Kinderbücher, Romane und Hörspiele sowie Übersetzungen von Vladimir Nabokov (Mitarbeit an der deutschen Gesamtausgabe), John Updike und Ben Jonson. Etliche Stipendien, u. a. Villa Massimo. Von 1989 bis 1994 war er als Vorsitzender des VS verantwortlich für die Bildung des ersten gesamtdeutschen Schriftstellerverbands.

STEFANIE GOLISCH
Geboren 1961 in Detmold. Studium der Germanistik und Politikwissenschaften in Bonn und Hannover. Lebt seit 1988 als Autorin und Übersetzerin in Monza, Italien. Zu den von ihr übersetzten Autoren gehören Antonia Pozzi, Cristina Campo, Gëzim Hajdari, Charles Wright, Rachel Wetzsteon und Selma Meerbaum Eisinger. Sie publiziert auf Deutsch und Italienisch. Letzte Veröffentlichung: *Luoghi incerti* (2010).

STÉPHANE HESSEL
Geboren 1917 in Berlin. Sohn des Schriftstellers Franz Hessel und der Journalistin Helen Grund. 1925 zog er mit seiner Familie nach Paris. Studium der Philosophie und Politikwissenschaft. Französischer Widerstandskämpfer, Überlebender des KZ Buchenwald, 1948 Sekretär der neu geschaffenen UN-Menschenrechtskommission. 1962 Gründung der Vereinigung für die Ausbildung von afrikanischen und madagassischen Arbeitnehmern. Bilbao Prize for the Promotion of a Culture of Human Rights (2008), Eugen-Kogon-Preis (2009) und Prix de l'Académie de Berlin (2011). Hessel, europaweit als Verfasser der Pamphlete *Indignez-vous!* (2010) und *Engagez-vous!* (2011) bekannt, lebt in Paris und in der Normandie.
Sein Beitrag entstammt Franz Hessel: *Spazieren in Berlin.* Mit einem Geleitwort von Stéphane Hessel. Neu herausgegeben von Moritz Reininghaus. Berlin: Verlag für Berlin-Brandenburg, 2011. Abdruck mit freundlicher Genehmigung des Verlags.

ZOË JENNY
Geboren 1974 in Basel. Sie publizierte fünf Romane sowie ein Kinderbuch. Ihren letzten Roman *The Sky is Changing* schrieb sie in englischer Sprache. Sie arbeitete als Kolumnistin für diverse Zeitungen und Magazine. Ausgedehnte Vortragsreisen führten sie nach China, Japan und in die USA. Sie lebte mehrere Jahre in New York, Berlin und London. Zurzeit lebt sie in der Schweiz und Italien.

FREYA KLIER
Geboren 1950 in Dresden. Arbeitete als Schauspielerin und Regisseurin an verschiedenen DDR-Theatern. Wegen ihres Engagements in der kirchlichen Oppositionsbewegung erhielt sie 1985 Berufsverbot; zu dieser Zeit erste Publikationen (im politischen Untergrund). 1988 wurde sie verhaftet und zwangsausgebürgert. Sie lebt heute als Autorin und Dokumentarfilmerin in Berlin. Ihre Bücher, Essays und Dokumentarfilme thematisieren vorrangig die jüngere deutsche Geschichte. Mehrere Auszeichnungen und Preise. 2007 Entwicklung eines Geschichtsprojekttages für Schulen. Letzte Publikationen: *Gelobtes Neuseeland. Fluchten bis ans Ende der Welt* (2006), *Matthias Domaschk und der Jenaer Widerstand* (2007), *Michael Gartenschläger. Kampf gegen Mauer und Stacheldraht* (2009).

GÜNTER KUNERT

Geboren 1929 in Berlin. 1946-48 Hochschule für angewandte Kunst in Berlin-Weißensee; 1947 erste Gedichte; 1949 Eintritt in die SED; 1950 Teilnahme am ersten Schriftsteller-lehrgang des Deutschen Schriftstellerverbandes in Bad Saarow. Mitarbeit an verschiedenen Zeitschriften, u.a. *Eulenspiegel, Frischer Wind*. Arbeiten für Film, Fernsehen und Rundfunk; 1972 Visiting Associate Professor an der University of Texas, Austin; 1975 Writer in Residence an der University of Warwick. Mitunterzeichner der Biermann-Petition; 1977 Ausschluss aus der SED; 1979 Ausreise in die BRD; 1996 Austritt aus dem westdeutschen PEN. Mitglied der Deutschen Akademie für Sprache und Dichtung und der Freien Akademie der Hansestadt Hamburg. Zu seinen neueren Veröffentlichungen gehören u.a.: *Als das Leben umsonst war* (2009), *Gestern bleibt heute* (2009), *Berliner Kaleidoskop* (2011) und *Die Geburt der Sprichwörter* (2011). Günter Kunert wurde mit zahlreichen Preisen ausgezeichnet.

FRED KURER

Geboren 1936 in Wattwil, Schweiz. Studium der Germanistik, Journalistik, Theaterwissen-schaften und Anglistik in Zürich, Wien und London. Lebt - mit Unterbrüchen in England, USA, Kanada, Australien, Ex-Jugoslawien - seit 1967 in St. Gallen. Sieben Jahre Leiter der Kellerbühne St. Gallen. Sechs Gedichtbände (Englisch/Deutsch/Schweizerdeutsch); Theater-stücke/Collagen für Theater: Übersetzungen aus dem Englischen und Holländischen; jour-nalistische Arbeiten. Dreißig Jahre Lehrtätigkeit im Bereich Deutsch, Englisch, Komparatistik und Improvisationstheater.

DORIS LIEBERMANN

Geboren 1953 in Thüringen. Studium der Theologie in Jena. Nach der Ausbürgerung Wolf Biermanns vorübergehende Festnahme durch das MfS. 1977 Ausbürgerung mit der sogenann-ten »staatsfeindlichen Jenaer Gruppe« um den Schriftsteller Jürgen Fuchs nach West-Berlin. Studium der Osteuropäischen Geschichte und Slawistik an der Freien Universität Berlin. Seit 1983 als Autorin für Radio, Fernsehen, Zeitungen tätig, zahlreiche Feature-Produktionen und Publikationen zur Literatur, Kultur und Geschichte Osteuropas und der DDR, u.a.: *Dissiden-ten, Präsidenten und Gemüsehändler. Tschechische und ostdeutsche Dissidenten 1968-1998* (mit Jürgen Fuchs), Essen 1998; *Die Umerziehung der Vögel. Ein Malerleben* (mit Hans-Hendrik Grimmling), Halle 2008; gleichnamiges Hörbuch Halle 2010; Herausgeberin des Hörbuchs Jürgen Fuchs: *Das Ende einer Feigheit*, mit einer Einführung von Herta Müller und einem Lied von Wolf Biermann, Hamburg 2010; *Die Berliner Mauer in der Kunst* (mit Anke Kuhrmann und Annette Dorgerloh), Berlin 2011.

MARKO MARTIN

Geboren 1970 in Burgstädt/Sachsen. Verließ die DDR im Mai 1989 als Kriegsdienstverweige-rer. Studium in Berlin, langjähriger Aufenthalt in Paris. Als regelmäßiger Mitarbeiter u.a. der *Welt* hat er neben zahlreichen Essays und Reportagen folgende Bücher veröffentlicht: *Taxi nach Karthago* (Reiseprosa und Gedichte, 1994), *Orwell, Koestler und all die anderen* (Essay, 1999), *Der Prinz von Berlin* (Roman, 2000), *Ein Fenster zur Welt. Bundesrepublikanische Traditionen und Umbrüche im Spiegel der Zeitschrift »Der Monat«* (2003), *Sommer 1990* (Literarisches Tagebuch, 2004), *Sonderzone. Nahaufnahmen zwischen Teheran und Saigon* (2008) sowie in der Anderen Bibliothek den Erzählband *Schlafende Hunde* (2009). Falls er sich nicht gerade auf Reisen befindet, lebt und arbeitet er in Berlin.

Sein Beitrag ist ein Auszug aus dem gerade abgeschlossenen Manuskript *Die Nacht von San Salvador und andere Begegnungen. Ein Fahrtenbuch.*

GERT NIERS

Geboren 1943 in Dresden. Aufgewachsen in Oberhausen (Ruhrgebiet). Studium der Germanistik, Romanistik, Philosophie in Köln und Freiburg i. Br. Seit 1971 wohnhaft in New Jersey, US-Staatsbürgerschaft 1976. Ph. D. Rutgers University (1987). Redaktionelle Tätigkeit bei deutschsprachigen Zeitungen in New York, zuletzt einer der beiden Chefredakteure der Emigrantenzeitung *Aufbau* (1985–89). Danach Lehrtätigkeit in New Jersey bis 2006, davon die meiste Zeit als Professor of Humanities and Fine Arts am Ocean County College. Zu seinen Buchveröffentlichungen gehört *Frauen schreiben im Exil. Zum Werk der nach Amerika emigrierten Lyrikerinnen Margarete Kollisch, Ilse Blumenthal-Weiss, Vera Lachmann* (1988).

HANS-CHRISTIAN OESER

Geboren 1950 in Wiesbaden. Studium der Germanistik und Politikwissenschaften in Marburg und Berlin. Lebt seit mehr als dreißig Jahren als Literaturübersetzer in Dublin. Zu den von ihm übersetzten Autoren gehören die Iren Oscar Wilde, Brendan Behan, John McGahern, Bernard Mac Laverty, William Trevor, Sebastian Barray und Anne Enright, die Briten D. H. Lawrence, Virginia Woolf, Muriel Spark, Ian McEwan und Lesley Glaister sowie die Amerikaner William Faulkner, F. Scott Fitzgerald und Edward P. Jones. Für seine Übersetzung des Romans *Der Schlächterbursche* von Patrick McCabe erhielt er 1997 den Europäischen Übersetzerpreis, für sein übersetzerisches Lebenswerk 2010 den Rowohlt-Preis. Herausgeber zahlreicher Anthologien und Fremdsprachentexte sowie Autor von literarischen Reisebegleitern zu Irland (1996) und Dublin (2005), eines Oscar-Wilde-ABCs (2004) und einer James-Joyce-Biographie (mit Jürgen Schneider, 2007).

SUSANNA PIONTEK

Geboren 1963 in Bytom/Polen. Studium der Sprachlehrforschung, Geschichte und Amerikanistik an der Ruhruniversität Bochum. Langjährig im wissenschaftlichen und journalistischen Bereich (Universität des Saarlandes/Saarländischer Rundfunk) tätig. Seit 2006 als freie Autorin in Michigan, USA. Lesungen an Universitäten, Schulen, in Buchhandlungen und Bibliotheken und auf Einladung jüdischer beziehungsweise christlich-jüdischer Organisationen in Deutschland und den USA. Hauptwerk: *Rühlings Erwachen und andere Geschichten* (Potsdam: Verlag für Berlin-Brandenburg, 2005). Englische Übersetzung: *Have We Possibly Met Before? and Other Stories* (Ames, Iowa: Culicidae Press, 2011). Zahlreiche Kurzgeschichten, Lyrik und Buchrezensionen in diversen Anthologien und Zeitschriften in Deutschland, den USA, Albanien und Israel.

UTZ RACHOWSKI

Geboren 1954 in Plauen. Mit siebzehn Jahren Relegation von der Oberschule wegen Gründung eines Philosophieclubs. Bahnhofsarbeiter, Elektromonteur, Grundwehrdienst, Abitur. Kurzes Medizinstudium in Leipzig, dann Heizer. 1979 Verhaftung und Verurteilung zu 27 Monaten Gefängnis wegen fünf Gedichten und der Verbreitung verbotener Literatur (Biermann, Fuchs, Kunze, Pannach). Klient von Amnesty International. Ausbürgerung im November 1980. Bis 1992 in Westberlin und Göttingen. Studium der Kunstgeschichte und Philosophie. Rückkehr ins Vogtland 1992. Freier Autor mit Nebenberufen. Bücher u. a.: *Namenlose* (1993), *Red' mir nicht von Minnigerode* (2007), *Meine Sommer, meine Winter und das andere* (Hörbuch, 2007). *Beide Sommer* (2011). Reiner-Kunze-Preis 2007.

Sein Beitrag ist eine überarbeitete Fassung eines Vortrags, gehalten am 9. Dezember 2000 auf dem Internationalen Jürgen-Fuchs-Symposium, Schiller-Universität Jena.

TERESA RUIZ ROSAS

Geboren 1956 in Arequipa, Peru. Hat in Budapest, Barcelona und Freiburg i. Br. studiert. 1989 erhielt sie den Kurzgeschichtenpreis der Bouroncle-Carreón-Stiftung in Lima. Ihr Roman *Der Kopist* wurde 1994 und 1996 mit dem Förderpreis »Herralde de Novela« des renommierten Anagrama Verlags in Barcelona und mit dem »Tigre Juan« für erste Romane in Oviedo ausgezeichnet. 1999 wurde ihr in Paris vom Instituto Cervantes und von Radio France Internationale für die Erzählung »Hinter der Calle Toledo« der Juan-Rulfo-Preis verliehen. Mit Hilfe eines Autorenstipendiums der Kunststiftung NRW (2003) schrieb sie ihren Roman *Wer fragt schon nach Kuhle Wampe? Von der Liebe und anderen Gemeinheiten.* Ihr neuester Roman ist *Die verwandelte Frau.* Teresa Ruiz Rosas lebt als freie Autorin und Literaturübersetzerin in Köln.

MARGOT SCHARPENBERG

Geboren 1924 in Köln. Lebt seit 1962 in New York. Sie bereitet ihren nächsten Lyrikband, ihren achtundzwanzigsten, vor, wobei ihr immer klarer wird, wie sehr ihr rhythmischer Ortswechsel (zweimal jährlich wird New York gegen den Geburtsort Köln mit seinem Hinterland Deutschland getauscht) ihre Wahrnehmung schärft. In der Wiederholung von Annäherung und Abschied erweist sich Gewohntes als neu, und Neues passt in den ständig erweiterten Rahmen. Was verschiedenen Methoden zugehörig scheint, das Ansprechen von Bildern in den Bildgedichten und das Freilegen sprachlicher Bildhaftigkeit erweist sich, von Sprachmelodie gelenkt, als wurzelverwandt.

»Lebensmuster für Reisende« und »Im Flug« aus *Windbruch. 64 Gedichte*, Duisburg: Gilles & Franke 1985, S. 90 f. und 86; »Mai 1970« aus *Spuren. 64 Gedichte*, Duisburg: Gilles & Franke 1973, S. 17; »Regelmäßig (New York 2008)« aus *Verwandeln. 60 verstreute und neue Gedichte*, Duisburg: Gilles & Franke 2009, S. 51; »Den verstorbenen Kollegen« wurde für diese Anthologie verfasst.

HEINRICH G. F. SCHNEEWEISS

Geboren 1930 in Bregenz. Verließ mit zehn Jahren das Elternhaus. Nach manchen Irrwegen besuchte er Gymnasien in Bregenz und Feldkirch, arbeitete bis 1964 als Lehrer im österreichischen Schuldienst. Im selben Jahr übersiedelte er nach Rotterdam, wo er im Deutschunterricht und als Übersetzer tätig war. Als Bibliothekar des Goethe-Instituts Rotterdam veröffentlichte er ab den Siebzigerjahren bis 2010 neben eigenen Arbeiten zahlreiche literarische Übersetzungen aus der holländischen und flämischen Literatur, hielt Lesungen in den Niederlanden, in Deutschland, der Schweiz und Österreich, wirkte beim belgischen Rundfunk und bei Inter Nationes in Bonn mit. Zu seinen neuesten Veröffentlichungen gehören: *Friedfische* (1996), *Aus Sternstaub* (2003), *Prometheus, was nun* (Erzählungen, 2004). *Die Erde zeigt ihre Zähne* (Tierfabel, 2009), *Im gespaltenen Findling Vergänglichkeit* (Erzählung, 2010), *Reblaus und Traubenhüter, Vom doppelten Wert aller Dinge* (Erzählungen, 2011). 1995 erhielt er für seine grenzüberschreitende literarische und kulturelle Tätigkeit das Bundesverdienstkreuz.

THOMAS B. SCHUMANN

Geboren 1950 in Köln-Lindenthal. Studierte nach Buchhandelstätigkeit Germanistik und Geschichte in Köln, Bonn und München und arbeitete früh journalistisch (u. a. für *Die Zeit, Die Weltwoche, Die Presse, FAZ* und *NZZ*). Angeregt durch vielfältige persönliche Kontakte zu Exilautoren widmet er seine Arbeit als Autor, Herausgeber, Publizist, Vortragsreferent, PEN-Mitglied und Ausstellungskurator der deutschen Exilliteratur 1933–45. Er ist Gründer und Vorsitzender der Gesellschaft zur Förderung vergessener und exilierter Literatur e. V. und des Exilliteraturverlages Edition Memoria und besitzt eine der umfangreichsten privaten Exilliteratur und -kunstsammlungen (diverse Nachlässe, Gemälde, Bücher, Manuskripte, Dokumente), für die er ein diesbezügliches Kulturzentrum errichten möchte. 1981 erhielt er den Kulturförderpreis der Stadt Hürth, in der er lebt.

Egon Schwarz

Geboren 1922 in Wien. 1938 aus Österreich vertrieben, flüchtete er über Prag und Paris nach Südamerika, wo er sich als Minenarbeiter, Hausierer, Kürschnerlehrling, Dolmetscher und in anderen Berufen durchschlug, bis er 1949 in den USA ein Studium der deutschen und romanischen Philologie aufnehmen konnte. Von 1954 bis 1961 an der Harvard University in Cambridge, Massachusetts. Seither bis zu seiner Emeritierung 1993 Professor an der Washington University in St. Louis, Missouri. Zahlreiche Publikationen vor allem zur deutschsprachigen Literatur des 19. und 20. Jahrhunderts, zur vergleichenden Literaturwissenschaft und zur Exilliteratur. Zu seinen jüngsten Publikationen gehören *Die japanische Mauer. Ungewöhnliche Reisegeschichten* (Siegen, 2002) und *Unfreiwillige Wanderjahre. Auf der Flucht vor Hitler durch drei Kontinente* (München, 2005). Zahlreiche Auszeichnungen und Ehrungen. Seit 1986 Mitglied der Deutschen Akademie für Sprache und Dichtung.

Guy Stern

Geboren 1922 in Hildesheim als Günther Stern. 1937 Emigration in die USA. Universitätsstationen in New York City (Columbia University), Cincinnati und Maryland, von 1981–2002 Distinguished Professor für Deutsche Literatur- und Kulturgeschichte an der Wayne State University in Detroit. Mehrere Gastprofessuren in Deutschland. Als Autor und Herausgeber veröffentlichte er zahlreiche Bücher und Sammelwerke zur deutschen Literaturgeschichte, insbesondere zur Emigranten- und Immigrantenliteratur. Nach der Emeritierung seit 2002 Direktor des Instituts für Altruismusforschung am Holocaust Memorial Center in Detroit. Mitbegründer der Lessing Society, Vize-Präsident der Kurt Weill Foundation for Music. Zahlreiche Auszeichnungen, darunter das Große Verdienstkreuz der Bundesrepublik Deutschland (1987) und die Goethe-Medaille (1989).

Paul Tischler

Geboren 1946 in Metzenseifen bei Kaschau, Slowakei. Bis 1979 in Pressburg, seitdem in München. Studium der Germanistik, Nordistik und Journalistik in Pressburg, Greifswald und München. Veröffentlichungen als Schriftsteller: *Grasgott* (2001); als Literaturhistoriker: *Johann Genersich - Pionier der Zipser Romandichtung. Betrachtungen zu Leben und Werk* (2000); als Übersetzer: Gunnar Mattsson: *Prinzessin* (1975) und Jonas Lie: *Der Lotse und sein Weib* (1977); als Medienhistoriker: *Leitfaden der deutschsprachigen Presse im Ausland* (1984); als Publizist: *Deutsche Demokratische Republik* (1978); als Herausgeber: *300 Jahre Deutsche in Amerika 1683-1983* (1983); *160 Jahre Deutsche in Brasilien 1824-1984* (1984); *Zipser Kunst* (1987); *KARMEL. 40 JAHRE ISRAEL. Die deutsche Sprache, deutschsprachige Literatur und Presse in Israel* (1988); Begründer und Herausgeber der Zeitschriften *Impressum* und *Karpatenland*. Ständiger freier Mitarbeiter der Zeitschrift *Spiegelungen*, des *Lexikons deutschsprachiger Autoren Mittel- und Südosteuropas* und des *Deutschen Literatur-Lexikons*. Leiter der Forschungsstelle Karpatendeutsche Literatur/Deutschsprachige Literatur und Presse des Auslands München.

Fred Viebahn

Geboren 1947 in Gummersbach. Studium der Germanistik in Köln. 1970–76 freier Autor im Ruhrgebiet und in Berlin. 1976 Villa Massimo-Stipendium, anschließend Fulbright Fellow an der University of Iowa und Gastprofessuren an der University of Texas und am Oberlin College. 1979 Mishkenot Sha'ananim-Stipendiat der Stadt Jerusalem. 1981–89 Adjunct-Professur an der Arizona State University, ab 1989 Scholar-in-Residence an der University of

Virginia. Sein erstes Buch, die Novelle *Der Ausbruchsversuch*, erschien 1967, sein erster Roman, *Die schwarzen Tauben*, wurde 1969 von der Darmstädter Jury zum Buch des Monats gekürt. Es folgten drei weitere Romane: *Larissa, Das Haus Che* und *Die Fesseln der Freiheit* sowie das Theaterstück *Blutschwestern*. Lebt mit seiner Frau, der amerikanischen Lyrikerin Rita Dove, in Charlottesville, Virginia.

Deborah Viëtor-Engländer

Geboren 1946 in London. Studium an der Universität London (B.A.). Tätigkeit beim BBC German Service und an der Polytechnic of Central London. Forschungsarbeit an der Fontane-Briefausgabe. Promotion bei Walter Jens in Tübingen. Bis 1992 Planstelle an der Fachrichtung 8.6 der Universität des Saarlandes, seit Oktober 1992 Planstelle am Sprachenzentrum der Technischen Universität Darmstadt. Buchveröffentlichung: *Faust in der DDR*. Veröffentlichungen zum 18. Jahrhundert, zu Goethe, zur Übersetzungsproblematik von Exilromanen, zu Yiddish in English, Elsa Bernstein, Hans Fallada, Rainer Werner Fassbinder, Gerhart Hauptmann, zur Kinder- und Jugendliteratur, zur Exilthematik, zur Vermittlung der Shoah-Thematik in Film und Theater, zu KZ-Tagebüchern. Herausgeberin u. a. von *The Legacy of Exile* (1998), der Reihen *Jüdische Bibliothek* und *Exil. Dokumente* sowie der Werke Alfred Kerrs. 1991-1996 stellvertretende, 1996-2002 Vorsitzende der Internationalen Arnold-Zweig-Gesellschaft e. V.

Christina Viragh

Geboren 1953 in Budapest. 1960 Emigration mit den Eltern in die Schweiz. Aufgewachsen in Luzern, Studium der Philosophie und der deutschen und französischen Literatur an der Universität Lausanne. Schriftstellerin und Übersetzerin; ihre Romane umfassen *Unstete Leute* (1992), *Rufe von jenseits des Hügels* (1994), *Mutters Buch* (1997), *Pilatus* (2003) und *Im April* (2006). Übersetzerin von Imre Kertész (*Roman eines Schicksallosen*), Sándor Márai (u. a. *Die Glut*), Antal Szerb (*Reise im Mondlicht*), Péter Nádas (u. a. *Parallelgeschichten*) u. a. m. Seit 1999 korrespondierendes Mitglied der Deutschen Akademie für Sprache und Dichtung. Christina Viragh lebt und arbeitet in Rom.

Christine Wolter

Geboren 1939 in Königsberg/Ostpreußen. Kindheit, Jugend, Studium, Verlagstätigkeit in Berlin-Ost. Lebt in Albavilla (Como, Italien) und in Berlin. Herausgeberin, Übersetzerin, Nachdichterin. Eigene Veröffentlichungen: Romane, Erzählungen, Prosa, Gedichte, Hörbilder. Zuletzt: *Traum Berlin Ost. Menschen Orte Wege. Prosa* (Berlin 2009) und *Reisende. Gedichte* (Berlin 2009).

Bildnachweise

S. 121   Hans Sahl, München 1954. Quelle: Bayerische Staatsbibliothek München, Fotoarchiv Timpe, Sigel 202, Bild-Nr. timp-013061. Fotografin: Felicitas Timpe.

S. 127   Heinrich Eduard Jacob, um 1930. Quelle: Deutsches Literaturarchiv Marbach, Nachlass Heinrich Eduard Jacob, Inv.-Nr. B 2000. A 005. Foto: Residenzatelier, Wien.

S. 143   Porträt Bertolt Brecht, 1954. Quelle: Bundesarchiv, Bild 183-W0409-300. Fotograf: Jörg Kolbe.

S. 161   Arno Reinfrank. Quelle: Privatarchiv Martin Dreyfus.

S. 165   Armin T. Wegner. Quelle: Archiv Memoria, Thomas B. Schumann.

S. 171   Egon Schwarz im Gespräch mit Frido Mann. Quelle: Privatarchiv Egon Schwarz.

S. 177   Rudolf Frank, um 1925. Quelle: Privatarchiv Vincent C. Frank-Steiner, Basel.

S. 183   Alice Schwarz-Gardos in ihrer Redaktion, Tel Aviv 1998. Quelle: Archiv des PEN-Zentrums deutschsprachiger Autoren im Ausland. Fotograf: Ulrich W. Sahm.

S. 189   Wilhelm Unger, 1985. Quelle: Privatarchiv Fred Viebahn. Fotografin: Rita Dove.

S. 197   Alfred Kerr, Nizza 1936. Quelle: bpk Bildarchiv Preußischer Kulturbesitz, Berlin, Bild-Nr. 10012752.

S. 209   Gabriele Tergit. Quelle: Privatarchiv Martin Dreyfus.

S. 215   Hilde Domin. Quelle: Archiv des PEN-Zentrums deutschsprachiger Autoren im Ausland.

Trotz intensiver Bemühungen konnten nicht für alle Fotos die Urheber ermittelt werden. Etwaige Rechteinhaber werden gebeten, sich mit dem Verlag in Verbindung zu setzen.

Verzeichnis der Mitglieder

(Stand: 7. Mai 2012)

Mitglieder

Renate Ahrens (Irland)
Doğan Akhanlı (Deutschland)
Gabrielle Alioth (Irland)
Peter Ambros (Deutschland)
Jakob Arjouni (Frankreich)
Ulrike Ascher (Irland)
Gabriel Berger (Deutschland)
Jutta Birmele (USA)
Katharina Born (Frankreich)
Irène Bourquin (Schweiz)
Daniel Cil Brecher (Niederlande)
Irina Maria Brenner (Rachel Abraham, Deutschland)
Brigitte Bühler (USA)
Matthias Buth (Deutschland)
Karin Clarke (Deutschland)
Martin R. Dean (Schweiz/Frankreich)
Esther Dischereit (Deutschland)
Karsten Dümmel (Deutschland)
Roland Erb (Deutschland)
Peter Finkelgruen (Deutschland)
Erica Fischer (Deutschland)
Uwe Friesel (Deutschland)
Dagmar Galin (Frankreich)
Ines Geipel (Deutschland)
Stefanie Golisch (Italien)
Veit Heinichen (Italien)
Jost Hermand (USA)
Elisabeth Hoffmann (Deutschland)
Gisela Holfter (Irland)
Barbara Honigmann (Frankreich)
Hans Otto Horch (Deutschland)
Irmgard Hunt (USA)
Zoë Jenny (Italien)
Peter Stephan Jungk (Frankreich)
Anna-Patricia Kahn (Frankreich)
Manfred Keune (USA)
Abbas Khider (Deutschland)
Isolde Kiefer-Asai (Deutschland)
Beate Klarsfeld (Frankreich)
Freya Klier (Deutschland)
Reinhard Klimmt (Deutschland)

Christine Koschel (Italien)
Günter Kunert (Deutschland)
Reiner Kunze (Deutschland)
Fred Kurer (Schweiz)
Doris Liebermann (Deutschland)
Hans Lindemann (Deutschland)
Werner Lutz (Schweiz)
Marko Martin (Deutschland)
Rupprecht Mayer (Deutschland)
Wolfgang Mieder (USA)
Armin Mueller-Stahl (USA)
Rupert Neudeck (Deutschland)
Gert Niers (USA)
Hans-Christian Oeser (Irland/Deutschland)
Peggy Parnass (Deutschland)
Susanna Piontek (USA)
Hans Poppel (USA)
Utz Rachowski (Deutschland)
Lutz Rathenow (Deutschland)
Eva Reichmann (Deutschland)
Andrea Reiter (Großbritannien)
Jochen Richter (USA)
Michael Rohwasser (Österreich)
Teresa Ruiz Rosas (Deutschland)
Ulrich W. Sahm (Israel)
Salli Sallmann (Deutschland)
Boris Schapiro (Deutschland)
Margot Scharpenberg (USA)
Udo Scheer (Deutschland)
Heinz J. Schiffer (Deutschland)
Dieter Schlesak (Italien)
Cornelius Schnauber (USA)
Heinrich G. F. Schneeweiß (Niederlande)
Richard Chaim Schneider (Israel)
Sigmar Schollak (Deutschland)
Angelika Schrobsdorff (Deutschland)
Thomas B. Schumann (Deutschland)
Serdar Somuncu (Deutschland)
Benjamin Stein (Deutschland)
Guy Stern (USA)
Geertje Suhr Potash (USA)
Axel Thormählen (Schweden)

Paul Tischler (Deutschland)
Stephen Tree (Deutschland)
Georg Stefan Troller (Frankreich)
Tomi Ungerer (Frankreich)
Fred Viebahn (USA)
Deborah Viëtor-Engländer (Deutschland)
Christina Viragh (Italien)
Friedrich Voit (Neuseeland)

Inge von Weidenbaum (Italien)
Ruth Weiss (Deutschland)
Livia Käthe Wittmann (Neuseeland)
Christine Wolter (Italien)
Feridun Zaimoğlu (Deutschland)
Magali Zibaso (Israel)
Hans-Dieter Zimmermann (Deutschland)

Ehrenmitglieder

Alfredo Bauer (Argentinien)
Inge Deutschkron (Deutschland/Israel)
Ralph Giordano (Deutschland)
Georges-Arthur Goldschmidt (Frankreich)
Stéphane Hessel (Frankreich)
Edgar Hilsenrath (Deutschland)
Judith Kerr (Großbritannien)

Paul Nizon (Frankreich)
Stella Rotenberg (Großbritannien)
Tuvia Rübner (Israel)
Robert Schopflocher (Argentinien)
Egon Schwarz (USA)
Fritz Stern (USA)
Manfred Winkler (Israel)

In memoriam

Wir gedenken unserer verstorbenen Mitglieder

(Die Liste erhebt keinerlei Anspruch auf Richtigkeit oder Vollständigkeit. Verzeichnet sind Mitglieder des Deutschen PEN-Clubs im Exil, der Deutschen Gruppe des PEN-Clubs, des PEN-Clubs Deutscher Autoren im Ausland, Sitz London, und des PEN-Zentrums deutschsprachiger Autoren im Ausland. Stand: 7. Mai 2012)

Werner Ackermann
Bruno Adler
H. G. Adler
Hermann Adler
Heinz G. Alexander
Artur Apfel
Rudolph Bachner
Max Barth
Vicki Baum
Johannes R. Becher
Lotte Becher
Enrique Beck
Fritz Beer
Martin Beheim-Schwarzbach
Arnold Bender
Moshe Ben-Gavriel (Eugen Hoeflich)
Walter Benjamin
Charlotte Beradt
Martin Beradt
Walter A. Berendsohn
Friedrich Bergammer
Werner Bergengruen
Rudolf Bernauer
Georg Bernhard
Michael Berry
Julius Berstl
Hugo Bieber
Fritz K. Bieligk
Ernst Bloch
Robert Blum
Karl Theodor Bluth
Netti Boleslav-Cohen
Armin Bollinger
Franz Borkenau
Fritz Brainin
Bertolt Brecht
Willi Bredel
Eugen M. Brehm
Bernard von Brentano
Wolfgang Bretholz

Robert Breuer
Lothar Brieger
Hermann Broch
Max Brod
Ferdinand Bruckner
Johann Wolfgang Bruegel
Max Brusto
Friedrich Burschell
Rodolfo Caltofen-Segura
Elisabeth Castonier
Paul Celan
Wolfgang Cordan
Fritz Corsing
Heinz Czechowski
Heinrich Maria Denneborg
Kurt Karl Doberer
Alfred Döblin
B. F. Dolbin
Hilde Domin
Edward Dvoretzky
Hans Ebeling
Gabriele Eckehardt
Tino Heinrich von Eckardt
Albert Ehrenstein
Wolfgang von Einsiedel
Paul Engel (Diego Viga)
Max Ermers
Erich Eyck
Walter Fabian
Uwe Karl Faulhaber
Ernesto A. Feder
Karl Federn
Hans Feist
Friedrich Feld
Lion Feuchtwanger
Grete Fischer
Heinrich Fischer
Victor Fleischer
C. F. Flesch
Hans Flesch-Brunningen

Heinrich Fraenkel
Bruno Frank
Leonhard Frank
Rudolf Frank
Kurt Frankenschwerth
Walter Franke-Ruta
Herbert Freeden
Bruno Frei
Mariana Frenk-Westheim
Alexander Moritz Frey
Erich Fried
Richard Friedenthal
Helmuth Friedmann
Hermann Friedmann
Irina Frowen
Stephen F. Frowen
Jürgen Fuchs
Rudolf Fuchs
Manfred Georg
Hellmut von Gerlach
Karl Gerold
Curt Geyer
Georg Glaser
Maria Gleit
Hugo Gold
Heinz Goldberg
Moritz Goldstein
Dorothea Gotfurt
Adolf Grabowski
Oskar Maria Graf
Reinhold Grimm
Sammy Gronemann
Friedrich Sally Grosshut
Kurt R. Grossmann
Emil Julius Gumbel
Willy Haas
Hans Habe
Friedrich Hagen
Arnold Hahn
Fred Hahn
Joseph Hahn
Sylvia von Harden
Mela Hartwig-Spira
Walter Hasenclever
Ludwig von Hatvanyi
John Heartfield
Frieda Hebel
Werner Hegemann
Konrad Heiden
Iven George Heilbut
Fritz Hellendall
Peter Heller
J. Philipp Hergesell
Max Herrmann-Neiße

Ernst Herrnstadt
Friedrich Hertz
Wieland Herzfelde
Wilhelm Herzog
Franz Hessel
Kurt E. Heyne
Kurt Hiller
Kurt Hirschfeld
Albert Hochheimer
Max Hodann
Artur Holde
Arthur Holitscher
Hans Holm
Fritz Homeyer
Helene Homeyer
Ödön von Horváth
Werner Ilberg
Gertrud Isolani
Berthold Jacob
Heinrich Eduard Jacob
Monty Jacobs
Hans Jaeger
Egon Jameson
Anna Maria Jokl
Harry Kahn
Mascha Kaléko
Ossip Kalenter
Hans Kalmus
Hermann Kantorowicz
Hanns W. Kappler
Richard Katz
Lucie Kaye
Hans Keilson
Elga Kern
Alfred Kerr
Kurt Kersten
Hermann Kesten
Egon Erwin Kisch
Joseph Kissner
Kurt Kläber
Arthur Koestler
Friedrich Koffka
Dosio Koffler
Oskar Kokoschka
Annette Kolb
Kuba
Hans Kühner-Wolfskehl
Ludwig Kunz
Stephan Lackner
Fritz Lampl
Edwin Maria Landau
Fritz H. Landshoff
Michel R. Lang
Felix Langer

Leo Lania
Werner Lansburgh
Egon Larsen
Melvin J. Lasky
Joe Lederer
Otto Lehmann-Russbueldt
Egon Lehrburger
Rudolf Leonhard
Jonas Lesser
Henry David Leuner
Hermann Leupold
Heinz Liepmann
Irmgard Litten
Ilse Llosa
Hubertus Prinz zu Löwenstein
Ernst Loewy
Emil Ludwig
David Luschnat
Joachim Maas
Erwin Magnus
Joseph Maier
Erika Mann
Heinrich Mann
Klaus Mann
Thomas Mann
Karl Mannheim
Valeriu Marcu
Ludwig Marcuse
Peter Marginter
Hans Margolius
Hanns Margulies
Henry Marx
Hilde Marx
Julius Marx
K. L. Maschler
Walter Meckauer
Walter Mehring
Peter de Mendelssohn
Bernhard Menne
Martha Mierendorf
Werner Milch
Carl Misch
Wolfgang J. Mommsen
Alfred Graf Montgelas
Peter Motram
Dora Müller
Willi Münzenberg
Robert Musil
Fritz Naschitz
Hans Natonek
Otto Nebel
Wilhelm Necker
Paul Nettl
Alfred Neumann

Alfred Neumeyer
Friedrich Walter Nielsen
Heinz Norden
Ernst Erich Noth
Balder Olden
Rudolf Olden
Karl Otten
H. M. Pächter
Karl M. Otto Paetel
Margarita Pazi
Eric A. Peschler
Jan Petersen
Wiliam Karl Pfeiler
Jacob Picard
Kurt Pinczower
Erna Pinner
Heinz Pol
Werner Raith
Hans José Rehfisch
Bernhard Reichenbach
Lenka Reinerová
Werner Reinert
Arno Reinfrank
Ludwig Renn
Georges Reymond
Curt Riess
Werner Rings
Roda Roda
Walther Rode
Carl Roessler
Hermann Roessler
Bedrich Rohan
Paul Rom
Helen Rosenau
Paul Roubiczek
Anselm Ruest
Nelly Sachs
Hans Sahl
Will Schaber
Gerhard Schacher
Edward R. Schatz
Werner Scheff
Johannes Schenk
René Schickele
Wilfried Schilling
William S. Schlamm
Herbert Schlüter
Kurt Schmeltzer
Lothar Schmidt-Mühlisch
Samuel Schmitt
Franz Schönberner
Bruno Schönlank
Adele Schreiber
W. W. Schütz

Walter Schultz
Freimut Schwarz
Alice Schwarz-Gardos
Leopold Schwarzschild
Anna Seghers
Yehuda Shakdany
Ilana Shmueli
Alphons Silbermann
Walter Singer
Ernst Sommer
Walter Sorell
Kurt Stein
Justin Steinfeld
Hans Steinitz
Judith Maria Sternberg
Wilhelm Sternfeld
Herbert Stifter
Helene Stöcker
Felix Stössinger
Heinz Stroh
Albin Stübs
Toni Sussmann
Walter Taub
Gabriele Tergit
Lisa Tetzner
Carsten Peter Thiede
Rolf Thoel
Ernst Toller
Friedrich Torberg
Werner Türk
Rudolf Ullstein
Alfred H. Unger
Wilhelm Unger
Walther Victor
Julius Vogel
Albert Malte Wagner

Fritz Wahl
Herwarth Walden
Ernst Waldinger
Friedrich Walter
Gerhard Weber
Joseph Wechsberg
Armin T. Wegner
Heinz Weissenberg
Lutz Weltmann
Paul Westheim
Alxandra Wexler
Ernst Wiechert
Ursula von Wiese
Karl Wilczynski
Ludwig Winder
Victor Wittner
Manuel Wiznitzer
Alfred Wolfenstein
Charles Wolff
Ilse R. Wolff
Theodor Wolff
Otto Wolfgang
George W. Wronkow
Ludwig Wronkow
Walter Zadek
Peter-Paul Zahl
Otto Zarek
Leon Zeitlin
Max Zimmering
Otto Zimmermann
Harry Zohn
Carl Zuckmayer
Arnold Zweig
Max Zweig
Stefan Zweig
Frank G. Zwillinger

L I S T E

1. Georg Bernhard
2. Bernhard von Brentano
3. Lion Feuchtwanger
4. Bruno Frank
5. Oskar Maria Graf
6. Max Hermann-Neisse
7. Emil Ludwig
8. Heinrich Mann
9. Klaus Mann
10. Ludwig Marcuse
11. Peter Mendelssohn
12. Balder Olden
13. Rudolf Olden
14. Paul Roubiczek
15. Fritz Landshoff
16. Anselm Ruest
17. Ernst Toller
18. ~~Albert Nelle-Hener~~
19. Arnold Zweig
20. Arthur Holitscher
21. Leonhard Frank
22. Herwarth Walden
23. Walther Rode
24. Hermann Kantorowicz
25. Leopold Schwarzschild
26. Ferdinand Bruckner
27. Max Hubertus zu Löwenstein
28. Werner Hegemann

Bert Brecht
Johannes R Becher

Thomas Mann

Eine erste Liste von Mitgliedern des Deutschen PEN-Clubs im Exil (»Exil-PEN«) vom 16. April 1934

Quelle: Deutsche Nationalbibliothek, Deutsches Exilarchiv 1933–1945,
Frankfurt am Main, EB 75/175, Blatt 45